国家出版基金项目
"十三五"国家重点图书出版规划项目

"百部好书"扶持项目
GUANGDONG PUBLISHING

明清实录藏族史料类编丛书

名誉主编 ◎ 顾祖成　　主编 ◎ 孔繁秀

清实录藏族史料类编

第五集

孔繁秀　主编

中山大学出版社
SUN YAT-SEN UNIVERSITY PRESS
· 广州 ·

版权所有 翻印必究

图书在版编目（CIP）数据

清实录藏族史料类编．第五集／孔繁秀主编．—广州：中山大学出版社，2019.10

（明清实录藏族史料类编丛书／孔繁秀主编）

ISBN 978-7-306-06695-4

Ⅰ．①清⋯　Ⅱ．①孔⋯　Ⅲ．①藏族—民族历史—史料—中国—清代　Ⅳ．①K281.4

中国版本图书馆CIP数据核字（2019）第196232号

QINGSHILU ZANGZU SHILIAO LEIBIAN DIWUJI

出 版 人：	王天琪
策划编辑：	嵇春霞　王延红
责任编辑：	王延红
责任校对：	罗雪梅
封面设计：	林绵华
装帧设计：	林绵华
责任技编：	何雅涛
出版发行：	中山大学出版社
电　　话：	编辑部 020-84110779，84111996，84113349，84111997
	发行部 020-84111998，84111981，84111160
地　　址：	广州市新港西路135号
邮　　编：	510275　　传　真：020-84036565
网　　址：	http://www.zsup.com.cn　E-mail: zdcbs@mail.sysu.edu.cn
印 刷 者：	常州市金坛古籍印刷厂有限公司
开　　本：	787mm×1092mm　　1/16
总 印 张：	176.375印张
总 字 数：	2800千字
版次印次：	2019年10月第1版　2019年10月第1次印刷
总 定 价：	1350.00元（全九集）

如发现本书因印装质量影响阅读，请与出版社发行部联系调换

○《清实录藏族史料类编》编辑委员会

顾　　问：杜建功　　扎西次仁
主　　任：欧　珠　　刘　凯
委　　员：邹亚军　　扎西卓玛　　史本林　　袁东亚　　王沛华　　张树庭
　　　　　顾祖成　　索南才让　　张宏伟　　王斌礼　　陈敦山　　袁书会
　　　　　丹　曲　　徐　明　　孔繁秀

○《清实录藏族史料类编》由西藏民族大学承编

名誉主编：顾祖成
主　　编：孔繁秀
编辑人员：赵艳萍　　张若蓉　　崔　荩　　陈鹏辉　　顾浙秦　　李　子
　　　　　马新杰　　冯　云　　马凌云

目 录

大小金川之役，第二次用兵，两金川平定（续二）/1141

  阿桂授为定西将军，援军纷集，分路进军，连克资哩、路顶宗、明郭宗、美诺、僧格宗、布朗郭宗，收复小金川 /1141

  阿桂、明亮、丰升额等觅道分路进剿金川，拒绝索诺木投禀喊降，挫败金川潜出滋扰，攻克谷噶、马奈、色朋普、逊克尔宗、宜喜、达尔图、噶尔丹等地，进逼勒乌围、噶喇依 /1176

  军糈挽运、银饷筹拨、将弁调遣、台站设置、军报驿递等 /1309

  对将领弁兵、土司土兵议赏、议叙、议恤 /1353

  对木果木溃败的罪谴、溃兵的处置 /1381

  两淮、山西、长芦、浙江、两广等地商人捐银助饷 /1390

  蠲免、缓征官兵经过之地方及旁近州县的钱粮 /1392

  议筹金川平定驻兵、建寺诸事宜 /1397

哲布尊丹巴益西丹白尼玛圆寂，清廷谕赴藏访寻转世灵童 / 1399

防范索诺木等窜逃果洛克地区；查办果洛克窃劫事件 /1400

查办加木喀尔、里塘等地夹坝肆劫，硕板多等处分设守备，管理通藏驿务 /1403

四川藏族土司、头人的袭封 / 1405

驻藏大臣任免、奖惩 /1407

赈灾、免赋 / 1408

大小金川之役,第二次用兵,两金川平定(续二)

阿桂授为定西将军,援军纷集,分路进军,连克资哩、路顶宗、明郭宗、美诺、僧格宗、布朗郭宗,收复小金川

○乾隆三十八年(癸巳)八月戊子(1773.9.17)

谕曰:"阿桂著授为定西将军,将内阁所贮定西将军印交兵部迅速由驿发往,给阿桂行用。其定边将军印,即行缴回。"

(高宗朝卷九四〇·页二上)

○乾隆三十八年(癸巳)八月己丑(1773.9.18)

谕军机大臣等:"丰升额等奏现仍驻兵宜喜,与朕意适合,且不拘泥前旨,甚属可嘉。惟后路关系紧要,已屡谕添兵前往,并饬阿桂妥为筹办照料。今丰升额奏,与阿桂处声势相通,得以随时酌商,则由宜喜至章谷一带后路可以无虑。其党坝至三杂谷一带,在在与金川贼境毗连,俱系宜喜后路,不可不实力防范,业经谕令五福仍驻党坝加意严防。其官达色所带之兵,并令丰升额调回宜喜备用,丰升额自当随时妥为措置。至宜喜一路,即使能得贼碉,亦只于山顶驻守,不宜深入。此时距分剿金川之期尚需数月,既不便顿兵不动,致隳士卒锐气,又不宜不审利害,随时攻扑贼碉,为当差塞责之举。必如何方为妥善,亦著阿桂悉心筹画,通知丰升额酌办。至目下收复小金川,自以西路为要。盖西路中又兼沃克什、别斯满两路自非阿桂不可。昨已将应派将军、副将军、参赞,何人在何路进剿之处询商阿桂。今阿桂即日将抵日隆,而各省所调之兵尚未到齐,阿桂酌看情形,或可先带兵移驻资哩,仍于临进时将各路应用兵众派调停妥。一面通知丰升额驰赴别斯满,订期会剿,以便迅速集事。或丰升额不便调来,

即当另派大员领兵前进，惟在阿桂妥酌而行。顷检阅将军印谱，内定西将军印系顺治年间将军爱星阿征剿逆贼李定国等追擒至缅甸时所佩带，成功甚速，最为吉祥。因即授阿桂为定西将军，并将爱星阿曾用之清字原印交兵部由驿递送。阿桂即祇受行用，迅奏肤功。"

又谕："现在收复小金川之举，西路尤为紧要。而西路又分沃克什、别斯满两路，其中通贼径隘极多，自非阿桂带兵不可。而别斯满一路，或令丰升额前往，或另派妥员，昨已谕令阿桂酌办。其南路情形，现据阿桂奏，真登梅列、甲尔木以及紧要隘口均属我兵据守，一俟应进之时即可前进恢复。看来南路进攻尚易，前已谕商阿桂，或将明亮为副将军，富德为参赞，或以富德为副将军，明亮为参赞，令其妥酌复奏定夺。是南路统兵之人亦有定局。且明亮于彼处路径已熟，阿桂尤当在西路及早调度，约计新兵到营足敷派用，即可会期进剿，专盼捷音。又据奏，上紧整顿西路旧兵，并通筹全局，议定道路，克期迅进。似将来应进之路，阿桂胸中已有成竹。朕意今年所攻之当噶尔拉、功噶尔拉两路，贼人守拒甚坚，若再从此两路进兵仍属无益，即宜喜军营亦未能得力。此三路只可为牵缀贼势之用，究须另觅别路进兵。就图中形势而论，三杂谷及党坝似较易进，不知实在如何，或此外更有胜于此路者，谅阿桂自必筹之已熟。军营一应机宜，朕惟阿桂是倚。阿桂亦更无可诿，惟当密为妥筹迅速具奏，以副朕望。"

（高宗朝卷九四〇·页二下～五下）

○乾隆三十八年（癸巳）八月癸巳（1773.9.22）

谕（军机大臣等）曰："明亮著补授广州将军。明亮未赴任以前，广州将军印务仍著李侍尧署理。其明亮之正蓝旗汉军副都统员缺，著富兴补授。"

定西将军尚书阿桂奏："七月二十一日臣抵黄泥铺，适富勒浑遵旨前来接应，并顺道查办粮务人夫。据富勒浑告知，博清额、普尔普已带兵五百由木坪一路前来策应。查南路官兵业已扼据险隘，以备整力再进，无需接济。而西路官兵屡屡奔溃，实未可恃，臣已将续到黔兵一千派往协守。所有此项官兵，应令仍由原道回赴西路军营。"

得旨："嘉奖。"

又会同四川总督富勒浑奏："南路章谷一带后路绵长，前曾派拨川兵三百、新兵二百，并拣派民壮四百，遣赴军营听用。今章谷等处防范周密，其自章谷以至打箭炉皆明正土司所属，只须于现有兵外酌添以资守护。惟革布什咱及丹东二处与贼境毗连，守御较弱，应将川省制兵二百五十派往丹东，协同驻守。至打箭炉距金川虽远，而系军营来往咽喉，现存之兵不敷，应于拨到壮丁内派二百留于打箭炉，与各兵一体差防。至此后应派南路新到官兵，臣阿桂遵旨酌拨，于打箭炉及东谷、刚察、茂纽等处暂为存驻，俾伊等就近支粮。其山下牛厂一处，近通小金川本布尔桑冈，甚为紧要，已将原派往甲金达之调到新旧兵二百五十改拨牛厂，并力防范。"报闻。

（高宗朝卷九四〇·页一四上～一五下）

○乾隆三十八年（癸巳）八月乙未（1773.9.24）

谕军机大臣等："看来小金川贼人屡经官兵诛戮，所存自不能多，即金川贼人代其守拒，不过每处留数人相助，是收复小金川之事尚属易办。今西安驻防兵二千计可先到军营，荆州兵亦当继至，其云南、湖广、陕甘等省之兵亦应接踵而至。阿桂于兵丁到时计敷分拨以为收复小金川之用，即当定期进兵，迅速克复，不必俟京兵到彼，致稽时日。至进剿金川之事，就现在地图而计，似由三杂谷一路进兵较胜。即或贼人亦据险抗拒，谅与当噶尔拉、昔岭等处相仿，而进兵后路则较为放心，何不酌用此路？又，正地一路应由革布什咱进兵，今章谷一带派兵严防，其后路亦为安妥，与金川尚隔大河，不逼近噶拉依、勒乌围两处，贼人守御必不甚严。或可乘其不备攻得碉卡，再渡河剿贼，似亦出奇之一法。但不知此一路路径险易及碉寨多寡若何，阿桂应已详询得实。著再谕阿桂，确按地形迅速熟筹，妥酌密奏。又，收复小金川之后，其地亦系进攻金川后路。但昔岭及当噶尔拉俱系仰攻，不能得力，只可派兵牵缀贼势。至进兵之路既添，或续调之兵尚不敷用，阿桂不妨奏请添派若干，勿致临时再请徒多延缓也。"

（高宗朝卷九四〇·页一六上～一七下）

○乾隆三十八年（癸巳）八月戊戌（1773.9.27）

谕（军机大臣等）曰："明亮著授为定边右副将军，即著富德为参赞大臣，在南路一同带兵进剿。"

（高宗朝卷九四〇·页二一下）

○乾隆三十八年（癸巳）八月己亥（1773.9.28）

谕："据刘秉恬参奏游击王万春于瓦寺土兵阿弄在山神沟抢夺民人赵小四物件并用刀砍伤一案，该游击不将赃犯照例移送文员，将阿弄任性责挞，以致活口无存，俾该土司得以借词狡饰，又不立时禀报，希图朦混，咎实难辞。请旨将王万春严加议处等语。王万春著交部严加议处。"

谕军机大臣等："据阿桂奏，此时自当先办小金川，以路顶宗、沃克什、明郭宗为正路等语，与朕所见适合。此路既关紧要，自当令阿桂在彼统兵进剿，而以色布腾巴勒珠尔为参赞。至南路副将军必得妥协之人，方于军务有益。明亮在南路军营二年，与将士等浃洽，地势番情亦皆谙习，自应令明亮为副将军，富德为参赞，一面进剿。至所称右山之兜乌、左山之策布丹、稍远之本布尔桑冈、再远之别斯满、大板昭皆可进兵等语。此等皆系西路军营之地，于其中酌分数路并进，自不可少。前因别斯满一路就图而论，可通美卧沟、底木达等处，似为尤要，曾谕令丰升额在彼统兵，而令海兰察为参赞。丰升额现驻宜喜，以便将来进剿金川，自不必复行调动。当于色布腾巴勒珠尔、海兰察二人内酌择一人在彼带兵，著阿桂悉心妥酌具奏。至所称南路官兵一万二千余，若再加四千，可敷夹击之用。而西路官兵，当此溃散之后，即加新兵四千尚恐不能得济等语。是阿桂犹以兵数为不足，但彼止就陕、甘、滇、楚之八千兵而计。其新到续调之黔兵一千，又先到营之黔兵二千，尚未算入，又西安、荆州驻防兵三千亦可陆续到营，又，成都自愿随征之驻防兵五百应已早往。通计共一万四千五百名，除酌拨赴军营应用外，尚可存兵一万三千余名。就西、南两路兵数多寡核计分拨，似现在收复小金川已足敷用，原可不必俟京兵到齐再办。仍著阿桂实力妥筹，即行奏闻。"

（高宗朝卷九四〇·页二三上～二五下）

○乾隆三十八年（癸巳）八月庚子（1773.9.29）

定边右副将军尚书公丰升额、参赞大臣副都统舒常奏："宜喜、日旁二处地势不同，宜喜山高风大，现已下雪，日旁山不甚高，粮站即在山坡。若于山梁设立大营，亦足保护粮站。臣等拟于宜喜山梁建造碉楼，俟筑成后即交绰斯甲布看守。至宜喜后路头站泥峙冈地居山顶，山根即系觉木交，所贮粮石、火药、铅、铜等物甚多，若遽行移驻日旁，一切器物难以运送，拟将此二处之兵仍行暂留，并增兵驻守。俟器物运完后，再行移驻。"

谕军机大臣等："丰升额此奏非是，前因伊等接奉从前令其移驻大板昭及往援阿桂之旨，酌量现在情形仍驻宜喜不动，方以其能审度事机，并不拘泥遵旨，深为嘉慰。并望其相机攻剿，以牵贼势。若竟能得手，亦省将来进剿之力。今即不能进攻，何至转行移撤，徒示弱于贼人，实为非计。且向闻番地冬间不甚有雪，必至正月以后雨雪始多，直至夏深始止。今甫交秋令，乃以已经下雪为词，欲移日旁就暖，是何时方可进攻乎？况丰升额今年三月以前即在宜喜攻剿，彼时正当多雪，并未撤兵他往，何以此时略一见霰即思移营避去，而以山上新筑之碉令绰斯甲布看守乎？至觉木交粮台，兵糈军火储备甚多，将来分路进剿极为得济，此时何可轻事更张？设或阿桂所定各路仍需觉木交贮粮，则又将运回，仆仆往来，徒糜脚价，亦属失算。丰升额身为副将军，舒常为参赞，乃一路军营所系，似此胸无成见，军务何所禀承！著传谕丰升额、舒常，将因何如此举动缘由据实复奏，并传谕阿桂知之。"

（高宗朝卷九四〇·页二六下～二八上）

○乾隆三十八年（癸巳）八月癸卯（1773.10.2）

谕军机大臣等："昨据丰升额等奏，欲将宜喜之兵撤至日旁，所见甚谬，业经屡次传谕。今据丰升额等奉到朕旨，已自知前此识见之谬。至所称此处兵丁约计五千名，实不敷分办等语，是丰升额等之意，惟冀添兵。不知宜喜一路果系进攻要地，自不得不用多兵；若仅为牵缀贼势，分防弹压而设，则在营之兵已属有余。况前谕将拨交官达色之千余兵，仍撤回宜喜备用，现又经阿桂行知川督，酌将西安驻防及云南绿营兵内先到者，各拨一千赴宜喜，统计又添兵三千余名，更为不少。丰升额等惟当实力妥办，即使无可进之机，亦应严密固守，勿再游移轻率，示弱于贼。至会剿金川，应分几路进攻，丰升额等惟静听阿桂调度而行。"

又谕："据富勒浑奏，准阿桂咨复将到省之西安满兵一千，即从成都赴绰斯甲布军营，听候丰升额调用。所办甚好。前因丰升额军营急需添兵接济，是以谕将黔兵一千派赴宜喜。今此项黔兵已抵日隆，自无令其仆仆转回之理。阿桂酌令西安满兵即由成都前赴宜喜，自属便捷。又，富勒浑因前此令滇兵二千即赴宜喜之旨，仍飞饬将领概赴丰升额军营，不知前谕系三路进攻时所筹，今以收复小金川为先务，则西路正当添兵进剿，而宜喜不过照常驻守，无庸复借多兵，情形迥不相同，岂宜复执前说。阿桂令将新到滇兵酌拨一千赴宜喜之处，方为斟酌合宜。并著传谕文绶于此两项兵到成都时，悉照阿桂所派，即令前往。其续到之滇兵一千、西安驻防兵一千抵省，亦即饬赴西路。至陕甘、湖广并荆州满兵共七千，应分拨何路之处，著阿桂妥速酌派，行知文绶遵办。"

（高宗朝卷九四一·页五上〜六下）

○ 乾隆三十八年（癸巳）八月丙午（1773.10.5）

又谕（军机大臣等）："据阿桂奏称，当噶尔拉退兵时，若转战而出，官兵不无损伤，是以将计就计，先守各隘，令官兵徐徐撤出等语。阿桂在当噶尔拉军营，贼方猖獗，即与鏖战，亦属有损无益。阿桂能整暇退兵，全师而出，事势如此，并不以其不战为怯也。又据称，资哩一寨从前既未驻兵，今忽有大兵往屯其地，贼疑即日进兵，益促其预备之谋自当扬言于众，使互相传播，以懈贼心，一俟所到官兵足敷应用，即约南路一同进攻，使其猝不及防，庶易得手等语。所见甚是，自当如所计而行。似此筹度合宜，朕实为之嘉许，此即阿桂所见周到处，朕所以倚任阿桂亦即在此。又据称，索诺木回巢之日，仍挈僧格桑以归等语，殊不足信。昨据金川脱出之番人琳心摩供称，索诺木令僧格桑仍驻美诺之说似较近理。索诺木既借僧格桑之力潜回小金川地方，号召降番复叛，尽占其旧时巢穴，且侵扰木果木军营，索诺木将一应军器等项运回金川，其所得已不为少，若径携僧格桑以归，即反复无常，未必能骤变若此。而僧格桑及其头人方且得志骄矜，未尝不萌复振旧巢之念，亦未肯遽行受制金川，听其驱遣。即小金川番众亦必恋其旧时土舍，不肯甘为金川所辖。索诺木若竟欲违众并吞，将僧格桑拘往金川，安得有如许大力量？是僧格桑仍在美诺之分数居多。阿桂进兵收复时，务将各路堵截，使逆酋无从窜逸，然后进攻美诺，将僧格桑擒缚，献俘诛磔，再行集兵进剿金川，则士气更扬而军威益振。断不可为僧格桑已回金川之言所惑，疏于布置。至所称，逆酋如此鸱张，揆之天理人心，断无不灭，惟有实心弹力，通盘筹画，必其有成等语。览之稍为慰怀。惟望阿桂坚持此心，早得胜算，迅奏肤功，以膺茂赏。"

（定西将军尚书阿桂）又奏："丰升额等所驻宜喜军营虽系金川地界，其后路均在绰斯甲布境内。论此时情形，该土司断不肯令贼番绕出占据侵截，但贼番狡恶异常，不可不加意防范。查西安满兵，据副都统书麟报称，已带领前四旗兵一千迅速行走，现将抵省，臣已行文文绶等即令将在前之一千径从杂谷脑一路迅赴绰斯甲布军营。至滇兵内先到之一千，即派副将巴福书带往宜喜、日旁以资防剿。并令将先到之陕甘兵一千接赴绰斯甲布军营，庶声势倍为壮盛。至在后之滇兵一千，应添入南路军营协同攻剿。其西路新旧黔兵约尚有四千余，并无提镇大员统领，应令常青督率带赴西路。"

得旨："嘉奖。"

（高宗朝卷九四一·页一七下～二〇上）

○乾隆三十八年（癸巳）八月丁未（1773.10.6）

又谕："据陈辉祖等奏，此次楚省赴川弁兵，多有恳派军营效力之人，而提标千总吕玫，派兵时因差委未与，自请随征。又，外委戴必达因途遇马兵出缺，即愿辞退外委，顶补前往等语。绿营弁兵能如此深知大义，实属可嘉。吕玫、戴必达等到营后，著阿桂留心察看，伊二人如果奋勉出力，即从优拔补，以示鼓励。"

（高宗朝卷九四一·页二一上～下）

○乾隆三十八年（癸巳）八月戊申（1773.10.7）

谕军机大臣等："丰升额等奏修建碉卡以利防剿一折。所见非是。丰升额等在宜喜军营驻兵已半年有余，凡紧要隘路应防侵逸，各处营卡应防偷劫，随地随时何一不当守御！丰升额等谅俱办及，何以此时忽专言防守？且行军之道，进一步即当守一步，必防守有方，然后能进剿得利，剿守并非两事。如丰升额等所言，竟似前在宜喜专为剿贼，今驻宜喜专为自守。岂朕谕丰升额等仍驻宜喜，仅令其为株守计乎？至伊等在宜喜，上半年虽无寸进，然颇知设法觅路，并时常打仗，间有攻得碉卡、杀戮贼众之事，看来尚觉奋勉。此时固未可轻率妄进，复为扑碉塞责之举，但亦当审度机宜，牵缀贼势，整励士卒，以待再进，使贼人不能测我端倪，自必不敢轻犯。乃竟束手无策，徒尔添建碉卡，于事何益？况温福营中多建碉卡，令兵丁搬运木石，疲劳不堪，其后竟以卡多分拨，兵力随之大挫。丰升额等岂不闻之？何转蹈其覆辙乎？今既修筑，已属成事不说，但须联络有法，勿令官兵坐守颓靡，置之无用。而其出力修建兵丁，亦当加之犒赏，使其悦而忘劳，此亦将帅抚循军士之不可少者。又，据称绰斯甲布后路绵长，现在贼番注意在此窥伺等语，更不成话。前因阿桂尚在当噶尔拉，大局未定，恐丰升额一军孤悬贼境，致彼窥伺，乃朕遥为筹度之词。自阿桂退至翁古尔垄，与宜喜军营声息已通，现又简派八旗劲旅，并添调各省精兵会剿，官兵声势日盛，贼必不敢复肆鸱张，今昔情事不同，此可信之于理者。况丰升额等既奏军营之事，自当据实在情形而言，设贼番果有窥伺，于何月日侵何营卡，官兵如何御击，曾否就势杀贼，或官兵不无小失，均不妨逐一奏明。如阿桂在当噶尔拉军营，贼番来侵，经奎林奋力击败，试问丰升额等，宜喜曾有是乎？乃因朕前此有防贼窥伺之旨，伊等即以为贼番注意窥伺，其实毫无指实。军营奏事岂宜若此！从前朕令丰升额等移兵赴援阿桂，伊等仍驻宜喜不动，朕不以伊等违旨为非，方深嘉其有识，不肯拘泥迁就，为之喜慰。今因朕虑及贼人窥伺，伊等即为依样葫芦，朕不但不以其遵旨为是，且虑伊等如此漫无主见，何以任领兵之责！甚为不怪。此时虽尚未进剿，丰升额等亦不应专务防守坐待，且现已添派西安驻防兵一千、滇省绿营兵一千，前赴宜喜军营，丰升额等更不应专恃修筑碉卡为事。朕方以丰升额、舒常自带兵以来似有出息，不意其一停进剿，茫然无策竟至于此！将来独任一路统兵，尚何足以倚信？著传谕阿桂，急速代为筹画，就近札寄，讲授机宜，使其胸中略有把握。并遵前旨熟筹进剿金川时何人在何路领兵，迅即切实复奏。"

（高宗朝卷九四一·页二三下～二六下）

○乾隆三十八年（癸巳）八月己酉（1773.10.8）

又谕（军机大臣等）曰："将军阿桂已赴日隆，即日筹办收剿金川之事。虽现在各省所调兵力不为不盛，但分路进剿需兵尚多，不可不宽为筹备。湖北、湖南两省原调过兵五千，此次又续调兵四千；陕、甘两省前后共调过兵二万四千。不知各该省现兵除防汛需用外，尚可选拔二三千备用否？著传谕陈辉祖、勒尔谨等通盘酌核。如尚可备调，即将带兵将弁及应带军火器械预为办齐。或俟川省军营咨调，或候朕降旨调取，即料理迅速起程，遄赴应用。倘不能如所谕之数，亦不妨据实具奏，不必因有此旨，稍为迁就也。"

寻陈辉祖奏："湖北、湖南额设兵除调拨外，尚有一万二三百名，已于湖北陆路及湖南抚、提二标并苗疆各营，选备兵三千，派委总兵乔冲杓统领。俟奉到调取谕旨，即行前进。"

得旨："嘉奖。"

勒尔谨奏："陕甘官兵前后七次调赴金川，又增拨各项兵四万余。现在两省实存兵不及万名，不敷拨调。"

得旨："如此，不必预备矣。"

又谕："前据阿桂奏，除黔兵三千外，尚请调湖广兵五千、云南兵二千、山西兵五千，共一万二千。朕以晋兵无用，已调滇兵二千、楚兵四千、陕甘兵二千，共八千名。其所请京城及索伦等兵一万，今已派京兵二千，吉林兵二千，索伦兵二千，西安、荆州驻防兵三千并成都自愿赴营之驻防兵五百，通计满洲兵共九千五百，较伊原请之数相仿，且俱陆续起程。惟绿营兵比阿桂所请尚缺四千。今进剿金川，惟期迅速成功，且每月已费军需百余万两，即再添兵数千，朕亦无所吝惜。现已飞谕询问陈辉祖，能否再备楚兵二三千，并问勒尔谨能否再备陕甘兵二千，令其一面复奏，一面备办，尚可得兵数千。著传谕阿桂即速通盘筹画，进剿金川仍需添兵几千方足敷用，迅速据实奏闻。并不妨一面飞咨陕甘、湖广两督某省需兵若干，即令遄程赴川，以冀克期集事。"

定西将军尚书阿桂、参赞大臣领侍卫内大臣色布腾巴勒珠尔、都统海兰察奏："此次收复小金川惟在筹备齐全，始可迅奏肤功。今小金川之地皆有金川贼人拒守，办小金川，即所以办金川。不得不将所调新兵约计可敷分路之用，遄行进取。今六月中先到西路之黔兵，现存一千二百余。其成都驻防五百亦仅到二百。除新到续调之黔兵一千外，其余新调各省官兵应赴西路者五千，此时尚无一起前出桃关，而西路旧存之兵全不足恃。其南路非俟新调官兵亦难举动。若只就一路节节进攻，逆酋只须数百番人据守要隘，我兵必不能得力。不如兵力稍齐，足资分拨，克日并举。则虽进兵稍迟，而收功自为迅速。"报闻。

（高宗朝卷九四一·页二九下～三三上）

○乾隆三十八年（癸巳）八月甲寅（1773.10.13）

谕军机大臣等："明亮奏贼在思纽前敌叫喊，令土守备严谕指斥而去，不令进营，以致摇惑众心等语，所办甚是。贼番逞此奸诡伎俩，不过欲窥我军营虚实，并借此懈我军心，实为可恶可恨。若如温福军营之用枪击回，原可不必，只宜严切斥责，付之不理。若贼人敢于进营禀话，毋论头人、番众即行拘留讯明，立时正法。若果系大头人，即当送京，庶贼人不敢轻于尝试。再，前曾谕令将军等晓谕众兵以贼人屡次叫喊求降，并非实事，特借此摇惑兵众之心，断不可为其所愚。想即随时宣谕。今明亮军营贼尚有此举动，更当切谕众兵以贼人敢于叛逆，在木果木军营害我将军及将领大员并伤兵众，实为罪大恶极，岂尚宜准其乞降轻宥？即尔等平情揣度，亦当痛加切齿，义切同仇，急图剪灭逆贼。即如思纽寨外喊叫之贼词语支离，尤属毫无情理，岂果出自真心？尔等当知贼人狡诈百出，其摇尾乞怜之状愈深，则其暗图攫伺之谋愈甚，断不可因此堕其术中。惟各坚持杀贼立功之志，以期共膺茂赏。如此剀切劝谕，众兵之疑必当尽释，贼人技复安施？阿桂、丰升额各军营皆当如此一体谕示。又常青奏奉阿桂檄令即赴西路等语，看来阿桂亦以西路军营为重。西路本属收复小金川正路，且该处所有之兵俱经温福军营溃散者多，不可不急加整顿，自必需阿桂在彼统兵方为得力。其南路军气尚振，有明亮、富德统领合剿，自可得利。屡降谕旨甚明，想阿桂自当酌量妥办。"

（高宗朝卷九四一·页三九下～四一下）

○乾隆三十八年（癸巳）八月乙卯（1773.10.14）

谕军机大臣等："阿桂等奏分路分兵收复小金川一折，既已妥酌拨定，亦可照所议办理。但朕意以收复小金川尚非难事，似当于各省绿旗兵到后先行分派进攻，不必俟京兵等到齐再办。今阿桂所分两路兵额，已将京兵及吉林索伦兵俱经按数拨定，是其意必须京兵全到克期进兵。自系因西路现有之兵为不足恃，不得不借新兵之力。但索伦后队于九月望间始能自京起程，若俟全数到齐，非至冬月中旬不能进兵。此时不过收复小金川，似无须如此迂缓。今伊既详为分派，自必胸有成算，只要迅速成功，其进兵迟早原所不计。至收复小金川虽属目前先务，及小金川平定之后即须进剿金川，所有一应机宜尤应早筹胜算，临时方能整暇。今于收复小金川外并无一语提及金川，岂不知预操全局可得乘胜直入之利乎？又，另折奏称贼酋狡诡异常，非但断无招致之理，若稍存迁就，必为其所轻等语，所见甚是。总之，金川擒献僧格桑一事，无心任之则可，有意求之则不可，借此以先戮僧格桑剪其逆党则可。因此，欲完两金川之局致贻后患，则断不可。且索诺木侵占各土司地境，党逆拒命，罪恶贯盈，近复有扰害温福军营之事，大兵声罪致讨不患无词。阿桂既见及此，切不可稍涉游移之见。惟望切实妥办，伫听捷音。"

（高宗朝卷九四一·页四一下～四三上）

○乾隆三十八年（癸巳）八月丙辰（1773.10.15）

四川总督富勒浑奏："臣前派兵在松林口山梁施放枪炮，原为牵分贼势。将来大兵到齐，分路进攻，扫除贼人各寨，使逆酋前后不能照应。"

得旨："此事尤可笑，温福在营时，每晚令人放枪，徒费火药，竟成何事？不谓绿营恶习中人之深如此，可恨，可鄙！亦无怪汝之以此为妙计也。"

（高宗朝卷九四一·页四五下～四六上）

○乾隆三十八年（癸巳）九月戊午（1773.10.17）

又谕（军机大臣等）曰："奎林至，询及阿桂在当噶尔拉撤兵事，所言甚详。阿桂于此事措置得宜，从容中度，可谓善于经理。至贼酋索诺木屡次差人报禀,并差贼目丹巴沃咱尔来营,欲求官兵让出,阿桂因将计就计,全师而出。所办必当如此。彼时贼意欲官兵撤至章谷,阿桂若漫无见识,轻率远退,举上年费力攻得之地尽行弃去,即不能无罪。今退至思纽、翁古尔垄,既有要隘可据,后路可守,整兵再进收复小金川,尚有可凭之势。是阿桂此次退出,所系甚重。朕前此为之日夜悬望,及闻其既出,不但不以为非,且深为嘉慰。至现在收复小金川,自较易办,而将来进剿金川,不免稍难。今年所用之当噶尔拉、功噶尔拉及宜喜三路,俱属仰攻费力,只可存为牵缀贼势之用。或于党坝、三杂谷、正地等处另觅妥捷之路,谅未必俱属险要难以施功。即或亦有险仄之径,其后路皆我土司地方,不至如功噶尔拉、当噶尔拉等之应防及意外也。"

（高宗朝卷九四二·页三下～四下）

○ 乾隆三十八年（癸巳）九月癸亥（1773.10.22）

谕军机大臣等："据陈辉祖复奏,湖北、湖南两省尚可挑选精兵三千,赴川协剿,现已派拨候调,并令销筸镇总兵乔冲杓统领前往。其员缺紧要,请以宜昌镇杨大业与之对调,并另委妥员暂署宜昌镇务等语。自应如此办理。现已谕令阿桂酌量情形,即行飞咨楚省调取。著传谕陈辉祖于接准阿桂咨文后,即令乔冲杓带领此项预备兵丁迅速赴阿桂军营,听候派用。其应行调署总兵之处,著照陈辉祖所请,临时一面奏闻,候朕明降谕旨。将此谕令知之。"

又谕曰："阿桂复奏筹度进剿金川一折,称体察贼情,逐一悉心核计,其事非无把握等语。阿桂果有成算,实属最善,惟望勉力为之。又据奏下宅垄头人安本等并无他故,现分交明正、巴旺、布拉克底土司安插管束。此等头人于小金川路径熟悉,若留在军营使令未尝不可得其力。如穆塔尔之随营效力甚为得济,始终并无改移,非降番之必不可用也。至前次传询阿桂,令将进剿金川之路悉心筹度。或当于河北等处另觅妥地,攻其无备。此目今最要之事,著阿桂将筹办情由迅即复奏。"

（高宗朝卷九四二·页一五下～一七下）

○乾隆三十八年（癸巳）九月甲子（1773.10.23）

谕军机大臣等："富勒浑奏汉兵以五六百名、京兵以三四百名为一起，接连遄发，俾得迅速灭贼等语，所办甚好。将军阿桂现在日隆，专盼各兵到日克期进发，早为集事，兵行愈速愈佳。著富勒浑、文绶等即照此迅速妥办。又，另折奏称，运赴日隆粮石逐日赶运，需用军火及锅帐器械等项亦源源出口，不致贻误等语。看来伊等近日办理大有起色。并将此谕令阿桂知之。"

又谕曰："陈辉祖奏湖北、湖南两省仍可挑兵三千。已谕知陈辉祖，候阿桂咨调到日迅饬起程。再，朕因阿桂等现在收复小金川，及将来进剿金川，不可无大员统领重兵在后策应，若另派钦差大员前往军营，恐无知之人妄作猜疑，莫如令富勒浑、王进泰会同妥办。富勒浑系现任总督，王进泰亦本省提督，且于军务曾经阅历，人亦颇有见识，实可胜任。著阿桂于进兵时酌量紧要之处，令富勒浑、王进泰统兵策应。所需之兵，即于现调楚兵内酌留二千备用。其余楚兵一千，应派在何路随征，并著阿桂酌量，预檄带兵之员遵照驰往。"

（高宗朝卷九四二·页一八下～一九下）

○乾隆三十八年（癸巳）九月丙寅（1773.10.25）

谕军机大臣等："各省所调之兵惟湖北兵尚未抵成都，以陈辉祖前奏八月十二日出境之期计之，亦应不日到省。而京兵头起既到，此后自可陆续赴营。前据阿桂奏，现须先办小金川，不必俟京兵及吉林、索伦等到齐。约计军营兵数足敷分路调派，即定期进攻等语。今满、汉各兵既已接续到营，兵数已不为少，自当及锋而用，克期收复小金川，即乘胜进剿金川，则军声益壮而士气愈奋，可期迅速集事。又据明亮奏巴旺、布拉克底头人所禀回复索诺木之语，逆酋悖叛如此，尚敢自称恭顺，实为可恨。土司、头人等以不敢乱动回复，尚属得体，明亮当酌量予以奖励，益坚其心。至伊禀中既称差人至交界地方，可见该土司等境壤原与金川犬牙相错，可通之径必多。此两土司均系随营诚心出力之人，亦思剪灭逆竖，何不谕令由交界处所设法进攻，自可望其得济。又，索诺木等敢于负恩反噬肆逆鸱张，实为罪大恶极。且蓄意吞并各土司，以逞其贪戾之欲，若不急为剪除，久之蚕食邻封，各土司必无噍类。因特命将声讨，务在扫荡贼巢，擒诛凶竖，以安番境而申国法。闻各土司深以此举为喜，无不踊跃从征，期于速灭。该土司等正宜及此时各展其雪愤除患之志，不当仅以派兵随营塞责也。著各该将军以朕此旨详谕土司等，使各深悉朕意，并谕以金川贼众所恃者险隘，今官军聚集数十万，势大力厚，何事不可为，岂专以扑碉为事？尔土司等境内俱有通金川路径，其间地利形势知之必真，自宜各就所见善为筹度。如有必须官兵力量者，即就近密禀各将军，听其相机调度，尔等作为向导觅间进兵。若所计果能成功，即将出谋之土司奏闻大皇帝，重加升赏。如此剀切晓谕，土司等自必更加鼓舞，其金川各处防御亦可稍分其力。现在收复小金川尚易集勋，计日可待。至美诺等处平定之后，即须进剿金川，势难延缓。所有谕令土司出力之处，此时即当及早预办，则进兵时更有成算可操，不止事半功倍。著传谕阿桂等，即速加意筹办。"

（高宗朝卷九四二·页二一上～二三上）

○乾隆三十八年（癸巳）九月己巳（1773.10.28）

谕军机大臣等："丰升额等奏脱出番妇鄂鲁木楚禀称，索诺木令伊兄冈达克往住美诺，僧格桑现在金川之科思果木等语。是僧格桑之不在小金川，自非虚饰。金川逆酋施此奸狡，实为可恶可恨。盖索诺木弟兄之意，久思吞并各土司地界，雄踞一方，又料小金川番众力难号召，因借僧格桑之力前往诱胁番人，使见旧土舍复来，自必一呼可集，索诺木遂乘此利便纠众往扰。然未尝不畏官兵之复进，若留僧格桑在美诺，势不能不助兵拒守，且虑僧格桑久占故巢，与旧番相习，自必联为一气，后难动摇。因仍携归金川，以绝小金川诸番依恋旧酋之念。又令其兄冈达克前往美诺监制，设或官兵进剿，即驱小金川人守拒，自不能不听其指挥；苟幸无事，便可攘为己有。其设计险恶，实堪切齿！第其不留僧格桑在美诺，贼酋等自谓得算，而不知其已失小金川人心，此于官兵收复实为最好机会。至所奏进兵之路已密派妥人侦探，并将情形札商阿桂，俟其指示遵办等语。丰升额等既见有可进之处，不似宜喜、日旁之仰攻费力，自当从彼进兵。今现派之滇兵一千、西安驻防一千俱已先后到营，而阿桂所拨之陕甘兵一千计亦可陆续而至。丰升额等得此新兵，即可添为进剿之用。但必须察看形势，审度机宜，实有利便方可奋勇直前，以期必胜，断不可复似今年春夏进兵时以打仗扑碉为塞责之举。果能攻得一二险要，亦可稍省将来分剿之力。第阿桂此时正筹收复小金川，其金川之局尚未办及。今诸路未发，独此一路先进，即得利亦不宜深入，只可择其紧要山梁驻兵控扼。俟各路并剿金川时，丰升额等即从彼乘胜进攻，使贼番照顾不暇，于事更为有益。"

定西将军尚书阿桂、参赞大臣领侍卫内大臣色布腾巴勒珠尔、领队大臣都统海兰察奏："军营所存劈山炮位为数无多，不敷施放。闻省城有能造劈山炮位之匠，已饬限一月内铸成二十位运送军营。其余军装、军械，经两督臣饬办，不致有误进剿。其分派绰斯甲布一路官兵，除在前之西安驻防及滇省官兵已于八月内由桃关前赴军营，陕甘官兵一千计目下亦当由省起程。其应赴南路滇兵一千、陕甘兵一千亦于八月二十、二十一等日前赴军营外，至应赴西路之兵湖南头二起一千已来至日隆，其余各起亦可接踵出口。至京兵及后起西安满兵均陆续抵省，荆州满兵据报亦已入境。并行知文绶，如西安驻防满兵尚未自省起程，即将京兵料理，令其先赴西路。"

得旨："嘉奖。"

又奏："查两逆酋侵扰木果木等处以后，索诺木旋带僧格桑回巢。臣阿桂前在南路时，已据土弁、土兵等探听具禀。今抵西路以后，讯问脱出屯练阿尔嘉，据称被拘之后，因能治病，索诺木携以往来，所有僧格桑前往噶拉依后复至勒乌围之处，均系得之目击。此时僧格桑又在何处，该弁兵尚未能知。至从前办理情形，西路先截底木达、布朗郭宗及大板昭一带隘路，勿使僧格桑由美卧沟逸出，南路先截科多、新桥等处，勿使从喀尔萨尔潜逃。今自美诺东至大板昭，西至僧格宗、科多，与金川地方处处可通，僧格桑即由美诺窜入金川，已不必定由美卧沟及喀尔萨尔等处。但臣等即日进兵，不独专为俘获逆酋之计，即头人、番众凡有可以邀截擒戮者，皆当相机设法不使兔脱。"报闻。

（高宗朝卷九四二·页二七上～三一下）

○乾隆三十八年（癸巳）九月壬申（1773.10.31）

谕曰："丰升额等参奏：据总兵五福等解送由金川脱出兵丁朱正巳、谭廷贵二名，讯系三月间在军营潜出被贼掠去。所有该管官致兵丁单行被掠，误报脱逃，法难宽宥。请交部议处，以示惩儆等语。游击常保、都司伊苏泰俱著交部议处。"

（高宗朝卷九四三·页一下）

○乾隆三十八年（癸巳）九月癸酉（1773.11.1）

谕军机大臣等："据周元理奏：南石槽军站接递军营山西巡抚鄂宝夹板并广西巡抚熊学鹏报匣，因兵书将夹板、报匣与火票互错发往，至涿州驿将鄂宝夹板查出驳回，仍由驿飞递军营，而熊学鹏之报已误由军站驰送，所有管站之员，现在严查报参等语。军营文报往来，各该站理宜小心检点，以免歧误，何得但凭书吏经手，致有舛错？其将夹板、报匣错互发往之首站，固属咎无可逭，至鄂宝夹板既经涿州驿查对火牌驳回更正，而熊学鹏报匣误发军营，沿途各站员接到时何以未能查出？亦难辞咎。著交周元理一并查明参奏，交部分别议处。"

又谕曰："丰升额等奏现俟探得间道，即行深入等语。所见甚[非]妥。丰升额等此际尚非可以深入之时，不宜孟浪轻进，务候阿桂处信息实力妥为。至称别斯满一路应否前往，惟候阿桂处酌力等语。丰升额现同舒常在宜喜军营统兵牵掣金川，并资弹压，不宜轻动。其别斯满一路，距西路军营相近，阿桂易于照料，临时或派色布腾巴勒珠尔，或派海兰察前往，俱可集事。丰升额竟无庸复往西路。"

（高宗朝卷九四三·页四下～六下）

○乾隆三十八年（癸巳）九月丙子（1773.11.4）

定西将军尚书阿桂奏："接奉谕旨，令详议何路进兵。查南路本系臣领兵攻击之处，情形熟悉。其西路喀尔萨尔一带，臣前次亦曾经过，并询之前曾到过此路之大臣、侍卫、章京并众土司头人等，知喀尔萨尔在功噶尔拉之前，必须由牛厂进攻。其地险峻异常，难以抢占，且春冬雪大不能行走，夏时雪化，又须从山趾下至山沟再登两旁之山。若将此作为正路，进兵稍难。至木果木以西山势险峻，自下仰攻，甚为费力。此外如巴旺一路亦可进兵，而添兵安站殊费周章。再，美卧沟在木果木之北，其地虽通勒乌围，而深林密箐，谷口狭隘，官兵不能越险，且后路绵长，恐难接续。其绰斯甲布一路何处可以进兵，臣已询之丰升额等，俟复到日再行定议具奏。"报闻。

又奏："楚兵越险登高实为得用，而此次派来陕甘兵内，甘省较优，陕兵后起尤不如前。云南昭通等处，兵颇骁勇出力。前因滇省亦系边方，未便多为调拨。兹据云南提督长清告知，总督彰宝现又挑兵三千，派员教演，是滇省官兵尚敷抽拨。如进剿时应增添兵力，即当奏闻檄调。"报闻。

（高宗朝卷九四三·页二〇下～二二上）

○乾隆三十八年（癸巳）九月丁丑（1773.11.5）

又谕（军机大臣等）曰："丰升额等奏查询党坝一路，亦可进兵。并称乘兵力之暇缓修碉座，若移剿别路时，便可将宜喜官兵抽撤等语。所想亦是。宜喜、日旁两处攻剿半年未能寸进，实觉劳而无益。今既知党坝有可进之路，自宜从彼进攻。约计宜喜、日旁两处所有新旧兵共九千名，丰升额可于此内将新调之兵并挑旧兵之勇锐者共六七千，同伍岱带领前往党坝。其宜喜等处仍关紧要，且觉木交兵粮、军火亦须管理，而绰斯甲布一路兼资弹压，若仅将碉座交土兵看守尚未妥协，应酌留兵二千，令舒常带领驻守，方为合宜。至阿桂现在收复小金川，其金川尚未办及，丰升额此时若即由党坝进兵未免太早，必须俟阿桂平定小金川后，会剿金川时预为定期。寄知丰升额查照妥办。"

又谕："现在办理收复小金川，计各省所调官兵已足敷用。所有湖南、湖北预备兵丁，原为将来进剿金川时后路或须策应之用，今恐一时赶调不及，先行拣派齐赴总路听调，自应如此办理。但进剿金川时，是否后路必须接济，及此项兵应于何时调往之处，均著阿桂斟酌妥办，一面飞调，一面奏闻。"

又谕："昨据阿桂奏称彰宝处现又挑备兵三千，如进剿金川时再须增添兵力，即奏闻檄调等语。前筹及进剿金川事宜，以阿桂等将来分路进剿，其后路尚须留兵策应，是以谕将湖广所备之三千兵飞调前往，已足应用。至滇省兵丁前后共调过五千，该省为近边要地，未便再为调拨。将此谕令阿桂并彰宝知之。"

定边右副将军广州将军明亮、参赞大臣副都统富德奏："前与将军阿桂酌议，俟所到各兵足敷应用，即约各路克日进攻。今各路军营新调官兵均可接踵而至，阿桂一有知会，即当发兵合剿。臣等悉心商榷，河北自甲尔木以至僧格宗处处与金川贼境毗连，来路最为丛杂。我军深入，后路绵长，少留兵既不足以资防守，多留兵又不敷进剿之用。惟自河南拉约、宅垄、鸠寨、玛尔里一带以至木池进攻美诺。其山南有汗牛地方，虽有贼据，而大兵一进众即畏惧，临时尚可设法办理。从此专力前进，俟西、南两路大兵会合，声势联络，所存之僧格宗其势已孤，无难迅为克复。而河北之策尔丹色木等处只须酌量分兵，为牵缀贼人之势。似此办理，较易成功。惟兵行进止变化无常，倘届期别有机会可乘，臣等不拘何路总期迅速直捣美诺。"

得旨："此见是。勉力成功可也。"

明亮又奏："新调满、汉各官兵，经将军阿桂派拨云南兵一千、陕甘兵一千、荆州驻防兵一千、京兵五百及黑龙江、吉林兵各五百，共四千五百名以次到川。内陕甘兵一千，因绰斯甲布需兵接济更为紧要，经阿桂奏明，将先到陕甘兵一千迅赴该处。嗣督臣等设法趱催，已据报全数出口。臣拟将现到各兵留营备用，并飞饬将备等遵照前议，所有新到官兵暂在茂纽、功察等处存驻，略为休息，以备进攻。再，滇兵一千现亦陆续抵打箭炉，而茂纽各站存粮无多，惟章谷积米尚有数千，滇兵到时应令径赴章谷听调。"

得旨："嘉奖。"

（高宗朝卷九四三·页二三下～二七上）

○乾隆三十八年（癸巳）九月辛巳（1773.11.9）

谕军机大臣等："丰升额等奏，党坝一路只有穆尔津冈可以进兵。前已谕令丰升额同伍岱带兵六七千名进攻党坝，但须候阿桂收复小金川后分路攻剿金川，方可会期前进。其宜喜一路，令舒常带兵二千驻守弹压。仍著丰升额等遵前旨妥酌而行。至绰斯甲布境内通金川各路，既与宜喜相仿，进攻仍不免费力，若非实有可乘之隙，断不宜孟浪轻进。即有所得，亦只应在山梁驻兵据守，不可遽为深入。又据奏，卓尔玛称党坝道路可以进兵，甚为有理。但将军等进兵时均宜加意防范，其后路务须留兵策应，勿使贼番得以窥伺滋扰，方为妥善。"

（高宗朝卷九四三·页三三上～下）

○乾隆三十八年（癸巳）九月甲申（1773.11.12）

定边右副将军广州将军明亮、参赞大臣副都统富德奏："僧格桑去冬窜入金川以后，自知罪在不赦，未敢遣人到卡通名。惟贼酋索诺木弟兄假恭顺为词，屡在思纽前敌喊叫请安，必探知将军阿桂已往西路，现在军中作何动静，冀令进营觇视，情实可恶。当经臣明亮令土守备阿忠保严行指斥而去。此时在营将士皆知贼番外示乞怜，心怀叵测，不肯稍为所愚。自七月以来将各要隘分布严密，在营兵皆得更番休息。臣明亮恐兵久而生惰，令各将器械比试，并令虚作鸟枪连环进步，既使习劳以健其筋骨，复坚其同仇敌忾之心。臣富德抵营后将山形地势亲为巡历，并察看士卒气象，均极整齐可用。臣等拟将荆州驻防兵一千、滇兵一千，俟陆续到来，俱令在大营前后分驻，使与旧兵相处，俾上山打仗情形先为熟习。臣等再于查卡之便，随时鼓励训导。"

得旨："嘉奖。"

（高宗朝卷九四三·页四一下～四二下）

○乾隆三十八年（癸巳）十月己丑（1773.11.17）

谕军机大臣等："据阿桂等奏称，此时贼酋虽将僧格桑缚献，断不肯萌歇手之心等语。缚献僧格桑一说，或将来官兵进攻得胜，直压噶拉依、勒乌围等处，贼酋势处窘迫，始将僧格桑献出以求免祸，尚不可知。若就现在情形而论，则断无其事。阿桂当切齿贼情狡恶，勿稍游移方为有识。至温福木果木军营所失米一万六七千余石、银五万余两、火药七万余斤，俱为逆酋所得，必已搬回金川，索诺木自应据为己有。即或分给众人，岂能各遂其欲？此亦如内地贼犯分赃不均，必至自相争竞，其中或滋衅隙，亦未可定。若果有此机会，即可乘势设法离间，借以得手。然此只能伺察其变，随机妥办，并非预有把握也。此事正办，总当先行收复小金川，一经平定即分路进剿金川。其进兵路径，据奏从凯立叶下攻，易于得利等语。阅图内凯立叶在两金川之间，与大板昭相近，若果可另为一路，亦足令贼人照顾不暇。阿桂即当密访确实，妥酌而行。若可为进兵正路，阿桂当由此而进。若不过为进剿牵制之一路，即将应派何处官兵若干，及应派何人带兵攻剿之处，均行奏闻。又，赓噶所供：游击陈圣矩因被贼围，营中无水，自行放火焚烧，伊父子及兵丁等俱行焚死等语，甚为可悯。著阿桂再行查明，奏请交部议恤。至阿桂惟当努力收复小金川，并上紧筹画进剿金川之局。看来小金川之事尚属易办，若金川则一时原难把握。但现调满、汉官兵声势甚大，贼自难于支御，纵使稍羁时日，贼亦不能经久相持。况军需费用虽多，而现在再拨二三千万，库帑亦尚充盈。朕意惟在剿灭两金川永除后患，断不勒惜多费。阿桂等务须深体朕意，努力成功，以膺茂赏。"

又谕："据阿桂等奏，维州协兵丁张坤忠系保县人，向在军营充当通事，先于五月间在达扎克角脱逃。兹据赓噶供称张坤忠四五月里因火药上作了弊，逃往金川，顺了贼人，甚是重用他，诺索木等很听他话，都称他为张掌堡一折，实堪发指。该犯以内地兵丁，在军营充当通事，胆敢与贼人潜相往来，偷窃火药，已属不法之尤，乃复潜逃顺贼，听其任用，实为谋叛逆犯，罪大恶极。拿获日即应于军前寸磔，俾各知畏警。并据阿桂查明该犯亲属均在本籍，且访得其父张恒亦系维州协兵丁，正可即行严办等语。自应迅速查拿，立正典刑，以舒忿恨。向来办理缘坐之案，或倡造邪教，语言狂悖，本犯既已正法，其亲属并皆量从宽典。至张坤忠之叛逆不法，其亲属均系罪不容诛之犯，不得仅照寻常缘坐之条办理。富勒浑现在桃关，距保县甚近，著即派委大员密速前往，逐一查拿务获，毋使一人漏网。所有该犯亲属，即照谋反大逆已行例，从重分别严办，俾众共知炯戒。仍将办理日期迅即复奏。"

寻奏："张坤忠之父张恒，拿获后审明即行正法。胞弟受儿年仅九岁，母袁氏，均请给功臣家为奴。同祖兄弟张三蛮、张保儿、张廷元，查系久经分居异籍，非律应缘坐之犯，请发交该地方官严加管束。"报闻。

（高宗朝卷九四四·页一五下～一八下）

○乾隆三十八年（癸巳）十月庚寅（1773.11.18）

谕军机大臣等："阿桂等现在收复小金川，看来尚属易办。此地虽有金川贼番帮同守把，但以主客情形而论，金川之人在本处恃险抵御，习其地利，便于准备，官兵攻打自不免费力；若金川贼众出至小金川地方，则彼亦转而为客，离其地险，失其所长，断不能如在金川之随宜布置。而我官兵自前岁冬底攻克美诺以后，经行驻守半年有余，其间路径皆所谙悉，可以因地制宜，熟筹克敌之法。我兵分路进剿，不但易于制胜迅望奏功，即金川贼众在彼帮守者，亦可借此多为歼戮，并莎罗奔冈达克及其大头人等若在美诺，皆可乘胜剿擒，实为最好机会，阿桂等惟当努力为之。至于进剿金川，自以预定数路为要。功噶尔拉、当噶尔拉两处虽云正路，但其地业经进攻半年，贼酋防备已久，今见官兵奋勇再进，必料仍由此路进攻，自复照前预备。阿桂转可无庸亲往，此两处只须择其中较要者，令明亮等统兵前往，或可相机攻进，馀则另行派员带兵牵掣。若昨奏凯立叶之外更有别路，阿桂亦当悉心酌核。总择各路中最紧要易进者，阿桂亲自督兵前进。其余则以次权其轻重，酌定何路派何人牵掣。一面办理，一面奏闻。"

（高宗朝卷九四四·页一九下～二〇下）

○ 乾隆三十八年（癸巳）十月壬辰（1773.11.20）

谕军机大臣等："丰升额等据头人松乃、温布密禀，欲令土兵夜间爬越间道，与官兵约定两面夹攻等语。觅间夹攻，原属攻碉良法，丰升额等用其计而不预露端倪，甚合机要，自应如此相机妥办。又据奏，松乃等因其土司病故，饬土兵防守较严，足见诚心恭顺，赏戴蓝翎等语。所办甚是。松乃、温布能如此实心出力，殊属可嘉。著丰升额等传朕旨，将二人各赏银五十两，俾益感恩奋勉，且使众土兵见之亦知共相效法。又据称，松乃等恳请将雍中旺尔结赏戴孔雀翎之处，前已传旨赏给，丰升额等即可遵照办理。其所称调雍中旺尔结来营妥为驾驭，以收其心而得其力等语，亦与前旨适合。雍中旺尔结既为番众依向之人，如果遵调到营诚心报效，则营中多一得力土司更属有益，自可推诚相待。并令阿桂知之。"

又谕曰："丰升额等奏后路防守事宜亟需大员弹压，鄂宝未回觉木交之前已令总兵李时扩往彼驻守等语。李时扩办事非其所长，前因觉木交一带督办粮务、防范后路关系紧要，已派令布政使颜希深前往同鄂宝办理，计此月内可抵觉木交。颜希深平日尚能办事，著鄂宝将该处一切应办机宜详悉告知，令其在彼专办。鄂宝仍时常往来照料，方为妥善。"

（高宗朝卷九四四·页二二下～二四上）

○乾隆三十八年（癸巳）十月甲午（1773.11.22）

定边右副将军广州将军明亮、参赞大臣副都统富德奏："南路各土司与金川接壤者均皆随时鼓励，酌助官兵。查革布什咱被金川残破以来，留防汉、土兵不敷分布，酌抽川兵三百令副将郑国卿分派驻守，以便大兵进攻美诺，可无后顾之虑。又，连日官兵踵至，金川必并力距守小金川地方。若西、南各路进兵，贼境同时被扰，必撤兵自卫，其力既分，攻之自易。"

谕军机大臣等："明亮等所见甚是。各路均应如此办理，惟当勉力为之。"

（高宗朝卷九四四·页二八下～二九上）

○乾隆三十八年（癸巳）十月乙未（1773.11.23）

谕军机大臣等："阿桂等现在收复小金川，看来尚属易办。但闻贼酋之兄莎罗奔冈达克及其头人丹巴沃咱尔俱在美诺，此二人为金川倚靠之人，若能擒获，较擒僧格桑尤为有益。阿桂等于攻复美诺等处时，必当严密布置，勿使喙脱。至前据丰升额等奏称：据绰斯甲布头人松乃、温布等称，贼番踞守碉卡，仰攻较难，土兵习熟道路，若由间道截其后路，两面夹攻可望得利等语，自属攻碉良法。但思土兵等固为习熟路径，而我索伦兵丁登山履险亦所优为，自当于土兵等觅间进攻时，酌派索伦兵若干，令德赫布、普尔普等汉仗出众可倚任者分领前往，自更得力。计索伦兵此时将次到川，著阿桂酌量情形，将索伦兵千余留于西路。其明亮、丰升额两处军营，每路酌派数百，并派能带兵之人，令其分路遄往。"

（高宗朝卷九四四·页三一上～三二上）

○乾隆三十八年（癸巳）十月丙申（1773.11.24）

定西将军尚书阿桂、参赞大臣领侍卫内大臣色布腾巴勒珠尔奏："昨讯脱出之瓦寺番人那不喀供称，莎罗奔在美诺时，彭鲁尔各寨百姓前往送酒，俱称天朝恩典甚深，打仗俱有盐菜、口粮，我等因想念旧土司才行此事，可将旧土司送回。莎罗奔言：'俟大兵退过巴朗拉时，才可令其回来。'虽驾词笼络，小金川番众岂必尽受其愚弄。又称贼酋役使小金川人，备加凌虐，番众心生怨悔。"

谕军机大臣等："阿桂等奏那木喀各供，小金川番众心生怨悔，招致之计自属易行等语。此乃情理必然之事，小金川番众既与金川离心，迎机招诱应必乐从。看来收复小金川之事，较攻剿金川原属易办。至其番众虽系被僧格桑诱胁，究属已降复叛，即使仍然降顺亦不可复留，或临期酌量情罪重轻，分别歼诛、移置。但美诺初定之时，不可即为办理，必须俟剿灭金川后方可一并筹办，以为善后事宜。惟是将军等既得美诺等处，必须加意严密防备，勿再使僧格桑潜出煽诱，断不可以小金川又经收复稍涉大意，致蹈前此疏虞覆辙。阿桂等均宜筹画妥善，切实严防后路，则进剿金川方无后患。"

（高宗朝卷九四四·页三三上～三四下）

○乾隆三十八年（癸巳）十月乙巳（1773.12.3）

谕军机大臣等："前据陈辉祖奏楚省预备兵三千名，陆续调集荆、宜一带总路，听候川省军营咨调等语。此项备调楚兵原为收剿金川后路策应之用。今军营各路官兵均已齐集，克期进剿，应于备调楚兵内派拨二千迅赴日隆，听阿桂指定何路最为紧要，即于该处驻扎巡防。前已有旨令富勒浑、王进泰为后路策应，其应何人带兵驻守，并另谕阿桂酌量妥办。其绰斯甲布一路亦关紧要，并当派楚兵一千前往，交与鄂宝，酌量为后路巡防之用。此时湖广兵丁皆暂驻宜昌，入川更为易便。著传谕陈辉祖，即遵谕派拨妥协，令带兵各员迅速径赴日隆及绰斯甲布听候拨用。其至成都后，并著文绶一体妥为料理，催赴各该处，毋致迟误。并将此谕令富勒浑、文绶、鄂宝、王进泰知之。"

又谕："据阿桂奏称，收复美诺之事，约于月尽月初可以进兵。但阿桂等各路满、汉兵丁皆为进剿之用，而后路更无余兵防守，贼酋狡恶多端，且两金川相通，路径丛杂，难保其不潜出邀袭我兵之后。此事甚有关系，不可不防。前据明亮等奏，讯据从金川脱出之小金川番人阿嘉供词有闻得金川贼酋欲前往巴旺、布拉克底两处报仇等语。此两处为翁古尔垄切近后路，已谕令明亮等加意防范。又，昨据丰升额等奏，讯据来投之金川番人班第斯嘉布供词有闻得金川土司头人商量派兵抬炮，到达尔图山梁，要抢官兵营卡。贼酋若果注意达尔图滋扰，断不肯预泄其事使我兵得闻。此必逆贼为指东击西之计，阳称往达尔图而潜赴别斯满等处抄截，必须严密防守，曾经谕知阿桂等一体留心。至官兵进剿时，贼众若迎面而来，则正利其出而失险，我兵得以奋勇剿歼；若彼潜匿我后，则后路断不可无兵控制，前已谕调湖广兵三千，于进剿金川时留防后路，并谕令富勒浑、王进泰在彼带兵驻守。续据陈辉祖等奏称各兵俱在宜昌暂驻，赴川颇为便捷。现在攻复小金川，巴朗拉一带后路即关紧要，莫若此时即调赴军营，于防御更为得力。现谕令陈辉祖派兵二千前赴日隆，听阿桂酌量应防要隘派拨驻防。其一千派赴绰斯甲布，交鄂宝酌派驻守。著传谕阿桂即行筹酌妥协，一面办理，一面奏闻。"

（高宗朝卷九四五·页九上～一一下）

○乾隆三十八年（癸巳）十月己酉（1773.12.7）

谕军机大臣等："据丰升额等奏：绰斯甲布一路新旧共有官兵九千名，挑选六七千前赴党坝，仅留兵二千驻宜喜，将日旁一带官兵尽行抽拨，则觉木交等处粮台不敷防守，且恐稍致疏虞，已密商阿桂，若可有兵三四千拨赴党坝，再将宜喜之新添三千兵带往，于进剿弹压均属有益等语。日隆军营现兵虽一万有余，但阿桂正在克期收复小金川，该处应分兵进剿之处较多，未必能复有多余之兵足敷派拨。昨因阿桂收剿小金川，其后路不可无兵防守，曾谕令陈辉祖等将湖广预备之三千兵酌派二千赴日隆，听阿桂指定何处紧要，即令王进泰等带兵驻守。其一千径赴绰斯甲布一路，交鄂宝酌量妥为防守。今丰升额处既尚须酌添兵力，或可即将派赴日隆之二千楚兵内再拨一千赴宜喜，与昨拨交鄂宝兵一千俱交丰升额带领，合之该处新添兵三千共有五千，足为党坝一路进剿之用。而鄂宝一路，现有宜喜、日旁旧兵六七千，于后路亦尽足资防守。惟日隆后路策应之兵减去一千，是否不敷应用，难于悬定。著传谕阿桂，即速通盘筹计，据实奏闻。"

（高宗朝卷九四五·页一八上～一九上）

○乾隆三十八年（癸巳）十月辛亥（1773.12.9）

定边右副将军广州将军明亮、参赞大臣副都统富德奏："据副将郑国卿禀称，绰斯甲布遣头人僧格达塔尔到甲鲁告知听闻金川要发兵来打，不知实指何处，我们到甲尔垄坝分付领兵头人小心防范，特来回明等语。现在密行知会丰升额，一体加紧查察。惟郑国卿在吉地统兵策应各路位望未重，不足以资弹压。兹抚臣鄂宝来赴军营查办粮台，因思两路军粮均系鄂宝经管，请暂留革布什咱之丹东驻扎，与吉地相去二站，既可兼理粮运，即吉地以北设有贼番抄掠，亦可就近驾驭各土司。"

谕军机大臣等："革布什咱地方为明亮、丰升额军营后路，设有贼匪出而滋扰，所关非细。明亮等所筹亦是。贼酋狡诈异常，安知不以发兵来打之语恐吓南路土司，而暗逞其声东击西之计。但绰斯甲布头人既以此语禀报，自当先事严防。丹东为翁古尔垄及宜喜适中之地，鄂宝著在丹东驻扎策应。但鄂宝带兵无多，于防剿尚未能得力。前曾有旨，派湖广续调兵一千交鄂宝酌量分拨应用，嗣因丰升额等将来进剿需兵，又谕令将此项楚兵亦赴宜喜。今鄂宝到丹东后，若果访有贼番潜扰之事，不可不添兵防御，又当务其所急，即可一面通知阿桂、丰升额，并行知楚省带兵之员，仍将楚兵一千派赴丹东，并令文绶妥速料理，一面奏闻。至觉木交地方，前已派令颜希深在彼督办粮务，兼有李时扩统兵弹压，自已足资照料。并著鄂宝将彼处应办事宜札知颜希深等，令其实力妥办，无稍疏虞。"

寻鄂宝奏："吉地所属之甲鲁珠尔德等处现在虽无贼匪潜扰，然兵力尚单，已于宜喜军营内酌派添兵三百前往分防驻守。"报闻。

定西将军尚书阿桂奏："遵旨查询金川地图，据土兵等言谷噶道路不甚艰难，而赓噶又言该处山势陡险，坡礓甚大，惟从凯立叶作固顶进攻，易于得利。谨将谷噶、凯立叶绘图载入。"

谕军机大臣等："阿桂所奏攻剿金川进兵道路，其凯立叶一处亦属未定之词。今已进兵收复小金川，自可计日成功，即须分路进剿金川，其路径不可不及早筹定。著阿桂即速留心探访，核实密为酌办，仍即具折奏闻。"

（高宗朝卷九四五·页二二上～二四下）

○乾隆三十八年（癸巳）十月壬子（1773.12.10）

又谕（军机大臣等）："昨据明亮等奏，绰斯甲布头人告知副将郑国卿有闻金川贼酋派兵来打之语，已谕将军等一体留心防范。今思贼酋狡诈百出，其云派兵往此一路，必系指东击西之诡计。且贼番若果欲至绰斯甲布滋生事端，则于侵扰木果木军营时，何难别遣贼番窥伺宜喜等处？彼时既未潜来，岂有当此添兵进剿声势甚盛之时，转敢轻出尝试？况贼酋注意欲侵何路，自必密为计议，焉肯漏泄使邻境得知？其意不过布散此言，使将军等闻之派兵堵御，以分官兵之势。或声言来窥正地一路，却暗由巴朗拉、翁古尔垄等处邀我西、南两路官兵之后，亦未可知。贼番鬼蜮伎俩，实为可恨。今既闻有此言，因不可不严密周防，亦不可过于轻信，转以有用之兵置之无用之地。惟当于各军营后路加意严防，勿使得以乘隙窥扰，则无论所言虚实皆可无虞。即鄂宝至丹东后，亦须不动声色，妥密部署，不得稍涉张皇，致为贼番轻视。"

（高宗朝卷九四五·页二六上～二七上）

○乾隆三十八年（癸巳）十一月己未（1773.12.17）

谕："前令总兵敖成驰赴四川军营，嗣因宁夏镇总兵缺出，即降旨令敖成补授。今据阿桂奏称，贵州官兵在军营者较多，若令敖成补授贵州镇远镇，管领黔兵，更为得力等语。敖成著照所请，调补镇远镇总兵。其宁夏镇总兵员缺，仍著阿桂于军营出力人员内另行拣员奏补。"

定西将军尚书阿桂、参赞大臣领侍卫内大臣色布腾巴勒珠尔奏："臣等定期本月二十九日分路进兵。查西路官兵为克复小金川正路，必须计出万全。今探达木巴宗之北有路可通斯达克拉、阿噶尔布里、硕藏噶尔，若派兵潜击占此三处，一路由别斯满攻底木达、布朗郭宗，一路攻取兜乌、沃克什、明郭宗，从此顺帛噶尔角克山梁即可直抵美诺。至美美卡一路，更为贼酋要地，拟于资哩北山下，乘其不备派兵直抢；或于美美卡之东东玛色尔渠占住，则前往硕藏噶尔之兵下至别斯满时，官兵联络接应，色布色尔等处之贼自不能久据。臣等商定后，即派兵驻扎色布色尔山梁，以防贼断后路。令海兰察等带兵往阿噶尔布里等处，富兴等带兵自资哩北山下直取美美卡，成德等带兵夺占资哩南山，臣阿桂等从中路攻剿资哩，各路接应，而南路绰斯甲布之兵同时进发。倘得已降复叛之番，请暂缓诛戮，恐前途望而怀沮。大寨坚碉概行拆毁，附近金川人户亦当别筹移置，使贼无凭借之地。"

谕军机大臣等："阿桂等奏分路派兵剿复小金川一折，所办甚好，伫盼捷音。此次添有满洲劲旅，声势甚盛，而阿桂等派拨带兵之处，亦甚合宜。看来收复美诺，自属易事。况小金川番众与金川离心之处传闻已屡，乃情理所必然。今见大兵进攻，且随路遣人招致，其望风来降，亦可意料而得。惟是此等降番皆系曾经叛逆之犯，于法本无可恕，但处之过严，不但小金川诸番闻而生畏前途，未必复肯来降，且金川贼众闻之，更不敢前来投顺，益以坚其死守之心，自不可不权宜办理。第阿桂所称，其大寨坚碉断不可留，而附近金川人户，亦当别筹移置。所遗碉寨，并应概行拆毁，使贼无凭借之地等语，所见固是。但拆毁碉寨殊非易事，既恐轻分兵力，且不免稍稽时日，既别筹移置，亦非其愿。况前此宜喜军营以弁兵七八人管解赓噶一人，尚致脱逃，今小金川番众如果来降，数必不少，当得弁兵几何方敷押解？设或中途又致窜逃，更复成何事体？朕意莫若且不动声色，照常安插，即有必须正法者，总俟两金川平定后再行分别筹办，庶为万妥。然情形随时不同，惟在阿桂等审度机宜，妥为办理。或有可疑之地，可疑之人，不得不办者，又不可拘泥此旨也。且从前贼众潜出美卧沟，至底木达等处招诱降番复叛，滋扰木果木军营之事，皆由温福妄自尊大，不听人言，不恤士卒，又一切全无料理，致令众心生怨，而刘秉恬、董天弼于防闲后路又复贻误，致贼番得以肆其猖獗。今各路将军等诸事妥为调度，贼酋自无隙可乘。而后路谕令富勒浑、王进泰统兵驻守，以刘秉恬、董天弼为戒，加意防范，自不致稍有疏虞。今进兵已五六日，深为盼望。一有喜音，即随时迅速奏闻。"

（高宗朝卷九四六·页六下～九下）

○乾隆三十八年（癸巳）十一月乙丑（1773.12.23）

谕曰："销筭镇总兵乔冲杓现在带兵赴川，所遗员缺紧要，著杨大业调补。其宜昌镇总兵员缺，即著乔冲杓调补。所有该镇印务，著该署督另选妥员奏闻署理。"

（高宗朝卷九四六·页一二上～下）

○乾隆三十八年（癸巳）十一月丁卯（1773.12.25）

谕：“据阿桂等奏：十月二十七日分兵各路进剿小金川，均于十月二十九日子刻一齐全进，以次攻克资哩南北山梁、阿喀木雅、美美卡、木兰坝，并收复沃克什官寨。贼人畏惧，遁入路顶宗聚守，官兵乘锐力攻，以期即克。此内如阿喀木雅、美美卡、木兰坝势俱绝险，前经五六月之久始能克取，今乃于两日之间尽能克复，歼戮贼人不少，皆由满洲劲旅奋勇绝伦，绿营兵皆得有所效法，不但新兵倍常出力，即旧兵亦奋勉争先，统俟详查明确，再行具奏等语。又据明亮奏：南路官兵亦于十月二十九日子刻分路进剿，将河南之得布甲、河北之喇嘛寺、得里两面山梁、日寨、策尔丹色木尽行攻克，杀贼二百余，所获枪刀、火药等项甚多。现在鼓励官兵乘胜前进，所有八旗劲旅，勇往直前，绿营各兵亦互相勉励思效，俟备细查明另奏等语。收复小金川其势较易，朕已久经料及。但此次甫经进兵，数日之间即连得贼人险要碉卡，杀贼甚众，览奏深为嘉悦。将军、参赞调度董率有方。西路之领队大臣额森特于攻剿资哩、木兰坝时较众倍加奋勉，南路之领队大臣奎林攻克得里贼碉亦甚勇锐，均著交部议叙。其在事出力之将领、弁兵，并著阿桂、明亮等查明咨部，一并议叙。其中有勇勉超群者，查确专折奏闻，候朕量加优奖。将此谕众知之。”

谕军机大臣等："据阿桂、明亮等奏到两路同时进剿，连克贼酋碉卡。阿桂已抵路顶宗，明亮已过策尔丹色木，距美诺均不远，自可即望捷音。此次进兵以来，两日之间连得贼酋险要碉卡，如摧枯拉朽，固由添派满洲劲旅，勇往直前，绿营兵亦皆效法知勉，是以所向克捷。但究觉得之太易，恐贼酋暗藏诡计，或让我兵直进，在后抄截，不可不防。在官兵现俱乘胜而进，自当鼓其锐气，使益奋勇成功，所谓兵贵先声，亦董劝将士之道。至带兵之将军、参赞、领队等，遇事当倍加慎重，不可因连次得胜稍存得意自满之心。'满招损，谦受益'，古训昭垂，将军等各宜深体此意。凡进兵后路，加意严防，慎之又慎，方为妥善，就现在情形而论，官兵乘胜深入，实有席卷之势，其于克复美诺、布朗郭宗等处自非难事。即克日集勋，亦不足言喜，惟能将莎罗奔冈达克、丹巴沃咱尔及七图安堵尔等一并设法擒获，朕方喜慰。盖冈达克、丹巴沃咱尔乃索诺木所恃主谋得力之人，而七图安堵尔向为僧格桑管事，一切狡诡可恶之处，皆彼党助。此三人断不可轻宥。即或冈达克、丹巴沃咱尔二人未必果在美诺，或闻官兵势盛仍复窜回，皆不可定。而七图安堵尔为小金川旧贼目，自必在美诺等处率众拒守。阿桂、明亮等均当一体留心，若能将贼酋、贼目等拿获，即选派妥干之员，解京严审办理。所有将军等此次统兵，调度有方，深为嘉慰。阿桂、明亮著各赏大荷包一对、小荷包四个，色布腾巴勒珠尔、富德各赏大荷包一对、小荷包三个，海兰察、长清、奎林各赏小荷包三个，普尔普、乌什哈达、额森特、特成额、海禄、富兴、三保、舒景阿各赏小荷包二个，以示奖励。至丰升额等一路虽系牵缀之兵，其进兵以后情形若何，亦著迅即具奏。"

（高宗朝卷九四六·页一六上～一九下）

○乾隆三十八年（癸巳）十一月己巳（1773.12.27）

又谕（大学士等）："据阿桂等奏，初一、二等日，连克路顶宗、明郭宗等处，现在已克复美诺并攻得别思满、兜乌、帛噶尔角克碉各情形一折，已于折内批示矣。收复小金川之易，朕原早已料及。第官兵等能于一二日内连次克复美诺等处，剿杀多人，并抢获炮位、米粮，实属迅速。所有将军阿桂、参赞色布腾巴勒珠尔，俱著交部议叙。其在事之将弁、兵丁等，均属出力奋勉，并著阿桂等查明咨部议叙。如有超众奋勇者，即行具折奏闻，候朕另降谕旨。又据丰升额等奏，从宜喜觅路攻夺沙坝山梁碉卡，杀贼百余，并夺获炮位器械等语。宜喜一路，此际原系牵缀贼势，今官兵等同日进攻，即能克碉杀贼，亦属勇往出力。丰升额等及在事将弁、兵丁等，俱著一并交部议叙。"

又谕："据丰升额等奏，称领队大臣书麟、侍卫彰霭等，攻夺沙坝山碉卡，超众先登等语。攻克沙坝山碉卡，书麟等超众先登，甚属可嘉，著加恩书麟赏戴花翎；乾清门侍卫彰霭、乌尔图纳逊、侍卫佛兰泰奖赏花翎；护军校定柱、巴绷阿、空蓝翎厄鲁特达尔海俱著交部议叙。"

又谕："据丰升额等奏称，攻取沙坝山贼人碉卡之时，伍岱亲身直抵贼碉，督兵指麾，向贼鏖战等语。伍岱此次打仗劳绩可嘉，著加恩赏给副都统职衔。"

又谕："此次进兵攻取美诺等处，副都统额森特领队奋勉，劳绩出众，甚属可嘉，著加恩补授护军统领。"

又谕："此次攻剿蒙固桥，署总兵海禄甚属奋勉出力，著加恩即实授固原镇总兵。"

又谕："据刘秉恬奏，上年奉命赴川办理粮饷，所有派出随往办事之礼部主事逢年，自抵军营，勤慎办公，遇事奋勉；又奏请，带往办事之候补誊录官胡时显，办理一切案牍文移勤慎小心，从无错误。请旨加恩等语。著照所请，逢年著以各部员外郎升用，遇缺即补；胡时显著赏给中书科中书职衔。"

谕军机大臣等："阿桂等奏，连克路顶宗、明郭宗等处，现已克复美诺。业经降旨交部议叙，并谕将攻剿路顶宗之攀越直上官兵从优议叙。其何人首先跃入贼碉，亦令查明具奏，候朕另降谕旨。至官兵自进攻以来，仅五昼夜即克复美诺等处，可谓迅速。但据奏，七图安堵尔于官兵甫抵明郭宗即行逃窜，不知所往等语。七图安堵尔为僧格桑用事头人，所有小金川狡谋恶计多出于彼，实为可恨。今自揣力不能支，又不肯束手就缚，自必仍逃往金川，恐未能及时追获。看来冈达克、丹巴沃咱尔料我必不歇手，自然进兵攻剿，遂将美诺等处交付七图安堵尔，二人先回金川。今七图安堵尔又复窜去，可惜失一好机会。是以虽闻捷奏，不能慰怀也。惟是此次进攻因添有满洲劲旅，士气奋兴，军威大振，所向克捷。以此先声，足令贼众闻而胆落，稍为可恃。今阿桂已差人往南路通知明亮等会兵，想美诺克复之后，僧格宗一带贼人必皆望风溃去，明亮等自更易于直进，其底木达、布朗郭宗等处亦无难即时收复。阿桂当一面酌量小金川善后事宜，及派兵防御后路，粮台诸务交富勒浑、王进泰妥为经理。阿桂、明亮即一面带兵分路攻剿金川，乘将士新胜锐气鼓勇直前，且当贼人未及守拒之时攻其无备，成功更为利便。阿桂等当努力为之，伫听捷音。但于何路进攻较妥，阿桂尚未筹定。朕意美卧沟一路为两金川要隘，贼酋未必于此堵截，或可从此而进，使之猝不及防。又，今年夏间贼至木果木军营后路滋扰，并非自昔岭迎面而来，其由金川潜出之路即可为我兵密进之路，亦贼所不能预备者。若用此两路兼进，较之当噶尔拉等旧路尤为妥速。著传谕阿桂，将是否可行之处即速妥酌奏闻。又，丰升额等攻得沙坝山梁贼碉一处，因难于驻守，随即拆毁。宜喜一路究难深入，丰升额等在彼尚未知小金川捷报。今阿桂已将美诺等处全行克复，即当进兵攻剿金川，自必寄札约会并进。丰升额此时当遵前旨，率同书麟、伍岱、彰霭等带领官兵驰往党坝，相机攻剿。其宜喜一路，留舒常在彼。并赍赏阿桂、色布腾巴勒珠尔、额森特、海禄、成德等御用黑狐冠各一顶，候其到时祗领。并闻沃克什等处之捷，御制纪事诗一章，书赐阿桂，并随报发往。并赏丰升额、舒常小荷包各四个，书麟、马彪、伍岱、彰霭、乌尔图纳逊小荷包各二个。将此传谕知之。"

（高宗朝卷九四六·页二一上～二五下）

○乾隆三十八年（癸巳）十一月庚午（1773.12.28）

谕："昨据明亮奏，南路官兵分头进剿，将河南之得布甲，河北之喇嘛寺、得里两面山梁、日寨、策尔丹色木攻克，杀贼等因。已降旨将将军、参赞交部议叙。其在事出力之将领、弁兵，并令查明咨部一并议叙矣。兹据明亮等奏由阿喀木雅、泥垄两路会攻，及攻得布甲后乘胜收复地方各情形二折。所有查明出力之将弁、兵丁等，即著交部查照议叙。至所奏守备张芝元于攻夺喇嘛寺、日寨碉座时，首先率众扑进，并指挥各土兵分头打仗，杀贼多人，复经攻占得里、策尔丹色木等处，并以南山梁拉约、卡丫当乘胜夺取，伊即带兵率先往攻，击杀贼众，占取碉卡，实属奋勉出力等语。张芝元著加恩赏戴孔雀翎，并赏给扎敦巴图鲁名号，仍照例赏银一百两。又，千总张纯抢取日寨四碉，突前杀贼，得有重伤，亦属出力可嘉。著加恩以守备即行遇缺补用，并著戴赏孔雀翎，以示奖励。"

谕军机大臣等："明亮等奏连日乘胜进攻收复情形，已有旨谕部查照议叙矣。明亮发折时尚未知阿桂已得美诺。计贼众闻知阿桂克复美诺之信，僧格宗一带贼众必难复守，谅皆弃而溃去，此时西、南两路官军自已会合。收复小金川之易，朕早筹度及之，屡经传谕，但不意其迅速若此。实由派添满洲劲旅，勇锐百倍于前，绿营见之亦各知愧励效法，是以所向克捷。其先声所播，自足使金川贼众闻而胆寒。今分路进攻金川，必当选派八旗精锐，佐以绿营、屯土各兵，乘此新胜锐气多歼贼众，使贼益胆丧心摧，攻之更易为力。但临阵时必须量度地势夷险，计我兵一战即可大得便利，方与接仗。或设伏诱贼截杀，皆可参酌用之。设或所攻道路未能即时深入，或碉坚径险人力难以骤施，则断不可孟浪轻进为无益扑碉之举。将军等务当详慎妥善，伫听捷音。"

（高宗朝卷九四六·页二七上～二九上）

○乾隆三十八年（癸巳）十一月辛未（1773.12.29）

又谕（军机大臣等）曰："伍岱在军营历练已久，于攻战机宜尚能熟悉，著授为领队大臣。遇有攻剿之处，丰升额务虚衷商酌而行，以期妥善。"

（高宗朝卷九四七·页七上）

○乾隆三十八年（癸巳）十一月癸酉（1773.12.31）

谕："据明亮等奏，大兵攻克河南北山梁后，贼番俱至僧格宗死守。官兵将贼人所占山梁之上夺其更高处向下压击，山下官兵又奋勇向上夹攻，遂克复僧格宗等处，得粮一千数百石，火药五十余包，并接到阿桂收复美诺之信，即统兵前往会合等语，所办甚合机宜。前据明亮等节次奏报克复河南北山梁等处，业经降旨将将军、参赞及在事出力之将弁、兵丁交部议叙。所有此次收复僧格宗奋勉官兵等，并著查明交部并案议叙。"

谕军机大臣等："阿桂克复美诺等处，声势甚盛。其底木达、布朗郭宗等处，想亦可即时收复。是小金川全局已定，自当迅速分路攻剿金川。且我兵连胜之后，人皆鼓勇直前，正当乘其锐气相机直进。或金川贼众仓猝未及坚拒，或见我兵所向克捷，慑我先声不能如前固守，官兵竟得乘势深入，亦未可知。且番地冬三月尚有晴霁之日，交春以后雨雪渐多，至夏不止。阿桂等进兵趁此天气晴暖，进攻更易为力。即我满洲劲旅固属可恃，然亦当乘其新胜用之，其勇锐自可一以当百，实为事半功倍。即绿营兵众离家远调，谁不愿成功速还，久则心懈而气亦馁，所谓兵贵神速也。各路将军等均当深体朕意，上紧赶办，伫望捷音。至明亮等所称已得各处俱派妥干之员驻守等语，自应如此筹办。即阿桂处有应派兵防御者，令富勒浑、王进泰带兵妥办，已屡降谕旨，阿桂等即当遵照筹酌而行。"

（高宗朝卷九四七·页八下～一〇上）

○ 乾隆三十八年（癸巳）十一月甲戌（1774.1.1）

谕军机大臣等："现在小金川均经收复，自当乘胜进攻。但进兵应用何路，至今未据阿桂奏到。前旨曾计及美卧沟与木果木之后皆系贼人潜出之路，或可由彼进攻，出其不意，似为便利。曾经谕商阿桂，令其熟筹妥办。阿桂接奉前旨，自必斟酌办理，但各路地利宽窄，及贼番守拒虚实，均不可不因其形势相机进取。著传谕阿桂，一面筹度速办，一面奏闻。再，攻剿金川未必能如克复小金川之易；或因官兵所向克捷，贼番慑我先声，不复似前此之固守，官兵仍可乘胜进取，亦未可知。但恐贼番诡诈多端，见新添满洲劲旅勇锐百倍，不敢撄我之锋，官兵所至，贼留空碉遁去，让我深入，贼乃逞其故智从后抄袭，所关甚为紧要。阿桂等各路进攻金川，如遇有贼众弃碉奔溃之处，察其情涉诳诱者当慎之又慎，整队以次续进，使后路仍有策应之兵方为妥善。再，明亮等在南路连次得胜，海兰察等在西路亦甚奋勉，均属可嘉。明亮、富德、奎林、海兰察、普尔普均赏给御用黑狐冠各一顶，随军报发去。"

（高宗朝卷九四七·页一一下～一二下）

○ 乾隆三十八年（癸巳）十一月丁丑（1774.1.4）

谕军机大臣等："前经谕令丰升额带兵赴党坝一路进剿，当即传谕陈辉祖于备调楚兵内拨二千名速赴宜喜，并谕文绶妥速料理催趱前往。今阿桂等乘胜进攻金川，党坝一路甚关紧要，业谕丰升额迅即督兵协剿。著文绶即速飞檄迎催楚省带兵各员，将此二千兵遄赴宜喜。文绶于此项兵丁赴宜喜之路即速料理妥当，随到随令前进，毋稍阻滞，并将何日过省前进即行复奏。"

定边右副将军尚书公丰升额、参赞大臣副都统舒常奏："遵旨拨楚兵二千交臣带领，为党坝一路进剿添兵之用。惟是分兵党坝尚需时日，此时自应设法牵缀，以期各路收复小金川之兵得以乘胜深入。"

谕军机大臣等："丰升额等所奏尚未知阿桂收复小金川之信。昨因阿桂等将小金川地方全行克复，已谕令酌定进兵之路迅速进攻，并谕令丰升额即同伍岱等带兵前往党坝。现又谕文绶于楚兵经行各站沿途飞檄传催。计楚兵于十一月初一、二等日自宜昌起程，计期早已入川。再行催趱，行程自更迅捷。"

（高宗朝卷九四七·页一五下～一六下）

○乾隆三十八年（癸巳）十一月戊寅（1774.1.5）

谕军机大臣等："阿桂奏收复大板昭、曾头沟，并汗牛番人降顺，小金川全境荡平，又筹降番事宜。所办甚妥。但兵贵神速，官兵早进一日，贼人守御尚未甚坚，或能攻其无备，乘势得手，亦未可定。至凯立叶、谷噶等处，与大板昭相近，阿桂在日隆未收小金川之前，自难探其详细。今大板昭既已克复，则询访尤易得实，亦当及早查明，如可作为正路，阿桂即于此进兵。至收复小金川所向克捷，实由新添满洲劲旅，声势甚盛，其先声已足令贼怖讋。今阿桂等统兵进剿金川，必择形势便利可以打仗得手之处，将贼众多加歼戮，使皆望风丧胆，各路攻剿自更易为力。"

（高宗朝卷九四七·页一六下～一七下）

○乾隆三十八年（癸巳）十二月丁亥（1774.1.14）

定西将军尚书阿桂、参赞大臣领侍卫内大臣色布腾巴勒珠尔奏："分路进剿金川，查凯立叶一处，自大兵克复玛尔当、大板昭后，探明谷噶地方与凯立叶相近，或择一路作正路，一路酌量扬威，临时再行办理。又，臣明亮南路有河北之马奈、马尔邦，均系乾隆十二、三年进攻旧路，且后接巴旺、布拉克底边界，竟可坦然前进。至小金川全境番人既均内徙，寨落已悉焚烧，一带地方尽为荒山空壤，美诺亦成废地，即不设兵驻守。其小金川之窜在金川者亦难再出占据，而金川正当分路剿杀之时，亦断不能分人再占小金川之地，惟期后路稍省一兵即多增一兵之用。臣阿桂部署后，即速前往底木达带兵前进，臣明亮亦同时并举。"

得旨："尔等所议甚是。不入虎穴，不得虎子，勉之。惟俟捷音速至。"

谕军机大臣等："阿桂议于谷噶、凯立叶及马奈、马尔邦两路筹办粮运并防范后路之处，俱尚合宜。惟称小金川全境番人既均内徙，寨落焚烧，即不设兵驻守，亦难再行占据，所言殊未当理。阿桂之意不过以后路稍省一兵即可多增一进剿之用，所见者小，而所昧者大。当今进剿金川，行军机要所关甚重。内外诸臣熟悉军旅，实无出阿桂之右，何于此等最要节目疏略若此？小金川密迩金川，地关扼要，昨岁官兵攻打半年始能攻得。今岁则旬日之间悉行收服，其势又属太易。前此惟恐阿桂等意存矜满，曾屡降旨令其加意谨饬。初不料其将美诺一路忽不经意至此！况我军此次因添满洲劲旅，所向克捷，声势甚盛，正当将克复之小金川全境妥为安置，使官兵借以为根基，贼酋稍有所畏惧，所谓得寸则寸。前此西陲用兵皆系如此办理，阿桂岂忽而忘之？况两将军分路进兵，中间正当声息相通，方为有益，若有阻隔亦多未便，阿桂何全未筹度及此耶？至丰升额带兵由党坝一路进攻，固亦备用之一策。但现在阿桂所进之谷噶、凯立叶俱系通勒乌围之路，相距党坝不远。阿桂到后，或酌量该处有可进情形，不妨酌调丰升额速赴谷噶等处筹办，均系国家公务，原不容稍分畛域也。"

（高宗朝卷九四八·页三上～五下）

○乾隆三十八年（癸巳）十二月戊子（1774.1.15）

谕军机大臣等："小金川一带，前谕富勒浑、王进泰在彼驻守。今美诺一带绵亘四五百里，而僧格宗、明郭宗皆其扼要之地，富勒浑、王进泰或各择一处驻守，或于两处选派妥员分驻，两人同驻美诺，设法声援，方为妥善。富勒浑等既在美诺防驻，需兵亦不可少，此时阿桂军营之兵难以再为分派，富勒浑、王进泰当于巴朗拉等处防兵内量为抽拨。或于成都驻防川省绿营内选凑二千余人，调赴美诺应用，较之外省调拨尤为便捷，而于防守之道亦可随时应手。富勒浑等当妥协为之。"

（高宗朝卷九四八·页八下～九上）

○乾隆三十八年（癸巳）十二月己丑（1774.1.16）

又谕（军机大臣等）曰："富勒浑、王进泰驻守美诺一带，其事最为重大。昨已谕令富勒浑等，或于僧格宗、明郭宗各占一处，或于此两处另派勇干之员防驻，而彼二人酌量于美诺等适中之处控驭弹压，方为妥善。至该处需用之兵，昨虽已添派荆州驻防、湖北绿营各一千，但计其到营尚早。富勒浑等现在所需防守之兵，为数即不能少，而阿桂等所有征兵又难于分拨。昨谕令于各处粮站及成都驻防川省绿营内选拨二三千名备用，今据富勒浑奏，省城所留之兵仅能再拨一二百名，而沃克什各寨现有之兵不及八百名，是其应添兵数大须筹画。著富勒浑、王进泰悉心妥酌，应作何抽调应用之处，迅即复奏。总期防守严密，即略增小费，亦所不惜也。"

（高宗朝卷九四八·页一一上～一二上）

阿桂、明亮、丰升额等觅道分路进剿金川，拒绝索诺木投禀喊降，挫败金川潜出滋扰，攻克谷噶、马柰、色朋普、逊克尔宗、宜喜、达尔图、噶尔丹等地，进逼勒乌围、噶喇依

○乾隆三十八年（癸巳）九月甲申（1773.11.12）

又谕（军机大臣等）曰："阿桂等奏金川大头人丹巴沃咱尔屡次在卡外喊叫，求见额森特，并节具禀词等情。贼酋狡恶愈甚，其始求将甲尔木等处官兵撤退，并为僧格桑求情，继称土司等要想赎罪，并欲前来请安。信口支饰，诪张为幻。后乃称遣人赍药前往将僧格桑药死，付出其尸。如此悖诞，实堪发指！而恳派人前往，并思借此诱惑羁留，其叵测更为可恶。且金川土司平日见内地文武官弁皆叩头尽礼，今此两次所具之禀直斥为你我，尤属毫无忌惮。阿桂等自当切齿痛恨，所称贼酋如此狡诡，除一并剿灭之外断无他义等语。所言甚是，必当坚持此心。又奏收复小金川，惟俟吉林兵到来，即可同时并进。亦只可如此办理。并据明亮等奏称，据上下宅垄头人色尔结等情愿作为向导，其汗牛一带，即可临时暗差妥人密为宣布。此亦进兵时之机会，看来收复小金川其事尚易，阿桂等惟当努力进攻，不宜稍缓。并于剿复美诺、底木达等处时，务将僧格桑及七图安都尔、蒙古阿什咱并莎罗奔冈达克及其头人丹巴沃咱尔一并擒获，断不可听其仍窜回金川，方为妥善。至收复小金川之后进剿金川，其势实难中止，且就现在贼酋情形而论，亦断无不能乘机攻克之理。设或存得半而止之见，毋论费用不能全省，且贼人万一扰至打箭炉附近地方，又岂能置之不办？与其另起炉灶，何如趁势直进之为一劳永逸乎？阿桂等惟当力持定见，迅奏肤功，佇膺茂赏。"

（高宗朝卷九四三·页三九下～四一下）

○乾隆三十八年（癸巳）十月癸卯（1773.12.1）

谕军机大臣等："丰升额奏金川投出番人班第斯嘉布，派官兵押赴成都等语。班第斯嘉布系金川番人，忽从彼投出，事有可疑，必须严加讯问。著传谕文绶，即速派妥干员弁将班第斯嘉布管押解京，并将何日起程先为复奏。"

又谕曰："丰升额等奏金川投出番人班第斯嘉布，已另谕文绶将该番派员管押解京备讯矣。阅班第斯嘉布供词，伊在金川所犯并非应死之罪，何至舍其父母而逃？且其得罪因与喀里寨番女有私，该犯既欲脱避来投，自应并携其所私之女，乃亦弃而不顾，殊非情理。且班第斯嘉布即系金川番人，非若各土兵被拘脱出者可比。而所供又有'听见土司与头人商议，派兵抬炮到达尔图山梁，要抢官兵碉卡营盘'之语，其言过涉夸张。金川贼众诡诈多端，安知非贼酋等择彼处一无用之人遣令前来诡诈投降，造此妄言传布，欲使我营中兵众及土兵闻而惊惧，或者彼为声东击西之计，使我防范宜喜一路，彼乃用力窥伺西、南二路，亦未可知。虽经丰升额等解赴成都，但其初到营时讯录供词，官兵等岂竟一无闻见，或经传说众心不免疑猜，所办尚未妥密。著传谕各将军等，嗣后凡有自两金川来投番犯，俱唤进营盘严密讯供，切勿宣泄，致令我官兵、土兵等闻知。即有关军务应行防备者，一面密行办理，一面将该犯押赴成都，或竟解京候讯。其讯供时所用通事，亦当留其在营，勿使与众兵聚处谈论。即各土司所属兵练自贼中脱出，其供词有及贼人如何抵御官兵语涉张大者，总须镇静，留心防范，其语亦当慎密，勿令众知。仍将其人解省暂行管束，俟大功告成再还各土司收管。"

（高宗朝卷九四五·页五上～七上）

○乾隆三十八年（癸巳）十二月丁亥（1774.1.14）

又谕（军机大臣等）："据阿桂等奏，分路进攻金川，请添调汉军官兵四千协剿等语。阿桂等现已进剿金川，所需添兵一节，若向远省拨调未免鞭长莫及。惟荆州驻防及湖北各标营入川较近，尚可量为添拨。著传谕陈辉祖即速于荆州驻防兵内再调一千名，令副都统书明阿带往。所有料理军行事宜，悉照前此绰和诺所办妥协经理，俾令迅速遄行。并于湖北附近川省绿营兵内抽拨一千名，料理前往。其带兵将领，该省此际恐未必有出色之总兵大员，或可于副参内拣派熟谙带兵之人，即令其统领趱行。仍饬沿途地方官一体妥速预备，毋致迟滞。著传令陈辉祖并阿桂知之。"

（高宗朝卷九四八·页五下～六上）

○乾隆三十八年（癸巳）十二月辛卯（1774.1.18）

谕军机大臣等："丰升额等奏称，于俄坡觅路进攻。俄坡在金川稍北，从前原定路径即有此路，称其地稍平坦，嗣以探听未真，遂未用及。今既访有可进之路，则由彼前抵勒乌围，自更较为便捷。至所带之兵，丰升额即以原拨备带之五千兵督率进剿，亦甚妥便。前谕丰升额前往党坝，因与阿桂现定之谷噶、凯立叶地方相近，是以谕令丰升额当赴阿桂军营协同酌办。今既觅有俄坡一路，不但不必另往党坝，即与阿桂军营相近之处丰升额亦毋庸前往矣。至丰升额既往俄坡进剿，则宜喜一带尤不可不留舒常弹压控驭。如丰升额进兵后，宜喜等处有可进攻之机，舒常不妨酌量牵缀贼势。但必须可得便宜，方派兵前往，不宜轻率扑碉，致挫壮气。"

（高宗朝卷九四八·页一三下～一四上）

○乾隆三十八年（癸巳）十二月丙申（1774.1.23）

谕军机大臣等："阿桂驻在美诺已经一月，若俟朕批折回时已四十余日，距所拟岁底岁初克期合剿之说，正当其时。阿桂各项部署谅应就绪，务即酌派妥协，与丰升额、明亮订期会剿。仍将进兵日期迅速奏闻。至阿桂所拟谷噶、凯立叶及马奈、马尔邦两路进兵，若此时早事声张，贼得以预为防堵，殊属非计。如欲赴马奈一路，应令奎林或富德统兵径往当噶尔拉进攻，使贼信我兵仍由原路进剿，力为堵御。我兵潜赴马奈等处，出其不意，自可易于得手。其欲赴谷噶等处者，亦当于功噶尔拉山梁派兵攻剿，以缓贼番全势，而我兵乃潜由大板昭直取谷噶、凯立叶两路，亦使贼番猝不及备。如此，方合用兵指东击西、奇正虚实并用之道。阿桂熟于军务，当妥酌实力为之，伫听捷音。又据奏：'小金川全境，必有能事之大员始堪督率。富勒浑、王进泰二人均属小心谨慎，然过慎则葸。'此论颇为近理。前此原以二人身任督、提，地方乃其专责，且呼应亦灵，是以派令后路照料。今阿桂所奏如此,则二人自不足恃。据称云南提督长清,练习军务,熟悉边情,于紧要之路酌令长清往驻等语。长清留驻美诺等处,自为有益。已有旨令富勒浑等诸事与之虚衷商酌,勿稍存畛域之见,并著阿桂转谕长清,一切当引为己任,勿以现有督、提在彼,稍存推诿。仍将办理情形,具折奏闻。至美诺既有长清,已为足恃。成果虽有腿疾,然带兵谙习,实为得力之人。阿桂若由凯立叶进兵,则三杂谷后路宜有接应,当令成果带兵一二千在三杂谷驻守,可即妥酌行之。又据丰升额等奏于党坝一路进兵之说,尚属未定。前因党坝一路难于径进,丰升额竟可不必前往,即速将俄坡一路躧访明确,俟阿桂札会师期,克日进剿。"

(高宗朝卷九四八·页二一下～二三下)

○ 乾隆三十八年(癸巳)十二月戊戌(1774.1.25)

又谕(军机大臣等):"据阿桂奏,所定谷噶、凯立叶及马柰、马尔邦两路分进之说,两将军相隔太远,中间声息难通,而后路又无策应,种种未协机宜。看来各路之中,马柰、马尔邦一路在布拉克底、巴旺地面,该土司既系诚心出力,自可望易于得手。第恐明亮处兵力稍单,不能不仗重兵接济,方可乘胜深入,莫若令阿桂驻兵僧格宗,以壮声援,一闻明亮处得有便易,即刻移兵前往继进,自为有益。况现在进兵之初,尤须布置妥协,贼人始无从揣测。如功噶尔拉、当噶尔拉两路系今岁进攻之地,必须仍派兵往彼照前攻打,贼人方不致生疑。其当噶尔拉一带,系奎林熟路,应令其领兵二千前往攻剿。至功噶尔拉一带,则令富德领兵二千前往攻剿,伊于带兵打仗之事究为谙习。此两路在我虽用为牵缀,当使贼人视为正兵,先在军营传播,俾贼众共闻,悉力拒守。然后潜派精兵,令明亮带往马柰、马尔邦一路,攻其无备。其谷噶、凯立叶一路,则令额森特带兵二千前往,以资出奇之用。阿桂则统领众兵,驻扎僧格宗,以为南路声援,并令色布腾巴勒珠尔统兵驻布朗郭宗等处,为西路策应。如此则掎角之势自成,军声壮盛,贼众既不敢轻视后路,潜出滋事。再,奎林、富德前往当噶尔拉、功噶尔拉两路,并非令其专意在彼攻剿,如度为可进则进,如势尚不能,则竟不如诱贼出而邀我之后,我兵还而截剿,得以多歼贼众。或并乘其败溃,追过险要,竟有所得,尤为极好机会。奎林、富德当努力妥为之。再，阿桂所请择日进兵，计阿桂现在尚驻美诺，此旨到后亦当及进兵之期。此月二十七、二十八皆系吉日，阿桂可择而用之，伫听捷音。"

（高宗朝卷九四八·页二八下～三〇下）

○乾隆三十八年（癸巳）十二月己亥（1774.1.26）

谕军机大臣等："丰升额等奏，俄坡不便进兵，自以仍由党坝为是。但闻该处穆尔津冈一带路颇险仄，从前岳钟琪在彼攻剿未能寸进，似其地亦非可长驱径进者。且丰升额现带之兵仅有三千三百，即新调之湖广兵续到，亦不过二千，兵力未厚，又无继进之兵在后策应，即使得有碉卡，亦断不宜深入。至舒常近在宜喜牵缀贼势，断不可移动。此外更无可为丰升额声援之用。因念丰升额为人诚实、坚毅之力颇有家风，而料事制胜则不逮其祖，是以所到之处，不虑其退却，而虑其轻进。今丰升额前赴党坝，探访路径，静候阿桂知会师期，按日而计，亦正当此月下旬。昨谕阿桂以二十七、八皆吉日，可以进兵，阿桂酌定后，即速通知丰升额，按期同进。著传谕丰升额进兵后或竟攻得险隘，只宜于该处山梁驻兵防守，切勿冒昧深入，致贼人抄袭我后。"

（高宗朝卷九四八·页三一上～三二上）

○乾隆三十八年（癸巳）十二月癸卯（1774.1.30）

定边右副将军广州将军明亮、参赞大臣副都统富德奏："马奈、马尔邦一路，先经派都司崔文杰前赴巴旺、布拉克底与该土司面商，据称金川料我兵从当噶尔拉进攻，是以竭力守御，若止仗正面进剿，难以得手，今派头人先往东、西两边山后探明抄截之路，应俟回日再定进路。又据脱出之革布什咱番人聂噶称，僧格桑已被金川拘禁，则金川头人现已心怀畏惧，攻剿更易为力。"

谕军机大臣等："据明亮等所奏，与朕前此指示适相吻合。功噶尔拉、当噶尔拉两路，今岁攻已半年，险隘难于寸进，若由马奈、马尔邦间道前进，庶可攻其无备。今阅奏到地图，河北之马奈、马尔邦一带路径较宽，进攻自为稍易。明亮、奎林等当努力妥为之。又据奏聂噶供称，僧格桑已被金川拘禁等语。其言果实，则金川头人等心生畏惧，或至窘迫时竟将僧格桑献出，亦未可定。但贼人即使真将逆酋缚献，亦只可将计就计，留其俘献，并设法诱擒护送之贼目等，无使一人逃回，仍即照旧统兵攻打，无稍迟缓。其余各路将军，或有贼人诡称已在某将军营门缚献逆酋得蒙宽宥者，将军等总不必问其事之虚实，仍将来人设法擒获，一面领兵攻剿，毋为虚言所惑，则贼众诡谲之计将无所施，而在我得操必胜之势，可期克日集事。"

定边右副将军尚书公丰升额奏："接得阿桂咨称，西路拟从谷噶、凯立叶进兵，令臣等或由党坝，或由穆尔津冈，自行酌定。查绰斯甲布之宜喜、日旁、甲索、俄坡等处均树木丛深，道路险窄，进兵既为无益。复将穆尔津冈等处询问经过之人，俱云兵可行走。俟阿桂兵到谷噶，彼此约定日期，一同攻取。"

谕军机大臣等："朕昨已降谕旨，令明亮等于本月二十八、九等日进兵，今丰升额即依所奏由穆尔津冈前进。并移知阿桂，令其相机策应。将此谕令阿桂、明亮知之。"

（高宗朝卷九四九·页八上～一〇上）

○乾隆三十八年（癸巳）十二月甲辰（1773.1.31）

又谕（定边右副将军尚书公丰升额）："前以富勒浑复奏发川人员不即前赴军营缘由，系由上年军需局司道议将现任者调赴口外，而以拣发者分别委署。所办殊为错谬。即谕该督查明彼时承办局务司道俱系何人，其倡为此议出自何人之意，据实参奏。今据富勒浑奏称，查询各司道，实系公同商定。因公起见，并无别项情弊，恳恩俯免查参等语。所奏甚属荒唐。此事前经富勒浑复奏时，显系军需局员有玩公沽誉之处，是以特交该督查参。富勒浑自应详询确核，将首先倡议之人据实指劾，乃仅以公同商定之语颟顸了事，殊属非是。凡事必有一人倡议，众始从而照办，断无合口同声共为一议之理。而所奏免其查参之请，妄冀为属员开脱，尤属大谬。该督向来办事虽觉拘泥，然尚不失为谨慎。不意其竟敢以罚不治众吓朕，乖张一至于此，富勒浑著交部严加议处。"

定西将军尚书阿桂、参赞大臣领侍卫内大臣色布腾巴勒珠尔奏："据贼人投禀称，僧格桑拘禁病重，请差一位大人来，即将僧格桑全尸献出。至头人七图安堵尔、末利阿什咱已为小金川百姓所杀等语。贼番狡诈百出，僧格桑是否病重，断难凭信。且谓小金川头人七图安堵尔等业经杀死，其为容留贼目，更属显然。况欲请大人前往，意在撤兵后方始送还，实为可恨可恶。"

谕军机大臣等："贼人投禀，敢于如此狂吠，真堪发指！逆酋以臣服土司竟敢负恩反噬，实为覆载所不容。此乃贼众恶贯盈满，天夺其魄，使之肆为狂吠，以速灭亡。金川之必应剿灭，揆之理势均难中止。若使稍涉游移，贼酋必尽将各土司蚕食，并成都亦且可虑，更复成何事体。思及此尚可存不办之说乎？今满、汉屯土各兵已调至七万有余，阿桂如尚以为不敷分用，即奏闻再添兵一二万亦非难事。只要大功必成，多费实所不惜。现在所拨军需银两核算可供至来年三月，又因川运开捐，约计可收千万，是明岁一年之用宽然有余。至阿桂令额森特给以回檄，在彼时兵驻美诺尚无妨酌用权宜，使其不能揣测，迨至进兵之后贼或复至营门具禀，无论其是否借僧格桑以为词，总宜置之不理，并立将其赍禀之人设法擒获。如系稍涉紧要之犯，即交文绶派委妥干员弁管押解京讯究。且一经进兵，即当宣示各土兵，令其传播此次劲旅云集分剿金川，惟当乘我胜兵之力约会进攻，务期擒歼索诺木及其兄莎罗奔等，方完此局，并非仅欲擒捕僧格桑。此时金川即将伊献出已属迟延，无裨于事，贼酋更何必借此以为欺诞。如此，则可以破贼居奇之意，并可杜其狂诞之词。至阿桂另折所奏称，询之穆塔尔，据云进兵之始功噶尔拉、昔岭仍应留兵作进攻之势，以牵缀贼人，方能有益等语，与朕前谕相合。朕前令奎林在当噶尔拉进攻，富德在功噶尔拉进攻，今思明亮往马奈、马尔邦一路尤属紧要，富德若同明亮前往更可得力，功噶尔拉一路即令富兴往彼带兵亦可。前曾谕令奎林、富德以功噶尔拉、当噶尔拉不仅牵缀贼势，若能诱贼抄出后路，我即回兵掩击，可以多歼贼众，自为最善之策，富兴亦当依此行之。至丰升额现赴党坝一路，伊所带兵数不过三千余，尚觉单弱，曾谕其即得碉卡，只可在山梁驻守，不宜轻进。仍须通知阿桂及色布腾巴勒珠尔等，如彼处有续到之兵，方可会齐进剿。著再传谕丰升额，务须慎重妥酌而行。"

又谕曰："富勒浑奏俟定议移营，即将新路各台赶紧安设等语。所筹未为妥协。现在新定之马柰、马尔邦及谷噶、凯立叶各路，原系间道前进，攻其不备，非若当噶尔拉、功噶尔拉之牵缀贼势，故作声张者可比。昨已谕令阿桂等于腊月二十七八等日择吉进兵，为期甚近。须俟功噶尔拉、当噶尔拉之兵到彼，虚张声势，使贼尽力拒守，然后从间道分兵前进，于事方为有益。若官兵所至，即已尾随安台，贼人闻之，转得预为准备，所关非细。所有新路进攻之兵，起程时自应酌带口粮，兼程而进，俟攻得地方后，再就各路近处续运军粮，方为妥善。著传谕阿桂，将如何裹带之处速行妥办。仍密通知富勒浑，毋稍疏略贻误。"

（高宗朝卷九四九·页一〇下～一五上）

○乾隆三十八年（癸巳）十二月己酉（1774.2.5）

定边右副将军广州将军明亮、参赞大臣副都统富德奏："臣等定议进攻马柰、马尔邦。据探路头人禀报，河北马柰山路难进，必从骆驼沟内绕道截出马柰、卡卡角之前。其河南前敌博堵之上地名思觉，极关紧要，必须一并攻克，直逼克舟九寨。臣等商从骆驼沟分兵两路，一取马柰，一取卡卡角，一面由马柰对河之格鲁克古、卡卡角对河之木底渡兵前往，上下夹攻。迎面正路官兵亦即直前进剿。其河北博堵地方一经攻克，即迅往抢占思觉，扼其要害，使贼分应不暇。"

又，定边右副将军尚书公丰升额奏："穆尔津冈道路险峻，碉卡接连，臣等拟由小路猝上，将山顶占据，往下压击。计所调之湖广兵续到，可以进取。"

谕军机大臣等："明亮等奏，于马柰、马尔邦分兵进取。所筹甚好。昨谕富德仍往明亮处，同由马柰、马尔邦进剿。富德接奉谕旨后，自即赶赴明亮军营分路并进，谅不致误会剿之期。看来马柰、马尔邦一路既探得从骆驼沟潜进之道，且可分兵夹攻，似此路更易于克捷。又据丰升额奏，现至党坝察探路径。丰升额若果攻得穆尔津冈要隘，料其地可以自上而下压取勒乌围贼寨，原可与伍岱分前后拨而进，或乘其不备竟能攻克，亦未可定。然总不宜稍涉孟浪，惟在丰升额与伍岱随时妥酌而行，朕不能于六七千里外概为一一筹及也。"

（高宗朝卷九四九·页二〇下～二二上）

○乾隆三十八年（癸巳）十二月辛亥（1774.2.7）

又谕（军机大臣等）曰："阿桂回奏各折，其筹办谷噶等处进兵情形一折：请令丰升额即带兵往攻凯立叶，占住山梁，则贼人不能潜行翻山堵截谷噶后路等语。此计甚是，必应如此办理。著传谕丰升额移兵前往凯立叶，占据山梁方妥。至谷噶一路，阿桂既以为正路，亲自往剿，仍当将所有之兵分起派员带领，以次而进，我兵源源接济，声势益盛，贼众自必望而生畏。至丰升额所带兵五千，亦当仍遵前旨，令伍岱为前起先进，丰升额在后继进，尤觉得力。所有党坝原驻之兵，仍令五福带领在彼驻守，已足资防截。其官达色所带之兵则随丰升额往剿凯立叶，于彼处留防后路亦为有益。至阅现拟留兵驻守之图，其在美诺偏北如喇布寨、帛噶尔角克碉一带，皆两金川相连之境居多，又为谷噶进兵后路，自应留兵防守。若美诺东西之阿尔图、德木达、策布丹、沙木拉尔资等处距贼境甚远，且其地尚在美诺营盘之后，贼断不能越过滋事，此一带防兵似属虚设，况兵力聚之则见其多，分之易形其少。今此四处之兵，多者一二百，少者五十，若遇剿御之事未必得力，徒令我兵以分见少，亦为非计。又何如省此四百五十余兵，并于功噶尔拉、当噶尔拉凑用为得实济乎？此图想系阿桂未奉功噶尔拉、当噶尔拉分攻谕旨时所定，故尔节节筹备。若功噶尔拉、当噶尔拉既有牵掣之兵，则各隘防守又当随宜酌定。著阿桂再行妥酌，遇便另为绘图贴说具奏。"

（高宗朝卷九四九·页二三下～二五上）

○乾隆三十九年（甲午）正月丙辰（1774.2.12）

定边右副将军广州将军明亮、参赞大臣副都统富德奏："臣等由马奈进攻，拟于僧格宗留兵六百名。山梁上阿布尔则、德乌塘均属当噶尔拉要隘，各留兵二百名，令与僧格宗声息相通。其翁古尔垄、墨垄沟、策尔丹色木、思纽、得里各留兵二百名，得胜、邦科、卡丫各留兵一百名，约咱留兵五百名，章谷留兵二千名。贼人长技惟以抄截为能，彼见僧格宗紧连美诺，料多策应，而章谷复驻重兵，中间一带地方必不敢轻来盘踞，止放夹坝，则现兵足以制之。是南路留兵虽少，必无他虑。查富勒浑、王进泰现驻美诺，兼守僧格宗，并益以新调荆州、成都驻防及四川、湖北绿营兵共四千名，则就近翁古尔垄等处，自应一并管理。仍俟兵数到齐，臣即将现留守兵陆续抽回大营。"

谕军机大臣等："据明亮等复奏进攻金川及派兵防守一折，其马奈、马尔邦进攻事宜，自应如所奏办理。至筹派兵丁驻守，每处不过一二百名，势分而数少，常时既不足以资弹压，设有贼人滋事，此等绿营兵丁徒以力弱见怯，于事转属无益，此实不可谓之得算，但该处情形朕亦不能于六七千里外悉为悬度。或阿桂、明亮等谓当噶尔拉、功噶尔拉必不可攻，若攻之转有损无益，且能预信此两路不进兵牵缀可以保无他患，不妨切实陈奏，朕又岂肯违众意而强人以所难乎？又据舒常奏，达尔图山梁有贼积聚窥伺，我兵下沟截杀，枪毙四五贼等语。此必贼人示我不惧之意，实为可恶。或贼人在彼试探，如见我兵势弱，竟出而滋扰，亦不可不防。舒常现驻宜喜，所统绿旗兵尚有四五千，攻剿即或不敷，而防守尽足应用。舒常务须时刻察探，并将带兵剿贼之员及应用兵数预派周妥。设或见有贼踪，即令带往掩击。尤须断其归路，杜其来援，多为歼戮。贼众侦之，丧胆知惧，如此数次，贼亦不敢窥伺。"

（高宗朝卷九五〇·页四下～六下）

○乾隆三十九年（甲午）正月戊午（1774.2.14）

定边右副将军尚书公丰升额、督理粮饷山西巡抚鄂宝奏："臣丰升额准阿桂札调，赴凯立叶进兵。现拟自党坝启行，由卓克采前往，约计旬日可到。但由此路前至卓克采均有粮台，过此即须裹粮而行。今臣鄂宝已奏明前来党坝，臣一面进兵，鄂宝一面安设台站，庶可陆续供支。惟臣自宜喜带来之兵仅三千三百名，再将五福驻守党坝兵内抽拨六百名，官达色驻守黄草坪兵内抽拨三百名，及未到之楚兵二千名，统计止六千余名，及至凯立叶，尚须留防后路要隘，打仗实形缺少。应请酌量帮派三四千名。"

谕军机大臣等："丰升额奏：现已由党坝、卓克采一带前赴凯立叶。但所带兵数不敷，若能帮派兵三四千名，庶为有济等语。著阿桂通盘筹画，量为帮派。至党坝各路留兵守御，原恐贼人潜出滋扰，不可不防。若与官兵后路无涉，即不必空劳兵力。贼人窜出之路岂能悉为堵截，况用兵之道亦不过守其要隘，断无逐步攻围水泄不通之理。此不独党坝一处为然，即宜喜、日旁及各军营凡有应行防守之兵，均宜照此筹办。至鄂宝所办，系绰斯甲布一路之粮，程站已不为近，若三杂谷一带，则相隔更远，行途多费，种种非宜。阿桂现统兵前赴谷噶一路，所需粮饷自必随行。今丰升额既与之会兵一处，且凯立叶距谷噶仅一山梁，为程有限，自当就用富勒浑、郝硕等所办粮饷，方为妥便，鄂宝无庸远涉。至前因阿桂请示师期，已谕以二十七、二十八均属吉期可用，则其奉到前旨，自可如期起程。今丰升额二十二日所进之折，据称即往凯立叶，想不过五六日可到，而阿桂自美诺前往谷噶，程期亦不甚多，其马奈、马尔邦谅亦可按日而至。约计各路官兵会期进剿，只在正月初旬之事，一经得利奏捷必速。将此传谕知之。"

（高宗朝卷九五〇·页一〇下～一二上）

○乾隆三十九年（甲午）正月己未（1774.2.15）

谕军机大臣等："据阿桂等奏，定于正月初十日各路同时并发。所办甚好，伫听捷音。又据称官兵撤赴底木达，俱令裹带干粮，不许举火，自应如此办理。至所称僧格宗、章谷一路应于总兵英泰、参将汪腾龙内派留一员驻扎，即著派英泰在彼实力妥办。"

（高宗朝卷九五〇·页一二下）

○乾隆三十九年（甲午）正月庚申（1774.2.16）

又谕（军机大臣等）："丹东一带后路亦关紧要，必须大员专驻严防。著传谕文绶，于在省大员内酌派妥干一人，速赴丹东驻扎防范，毋得稍有疏忽。"

定西将军尚书阿桂、参赞大臣领侍卫内大臣色布腾巴勒珠尔奏："臣等前议由谷噶、凯立叶及马奈、博堵等处为并力合攻之计，其马奈、博堵二处，现由明亮等悉心躧探筹办。至谷噶第一道山梁碉卡本少，第二道山梁碉卡严密，若从此绕越，抢据格鲁瓦觉三寨，断其来援之路，则第二道山梁之贼可不攻自溃。过此至勒乌围皆系据高临下，甚为得势。其凯立叶一路，现调丰升额进兵，若占据萨尔赤鄂罗山梁，顺山而下，则康巴达格什戎冈，亦被官兵截断在外，而穆尔津冈之贼即不能与勒乌围相通。且官兵一至谷噶山梁，与凯立叶相望，从内转攻穆尔津冈，贼必难于抵御，而党坝存驻之兵亦可前来会合。又据绰斯甲布应袭土司雍中旺尔结等禀称，大兵必灭金川，伊等除已派出三千六百名外，愿添派番兵别寻径路，誓必夺取山梁。臣随谕以进剿有期，汝等可即添派多兵，督率助剿。"

又奏："臣前派搜捕簇拉角克、美卧沟一带逸番官兵，据报杀死贼人一名，并送到拿获番人和尔嘉及番妇阿和、阿朗二名，讯系被贼带往金川，回来寻觅口粮被获。其所闻僧格桑拘在科思果木及其妾在勒乌围官寨，均与向来番人所供相符。"

谕军机大臣等："阿桂等奏筹画进剿情形，颇见诚心，所筹甚善。是阿桂、丰升额一路之兵甚为得势。如果能进逼勒乌围，则贼人外险已失，必多惶窘，自难久于支拒，便可扫荡贼巢，擒缚凶竖，以成大功。指日即届进兵吉期，伫望捷音速至。又据称，绰斯甲布土司等情愿多派番兵抢夺山梁，其情颇为真切，即谕以督率多兵，奋攻助剿等语。所办甚合机宜。又据奏，拿获小金川番人和尔嘉供词，其说亦未可尽信，但所供情形，与前此讯问番人等供词均属相仿。看来金川贼众此时尚视僧格桑为奇货，直待情势紧迫再行献出，以图解免，或将七图安堵尔等一并同献，其情大率类此。但两金川罪大恶极，万无可逭，并非缚献逆酋所能完局。况今各路进兵尤不宜复通文檄，设或贼人情急，差人诣军门献俘求降，均宜置之不理。一面将所献贼酋、贼目拘留，仍即设法擒其所差头人，一并槛解京城，磔处示众，一面督兵上紧进剿。各路将军均当深体朕意，切实办理。朕惟早盼喜音之至。"

（高宗朝卷九五〇·页一三下～一六上）

○乾隆三十九年（甲午）正月乙丑（1774.2.21）

定边右副将军广州将军明亮、参赞大臣副都统富德奏："查当噶尔拉山势绵延，不能直前牵缀，但于阿布尔则、德乌塘二处设为疑兵，臣仍同赴马奈，力图进取。兹据探路番人回称，绕至思觉地方四面瞭望，约有七八十户，实为克舟九寨屏障，必须攻克。但思觉在博堵之上，路径虽有三条，雪深冰滑，倍难行走。土兵等情愿先取博堵，以便抢夺思觉。臣查河北马奈一路，应于布拉克底之临卡地方密为进发。其河南博堵一路，亦应由墨垄沟越过甲木山梁，更为出其不意。但河南北各路俱有数日程途，官兵移动究不如土兵矫捷。是以先将屯土兵丁照所拟道路令其分头先进，一面将满、汉兵丁酌派续进，臣仍临时迅往督率。现准阿桂札知，于正月初十日会同进攻，已将地方远近扣定，即遵钦定日期进发。所有安台设站事宜，饬枲司李世杰密为布置，均可无误。惟正地一带紧要，留兵二千人仅敷守御。而南路军营又断难抽兵添往，恐贼出滋扰，于格藏桥甚有关系。现密札副将郑国卿，在革布什咱番户内再行添募，务即攒凑汉、土官兵百余名，带往甲鲁与正地山口交界处，大张声势，作为进攻之状。"

得旨："所筹皆合机宜，速望捷音之至。"

（高宗朝卷九五〇·页一九上～二〇下）

○乾隆三十九年（甲午）正月丙寅（1774.2.22）

谕："前因总兵敖成补授镇远，复调赴南路带兵，所遗威宁镇总兵员缺，令阿桂拣员奏补。今据奏，乾清门三等侍卫特成额，自赴军营以来，奋勉学习，有志向上，亦能带领绿营兵弁，令其署理等语。著照所请，贵州威宁镇总兵员缺，即著特成额署理。"

定西将军尚书阿桂、参赞大臣领侍卫内大臣色布腾巴勒珠尔奏："丰升额已由凯立叶进剿，臣复嘱令先为扬言欲与各路会合，俟至曾头沟、萨尔赤鄂罗山沟猝为进攻，庶使贼不知备。但兵力尚属单薄，查三杂谷土兵驻扎宜喜一千余名，应拨随丰升额。臣又派健锐营兵五百名、索伦兵二百名，令与前派之三百名合为一队。又派西安驻防兵一千名，与丰升额所带之西安驻防兵均归书麟管辖。又派陕甘兵三百名，令纳木扎、伊达里、常保住等带往，限初十日直取萨尔赤鄂罗山，随丰升额一路进攻。"

又奏："贼目丹巴沃咱尔等喊禀，伊土司欲将僧格桑献出，请差一二兵丁往验等语。经土目阿忠等严斥以天朝断无遣人至尔境之理，将来荡平贼境，不虑僧格桑逃往何处。数日后又差人喊禀，臣饬令卡兵严斥不理。"

又奏："现在克期进兵，所有统领防兵大员应酌定地方分驻。查长清熟悉边情，小金川各处留防事宜均应令其照料。但布朗郭宗一带逼近贼境，而别斯满沟降番尚须弹压，又系谷噶大兵后路，一切接应均关紧要。长清应于布朗郭宗、底木达驻扎。富兴现有脚疾，即令其帮同长清办事。

美诺距贼稍远，王进泰往来熟悉，成果腿疾未愈，应即令其协同驻扎办事。至南路僧格宗一带，已知会明亮，令于英泰、汪腾龙内派一员驻守。"

又奏："南路现分兵进剿，一切接济粮饷随步换形，应令桂林专驻章谷，亲身酌办。其丹东一路，臣与明亮、鄂宝均经添拨川、湖兵丁驻守。该处现有副将郑国卿、参将郎揩升、游击程有方往来稽巡，毋庸另派大员往驻。"

谕军机大臣等："阿桂奏分路进兵情形及筹添丰升额处兵丁一折，所办俱合机宜，可谓尽心筹画。而其为丰升额添兵一节，尤能悉秉诚心，不分畛域，甚属可嘉。丰升额处兵数既多，且见阿桂如此体国奉公，更当与之协力同心，相机会剿，迅奏肤功。计自初十日进兵至今晨已经三日，自必所向克捷，伫听捷音。又奏丹巴沃咱尔差人叫唤，付之不理。所见甚是。从前准令金川投降一节，朕深悔所办姑息。令贼酋敢如此负恩反噬，不可不急为剿灭以除后患。乃贼人尚狃于从前受降之说，妄思献出僧格桑即图完事，而此时犹多观望，非至窘迫之时不肯缚献，实为可恨。各路将军等总当如阿桂之坚持定见，设遇贼人禀吁，竟不必与之交言。若送僧格桑到营，即并其送来之人设法擒获，一面仍加紧进攻，贼人计无可施，自必易于集事。又，阿桂奏令长清等分防后路，均著照所奏派办。又奏南路僧格宗一带，已知会明亮于英泰、汪腾龙内酌派一员统兵办理。前阿桂奏及此事，朕以汪腾龙专务口给不甚足恃，因派令英泰驻守僧格宗。昨据明亮等奏，英泰亦须带兵随营，是僧格宗必须另派大员驻扎，自应令富勒浑在彼驻守，经理明亮后路事宜，令汪腾龙随其办事。至阿桂军营粮饷，富勒浑仍须实力调度，随时策应。第富勒浑于军旅素未谙习，如遇有关军务番情者，当札商长清，妥为筹酌，并当与王进泰相商而行。伊三人总当合而为一，和衷妥办。又，阿桂奏章谷一带应留桂林驻办之处，与朕前降谕旨相合。惟丹东一路，郑国卿仅系副将，恐于地方呼应不灵，昨已谕令文绶，选派妥干大员一人在彼办理。著文绶仍照前旨，酌派奏闻。"

（高宗朝卷九五〇·页二〇下～二四下）

○乾隆三十九年（甲午）正月庚午（1774.2.26）

以头等侍卫副都统衔伍岱为参赞大臣。

（高宗朝卷九五一·页一下）

○乾隆三十九年（甲午）正月壬申（1774.2.28）

定西将军尚书阿桂、参赞大臣领侍卫内大臣色布腾巴勒珠尔奏："臣等于初二日至布朗郭宗，查点满、汉各兵应带火药、铅弹、军械及支给十日裹粮均已齐全。当即分拨第一队五千余名，令海兰察、额森特、普尔普、保宁带领于初六日进发；第二队五千余名，臣色布腾巴勒珠尔率同福康安、乌什哈达、特成额、成德带领于初七日进发；第三队五千余名，臣阿桂率同积福、福珠礼、倭升额、海禄带领，于初八日进发。其布朗郭宗、喀尔萨尔应驻防兵，现令长清派员，照指定地方兵数安设。又，自喀尔萨尔至谷噶丫口延绵百余里，中间梭洛柏古等处，臣另于经过时随地拨兵分驻。并于总兵富绅、六十六二人内派出一人，统领防驻。"

又奏："此次分路密进，谷噶等处未便遽设台站，是以并未通知富勒浑，第令将应需若干站人夫上紧筹备，俟官兵将次见敌，始令总理大员遄行安设。至此次满、汉兵均系步行，越险攀高，除各关十日口粮，势难更令多为裹带。现酌以面一斤抵一日口粮，做成饼饵，携带既便，且可毋庸举火。并于一队中又分三队通融携带，使前进锐兵益为轻利，接踵之兵亦可遄行接济。"

定边右副将军广州将军明亮、参赞大臣副都统富德奏："臣等于正月初五日均抵格藏桥，即于桥北地方藏兵，密施号令。此次屯土兵共三千八百余名，照所拟道路先行分派。其河北骆驼沟一路，派兵六千名，富德统领；河南博堵一路，派兵四千名，奎林、三保统领。俱紧随土兵进攻，内将满兵及滇、黔两省营兵挑选出色奋勇者二千二百名，督率土兵前进。以六百名交和隆武、科玛带领，截取卡卡角；以五百名交图钦保、拉布东阿带领，截取马奈。其对河木底、格鲁克古两处，各用二百名，德赫布、噶塔布等预备皮船，随土兵前往夹攻。尚余满、汉精兵七百名，则以珠尔格德、刘辉祖带领，为奎林、三保后援。惟此路进攻，先议从墨垄沟翻山而下，近于初二日大雪封山不辨路径，因即撤赴格藏桥，作三夜行走。于初七日夜潜渡河南深嘉布绕出，酌分二路，先抢斯第、博堵，为并夺思觉之计。臣明亮统兵一千六百名，在河北马奈进攻迎面贼卡。至何处须兵接济，何处并力向前，仍俟临时酌办。"

谕军机大臣等："阿桂等奏在布朗郭宗派兵分队进剿情形，又据明亮等奏在格藏桥分路拨兵进攻事宜，所办俱极妥协。而阿桂另折所奏各件，均属实心筹画。又，阿桂奏：据王进泰等报称，博罗克守卡将弁将投出番人斯塔克达尔等解送大营。是贼番于小路潜出并非难事，恐其借名投降，暗藏奸计，自当早为防守。若于隘口见有形迹可疑者，即当立时剿杀。既可多歼贼众，且使贼人知所畏惧，不敢妄图逸出。王进泰、长清等均当一体妥办。"

又谕曰："阿桂奏，就现在兵力派拨进剿，自可易于深入，此后倘得分用之兵，捣虚直入，更可以制其死命等语。前因美诺一带后路兵少，曾谕调荆州驻防兵一千、湖广绿营兵一千赴美诺等处备用。节据阿桂等奏，各处留防约计五千余名。是后路之兵，已足敷用，无借复待集兵。此项二千兵俱系生力军，若用以攻剿，必当得用。昨据陈辉祖等奏，前项二千兵已于腊月二十九、正月初二等日全行出境，计其到川甚速。若将此项兵丁归于阿桂军营，留为另觅新路分道进剿之用，自属得济。著传谕文绶于此项兵丁到省时，即令遄赴布朗郭宗听用。并令阿桂筹画办理，一面奏闻。"

（高宗朝卷九五一·页二下～六下）

○乾隆三十九年（甲午）正月乙亥（1774.3.3）

定边右副将军尚书公丰升额奏："臣于初八日带兵抵萨尔赤鄂罗山，即将南面雪山占据，并于孟拜拉山梁等处分别留兵驻守，初九日阿桂所遣纳木札、伊达里、常保住带兵二千均已到营，现派分攻要隘。"

谕军机大臣等："丰升额奏，占据萨尔赤鄂罗山顶，并纳木扎带兵二千前来，足供会剿。览奏欣慰。丰升额所占山梁及经由路径，并纳木扎等由阿桂军营至凯立叶之路，皆系金川通连要隘，贼人忽不设防，官军如入无人之境，且既占据山梁，从此进攻凯立叶，由上而下，其势甚易，自当迅期得手。是此次所觅进兵捷径，阿桂一路既甚妥协，其明亮一路，马奈、马尔邦路颇平坦，亦可易于攻克，较之上年攻剿功噶尔拉、当噶尔拉之路，应不啻事半功倍。惟盼克期奏绩，数日内即得捷音。"

（高宗朝卷九五一·页八下～九下）

○乾隆三十九年（甲午）正月丁丑（1774.3.5）

定西将军尚书阿桂、参赞大臣领侍卫内大臣色布腾巴勒珠尔奏："臣等分队起行后，第一队官兵于初九日已进谷噶山梁丫口下埋伏，初十日攻夺喇穆喇穆之左右山梁及附近赞巴拉克各山，并将色依谷山占据，现在进攻最高之登古山。惟计攻入贼境已一百余里，赞巴拉克、喇穆喇穆各处道路尤多，实须多分兵力。查楸砥运道将次开通，俟续调防后之川、楚兵丁到日，臣即将布朗郭宗、马尔当等处防兵内抽调二三千名前来协济。"

定边右副将军广州将军明亮奏："臣从河北正面进攻拉绰石卡五座及迤东山嘴大战碉一座，均于初十日攻克。又据富德报称，由骆驼沟攻取战碉二座、木城一座、大小碉百余座，复约会和隆武，将截取卡卡角之兵翻山直取马奈，现在并力合攻。其德赫布所领官兵，据报攻克格鲁克古贼寨四十余处。卡卡角对河之木底，亦经陈世庚率领土兵攻得要隘二处。臣现派兵一千，顺河前往接应。至奎林所攻之斯第、博堵，官兵均由布拉克底一带用皮船载渡，现已超上山梁，抢得木城二座。"

谕曰："此次阿桂、明亮等分路进剿，同时并发，于一二日内，乘贼不备迅克要隘山梁，抢占木城、碉寨，贼众望风奔溃，歼戮甚多。阿桂等悉心调度，动协机宜，而领兵各员，协力进攻，均能所向克捷。著先赏荷包，以示鼓励。仍令该将军等查明在事出力之将领弁员，同将军、参赞一并交部议叙。至两路汉兵、屯土兵丁，不避冰雪，攀越山险，夺卡攻碉，无不争先踊跃，实属出力可嘉。著阿桂、明亮查照伊等应得分例，加赏一月钱粮，以示体恤。"

谕军机大臣等："前因僧格宗为南路军营后路，曾谕令富勒浑驻彼防守，并令汪腾龙随其办事。本日据明亮、阿桂等先后奏到，于初十日同时分剿，俱已占据险要。现统胜兵深入，声势最为壮盛，贼匪惊惶丧胆，更无暇扰我后路。看来僧格宗一路，此时竟可无庸复留大员驻扎。著传谕富勒浑，不必复赴僧格宗驻守，惟于阿桂军营后路粮站同郝硕、刘秉恬等督办粮运、火药等项，毋稍贻误。"

（高宗朝卷九五一·页一一下～一四上）

○ 乾隆三十九年（甲午）正月戊寅（1774.3.6）

定边右副将军广州将军明亮、参赞大臣副都统富德奏："臣等合围马奈，贼人一意拒守，数次往下冲压，我兵枪箭齐发，坚不可动，于十一日将四面碉卡依次攻克。查马柰东北环抱三峰，地名绒布寨，形势亦属扼要，仍分上下两路夹攻，于十二日占取寨落四十余处。至奎林渡河攻取木城二座，现占山梁已踞克舟九寨之巅，仍设法先压斯第、博堵。"

定边右副将军尚书公丰升额奏："臣由孟拜拉山梁派满、汉兵丁八百，连夜往占达尔扎克山顶。臣与书麟等抵凯立叶山根，贼番已先知觉，悉力抵御。又雪深路滑，未能攀越，俟雪融时另觅间道进剿。至经过之萨尔赤鄂罗山属后路要隘，已派伊达里、官达色将后队兵丁八百留彼驻守。"

谕军机大臣等："据明亮等奏，全行攻克马柰，并夺取绒布寨。其距马尔邦谅应不远，而奎林所占山梁，直踞克舟九寨之巅，若能由上压下，攻之当易为力。现在将弁、兵丁俱各奋勇前进，甚属可嘉。惟益勉速成大功，用膺茂赏。同日又据丰升额奏官兵至凯立叶山根，即有贼人知觉抵御，不能久驻。其已得之达尔扎克山梁路径极险，不通凯立叶，现在筑卡防守等语。看来凯立叶一路碉踞山巅，克之非易。原议必由此路并攻者，因其与谷噶相近，借以牵缀贼势。今阿桂现于谷噶攻进，若再能深入，进至勒乌围，则凯立叶之碉可不攻自溃。丰升额切勿急于进取，或致稍有挫误。况官兵于进剿之处，若遇连胜，则勇气百倍，设见有损伤之事，即不免心动气沮。丰升额等只可严紧攻围，断不可不察利害，妄令轻进。"

又谕："昨已降旨，令楚省续调满、汉兵二千名速赴布朗郭宗一带听阿桂调用。今阿桂现已攻克谷噶，乘胜深入，若得此项楚兵接济，声势自益壮盛。著再传谕文绶，如楚兵已经到省，或已过省，即速催趱兼程前进，克日到阿桂军营。"

（高宗朝卷九五一·页一四上～一六上）

○乾隆三十九年（甲午）正月己卯（1774.3.7）

参赞大臣副都统舒常奏："臣调日旁、宜喜各兵，分队进攻达尔图贼番，因各碉抵死守御，接仗未经得手，暂时撤回。又据绰斯甲布土兵禀称，山阴积雪冻冰，不能前进，现拟另寻路径进剿。"

谕军机大臣等："官兵留驻宜喜，原为牵缀贼势之用，此次未能进攻，本无关系。即丰升额攻剿之凯立叶，原为帮助谷噶，作犄角并进之势。今谷噶既已得间而入，则凯立叶之未能攻克，亦无关紧要。惟阿桂所进之谷噶丫口，其山梁与功噶尔拉相连，恐贼见阿桂军威壮盛，其力难于明拒，或由功噶尔拉山梁循脉潜来暗截后路，或仍由功噶尔拉、木果木等处出而滋扰台站，则所系甚大，不可不留心防范。不知阿桂曾筹画及此留兵防守否？此时丰升额若已攻克凯立叶统兵前进，固属甚善，否则留兵少许，在彼缀贼，不令其抽往谷噶，丰升额统兵数千，径赴谷噶丫口防驻，遇有潜出之贼痛加歼戮，自无从施其诡狡伎俩。而阿桂一路得此声援，于进攻更为有益。"

（高宗朝卷九五一·页一六上～一七上）

○乾隆三十九年（甲午）正月庚辰（1774.3.8）

谕（参赞大臣副都统舒常）曰："文绶奏丹东一带后路关系紧要，李本在川年久，熟悉番地情形，自赏给同知职衔以来诸事倍加奋勉，请令其驻扎丹东，协同防范，似属妥协。李本著加恩赏给兵备道职衔，前往丹东办理诸务，并准其具折奏事。"

（高宗朝卷九五一·页一七上～下）

○乾隆三十九年（甲午）正月辛巳（1774.3.9）

定西将军尚书阿桂、参赞大臣领侍卫内大臣色布腾巴勒珠尔奏："臣于十三日进攻登古山对面山梁，连克四卡，余贼窜入第五高峰卡内，官兵合力尾追，经吉林委署防御八十七枪毙十余名，其喇穆喇穆碉内逾沟接应之贼，又被索伦兵冲断，歼戮甚多。至第五峰碉卡，虽因峰高石大未经攻克，察看情形尚可绕越围截，设法办理。"

谕军机大臣等："阿桂等奏十三日分路进攻喇穆喇穆，连取石卡四处，歼戮贼人，实为痛快。所有在事之将弁，俱著记明功绩，再行交部议叙。又据奏第五贼卡峰高石大，尚可绕越围截，设法办理。所见甚是，断不可在其正面冒险攻扑，以致徒劳。至谷噶丫口与功噶尔拉同一山梁，恐贼人潜循冈陇来截我兵之后。今阿桂奏，自美诺至谷噶后路，留驻之兵合计数千，是已于紧要后路俱经留兵防御，可无他虑。昨据文绶奏，楚兵到成都，已于正月十六日起程前赴美诺，计日内即可到齐，底木达一带防兵即毋庸再为抽撤。阿桂当酌量何处尚需添兵若干，即就近妥协派拨，仍行奏闻。若调至军营，并力合攻，亦无不可。又奏称金川番人思丹巴前来投顺，讯系由木果木而来，自非虚捏。是木果木为金川往来要地，贼若从此潜出，即不难至底木达、大板昭等处，此乃阿桂军营紧要后路，不可不实力严防。著交长清等于此等要隘切实防范，时刻巡查，不可稍有疏懈。其美诺、僧格宗等处，有应互相照应者，长清即就近札知王进泰、成果并饬汪腾龙一体留心妥办。又，阿桂另折奏：凯立叶一路，现用鄂宝由卓克采运往之粮，较之西路粮运颇为近便。若楸砥之路一通，则较卓克采运费更可节省等语。是楸砥运道于谷噶、凯立叶俱属有益，自当上紧办理。著交富勒浑、鄂宝熟商妥办。"

（高宗朝卷九五一·页一八上～二〇上）

○乾隆三十九年（甲午）正月壬午（1774.3.10）

谕军机大臣等："据富勒浑等奏安设粮台按站接济一折，所办甚好。至称谷噶军营一路，树木丛杂，道路险仄，冰凌难行等语。此事甚有关系。阿桂现在统兵乘胜深入，其后路最关紧要。贼众狡计百出，恐因途险多冰潜出截我后路，不可不防。且昨阅阿桂奏投出番人思丹巴供词，有索诺木打发丹巴沃咱尔到功噶尔拉预备等语。丹巴沃咱尔在诸贼中尤为狡恶，贼酋遣其前往功噶尔拉时，尚不知我军不由彼路而进。今已另觅间道，分兵进剿，丹巴沃咱尔自不肯在功噶尔拉安坐困守。其山梁与谷噶相连，或循山梁潜至谷噶丫口，或由木果木而出，至底木达、大板昭一带堵截后路，皆不可不切实防范。著传谕长清等于此等处所留心设法严防，勿稍疏懈。"

（高宗朝卷九五一·页二一上～二二上）

○乾隆三十九年（甲午）正月癸未（1774.3.11）

谕军机大臣等："明亮奏官兵连日进攻及贼人竭力拒守一折。是此路之贼防备较严，株守殊为无益。现在奎林所占山梁俯临斯第、博堵及克舟九寨，而形势自上压下，攻之似易为力。但奎林所带之兵仅止四千，恐不敷用，即明亮添给五百亦属无多。因思河北一路既急切不能直进，与其久驻旷日，何如并力于博堵一路会剿之可期得力乎？著传谕明亮，酌定兵一二千在马尔邦一路牵缀贼势，而令富德统率多兵迅趋河南，与奎林会合压攻克舟九寨。若能得利，则马尔邦等处亦可不攻自溃，明亮即速妥酌行之。又据称现统河北一路官兵不及八千，除留驻打仗外，存营者不满二百等语。为数太少，殊不成事。查明亮等原报兵数共二万二千余名，今所奏兵数共计一万二千，与原奏数目不符，著明亮等即速查明据实复奏。如实在无兵可调，现在阿桂军营新到楚兵二千，可于此内酌将湖北绿营兵一千，调赴明亮军营备用。其荆州驻防兵一千留阿桂军营，或剿或防，听其酌用。再据称奎林一路军粮不敷接济等语。所关甚属紧要。著传谕桂林，即同李世杰实力筹办，以期源源接济，毋稍贻误。"

参赞大臣副都统舒常奏："据绰斯甲布头人松乃、温布等觅得附近俄坡之石拉沟、木池之格尔格两处贼人防范稍疏，于十五日派常保、李天贵分路督同进攻，均属奋勇，共杀贼九十余人，生擒五人，臣已将大小头人十六名分别赏给绸缎、银牌。又据温布等称，前蒙赏给土兵口粮，系半支半折，上年收成歉薄，恳支全米，应并据情请旨。"

谕军机大臣等："舒常奏，绰斯甲布头人松乃、温布等领兵剿杀，歼戮甚多。所办甚好。松乃、温布前因其诚心出力，赏戴蓝翎，并各赏银五十两，此次更属奋力，著即赏戴花翎，升授五品顶戴，以示鼓励。至土兵半支半折，定例已久，今搏节粮运，尚恐不敷，若再加增本色米石，更恐难以接续。著舒常面谕土兵等，以定例如此，各路一体遵行。若尔等此路米数独加，恐各路土兵闻而忌嫉，转与尔等无益，莫若照旧支领为妥。尔等如果立有功绩，不但可得重赏，亦觉颜面有光，不更愈于些微升合之加添乎？如此晓谕土兵等，自必更加踊跃感奋，各路土兵或有似此者，各该将军均宜一律办理。"

（高宗朝卷九五一·页二四上～二六下）

○乾隆三十九年（甲午）二月甲申（1774.3.12）

定边右副将军尚书公丰升额奏："达尔扎克山南沟内止可驻兵牵缀，查山后尚有进兵山口，可以绕出贼后，臣与伍岱即于正月十五日带兵前进。前队甫至山根，林内伏贼突出，当经歼毙十余人。又有贼番接应抵拒，兼之路险雪滑，因令暂撤，再行设法办理。"

谕军机大臣等："凯立叶一路进攻较难,自不宜在彼株守。莫如并于阿桂处合力并剿,较有实济。且阿桂攻克丫口以来颇为得势,正须有续进之兵以壮声援。丰升额酌留兵少许,派员驻守,以缀贼势,即统现有之兵速赴谷噶丫口,助阿桂进攻勒乌围,则兵力益多,军声益振矣。"

署四川总督湖广总督文绶奏："奉旨由成都驻防川省绿营派兵二千余名赴美诺,查成都驻防现选兵三百名候拨,其绿营原派一千七百名,已经富勒浑调派四百分赴瓦寺、杂谷等处,其余一千三百名饬各由本营速赴西路。"

谕军机大臣等："川省绿营兵于攻剿虽不能得力,尚可看守地方,而成都驻防之三百兵较绿旗自为有益。著传谕阿桂,如有需用之处,即将此项驻防兵调用。其川兵一千三百名应如何酌派之处,并著阿桂即行酌派。"

（高宗朝卷九五二·页一下～二下）

○乾隆三十九年（甲午）二月乙酉（1774.3.13）

又谕（军机大臣等）："昨谕阿桂将挑赴后路之成都驻防兵三百名即行酌调,并将绿营川兵一千三百名酌派各路防守。今思川兵虽于攻剿非宜,而看守尚堪备数。阿桂留于布朗郭宗一带防兵计四五千名,其中尽有可充攻剿之用者。莫若将新往之兵作为分防,于阿桂旧留防兵内如数换出,派赴阿桂、明亮两路应用,以此两项新兵添派两路更为得力。著阿桂即速核定分拨,并著长清等妥为更调奏闻。"

（高宗朝卷九五二·页三下～四上）

○乾隆三十九年（甲午）二月丁亥（1774.3.15）

定边右副将军广州将军明亮、参赞大臣副都统富德奏："卡卡角前山形如丁字,凡官兵竭力上攻之处,即贼人加意防守之处。查木溪山梁之半,东向峭壁,攀援俱绝,其上虽有滚石放枪之贼,而山峰一带并无卡隘,因将扎勒桑所带当噶尔拉牵缀兵一千名撤回,令各队官兵于十九日分路攻打。臣等亦带兵二百余名,在庚扎之上相机策应,用炮轰摧。一面密挑健兵三百名,派扎勒桑带同空蓝翎兴善保、守备田蓝玉,先于十八日往山梁峭壁下预伏。是夜,兴善保、田蓝玉二员潜领吉林兵七名、索伦兵二名、屯兵八名，于万难容足之路攀附而行。比及黎明，臣等见兴善保、田蓝玉等已在峭壁之上，余兵亦接踵而至。贼番正当四面迎拒，突见我兵从此截出，惊惶失措，碉内各番望风溃散。官兵奋勇齐登，追杀五十余名，又截住碉内贼番，杀死十三人，当将两山梁全行占据。至奎林与德赫布、三保分取博堵、斯第，贼番抵御甚力，均暂撤回。仍于山梁屯兵，另行办理。"

谕曰："兴善保、田蓝玉履险先登，甚属可嘉。著加恩兴善保赏给达克巴图鲁，田蓝玉赏给诺丹巴图鲁，仍照例各赏银一百两，以示优奖。"

（高宗朝卷九五二·页八上～九上）

○乾隆三十九年（甲午）二月己丑（1774.3.17）

谕军机大臣等："前以阿桂从谷噶丫口深入，其后路最关紧要，复因丰升额奏凯立叶一路攻进稍难，曾令其统兵赴谷噶一带，为阿桂助剿声援。今阿桂又遣熟识路径久经投出之番人策旺前赴丰升额军营，以资向导。凯立叶既有路可绕，复添向导之人，自可乘间攻克，与阿桂会合进攻。但六七千里外军务机宜究难悬定，阿桂、丰升额惟当斟酌妥为之，仍将作何定局之处迅速复奏。惟是数日以来，朕日夕盼望，竟至中夜无寐，将军等岂可不体朕宵旰焦劳之意？嗣后间四五日奏事一次，勿稍迟缓。又据郝硕奏，抵布朗郭宗后赶运军粮。所办甚好。人夫均知出力趱运，亦属可嘉。郝硕等自应酌量加赏，以示鼓励。"

又谕："前以阿桂军营后路关系紧要，因令富勒浑仍随阿桂大营督办一切。今富勒浑奏到筹办粮务情形，是该督自不便轻离西路。至僧格宗为南路扼要之处，即著王进泰前往驻守。"

（高宗朝卷九五二·页一一下～一二下）

○乾隆三十九年（甲午）二月辛卯（1774.3.19）

又谕："前据桂林奏，僧格宗马夫李文递送公文前赴科多，途遇贼番砍伤，扑水过河回站。当经传谕富勒浑转饬严查，或系马夫因水湿公文掉谎，或系贼匪潜放夹坝，据实复奏。今日又据桂林奏称，接准汪腾龙咨报，李文遇贼之日，又有另差马夫雷虔送文赴科多，至天明未回等语。其为贼匪潜放夹坝，自无疑义。必应上紧严查妥办，使此等放夹坝之贼，共知畏惧，方为妥协。僧格宗一带系参将汪腾龙专驻防守之处，既不能先期防范，事后又不即上紧查拿，惟以一咨塞责，所司何事？汪腾龙平日专尚口给，本不足恃，今经弃瑕录用，仍不知实心奋勉，殊属不堪。汪腾龙著交部严加议处。"

定边右副将军尚书公丰升额奏："阿桂遣向导番人策旺来营，据称达尔扎克对面之莫尔敏山傍地名迪噶拉穆扎，官兵据此即可绕取凯立叶。但近来贼碉较前更密，臣已派兵前往攻取莫尔敏山，以便夺占迪噶拉穆扎。"

谕军机大臣等："前因阿桂已由谷噶丫口统兵深入，恐其后路未能严防，适丰升额奏凯立叶一路骤难攻进，因令移兵往谷噶一带，为阿桂后路声援。今丰升额又觅有可进之路，自当相机妥办。若果将莫尔敏山攻克，绕取凯立叶，其与阿桂进攻格鲁瓦觉之兵亦甚有益。且前据阿桂奏，二十三日天气已晴，官兵进剿自易为力。伫盼捷音。"

（高宗朝卷九五二·页一四下～一六上）

○ 乾隆三十九年（甲午）二月癸巳（1774.3.21）

谕："据明亮等奏，派兵由卡卡角三路进攻。当阻险相持之际，有空蓝翎兴善保、守备田蓝玉攀越登山，贼人埋身峰下，排枪施放，而各枪俱不过火。其正面山嘴贼人所安之炮亦皆随火炸裂。官兵勇气百倍，乘胜剿杀，将卡卡角全行占据。此皆仰赖上苍嘉佑，俾贼众魄褫胆落。至官兵等无不努力奋勉，而兴善保、田蓝玉二人勇往出众，尤属可嘉。兴善保著加恩授为四等侍卫，田蓝玉著加恩授为都司，遇缺即补。其余出力之将弁兵丁，并著明亮等查明记档，俟攻得马尔邦后即奏闻交部，分别从优议叙。富德自到军营以来，实心调度，著加恩授为都统，遇缺补用。又，建昌镇总兵英泰出师南路，已历四载，颇能实心奋勉。著将英泰所有革职之案，准其开复。"

又谕曰："明亮等奏攻克卡卡角山梁并现在用兵情形一折，深为欣慰。昨因明亮一路兵数较少，已谕阿桂将续调之湖北绿营兵一千驰往南路，并令照文绶所奏之川省绿营兵一千三百名酌拨两路应用。又，成都驻防兵三百名亦可调拨分用。是明亮南路约可添兵一千七八百名。此兵一到，即可添助奎林一路攻剿，更为得力。今湖北绿营兵已于正月二十三四日抵成都，著传谕阿桂，即速知照楚省带兵之员，催令遄往应用。"

（高宗朝卷九五二·页一六下～一八上）

○乾隆三十九年（甲午）二月乙未（1774.3.23）

又谕（军机大臣等）："据舒常奏，绰斯甲布土司觅得周叟对面山梁并日旁下面碉卡有可进之路，派兵冒险前进，夺碉杀贼等语。看来此路难于直进，然借此以挫贼锋而缓贼势亦不可少。其土兵内阵亡、受伤之人，均堪怜悯，自应照例赏恤。至各土兵之勇往出力，由于该土妇及土司、土舍等诚心恭顺，甚属可嘉。著舒常传旨，赏给绰斯甲布老土妇仓旺拉穆、土司雍中旺尔结、土舍绰尔甲木灿缎各四匹，以示鼓励。又奏称：永平呈报，千总袁国璜见贼一二百名往来行走，似修碉卡。随即带兵前往，枪毙数贼等语。贼人修卡自防，固属情理所有。但我兵正在分路进攻，贼方守拒不给，安得复有如许余闲贼众专修碉卡？似系贼人故作整暇，饰为无恐之状，或伺我不备潜出滋扰，亦未可定。舒常不可不留心防范，勿稍疏懈。"

（高宗朝卷九五二·页二一上～二二上）

○乾隆三十九年（甲午）二月丙申（1774.3.24）

又谕（军机大臣等）曰："阿桂等奏筹度进剿情形一折，只可如此办理。行兵当筹画万全，原不宜轻举妄动。该处正值冰雪凝寒，自当速祈晴霁。阿桂宜秉诚致敬，以邀春佑。又奏明亮待兵迫切，已将楚兵二千全往南路。是明亮处顿添此二千生力兵，自为得力。明亮或将所添新兵进攻马尔邦，或令富德带往攻取当噶尔拉，或令派赴奎林处并攻斯第、博堵。著照该处实在情形，速行筹办。"

（高宗朝卷九五二·页二二下～二三上）

○乾隆三十九年（甲午）二月戊戌（1774.3.26）

谕曰："丰升额等奏称占得莫尔敏山，攻克迪噶拉穆扎等语。此次打仗，贼人舍命前来，竟将我兵截断。乃官兵奋勉出力，将贼击败，甚属可嘉。所有索伦云骑尉委署参领定吉尔图、健锐营前锋校官敏、西安委署骁骑校秦绍荣受伤身故，俱著交部照例议恤。其余阵亡受伤之满、汉屯土官兵，俱著丰升额等查明分别造册送部，一并议叙。"

又谕曰："丰升额等奏，乾清门侍卫玛尔占、三等侍卫普吉保、护军参领丕亨保奋勇杀贼，超众出力。著加恩将玛尔占授为头等侍卫，赏给拉巴巴尔巴图鲁名号，普吉保赏给充击叶特巴图鲁名号，丕亨保赏给诺恩济特巴图鲁名号。仍各赏银一百两，以示鼓励。"

谕军机大臣等："前因阿桂军营后路关系紧要，曾屡谕丰升额如未能攻克凯立叶，莫如留兵牵缀，而丰升额即带兵速赴谷噶丫口，为阿桂留防后路。丰升额接到此旨，自能酌量办理。今据丰升额奏已攻得莫尔敏山，沿途剿杀贼人，在事官兵俱各奋勉。现在筹取迪噶拉穆扎，该处既有可进之机，自不便撤令他往。或丰升额此时已从凯立叶乘胜深入，亦足助阿桂一路声势。至于阿桂后路如大板昭一带，朕时为廑念。兹据富勒浑奏，在军营时，面见阿桂告以大板昭为西北军营吃紧后路，仅有兵二百名为数过少，应将松潘兵二百名添派以资弹压，是阿桂于大板昭等处亦曾筹及。今虽添兵二百，未知果否得力，至阿桂自进攻谷噶以来，连次克捷，官兵俱各勇往直前，固可即望得手，但有后路，不可不时刻留心。著传谕阿桂妥酌行之。"

（高宗朝卷九五二・页二三下～二五上）

○乾隆三十九年（甲午）二月辛丑（1774.3.29）

又谕（军机大臣等）："前据桂林奏僧格宗递送公文之马夫李文遇贼砍伤右眼，扑水回站，又有另差送文之马夫雷虔未见转回两事。当经传谕严查，并驻守僧格宗之参将汪腾龙平时既不能实力防范，事后又不即亲往查拿，已交部严加议处。今据明亮奏：查李文所供遇贼三十多人，并非实在看见，而外委张盈所报雷虔被贼捉去，更无影响，明系逃走装点。该处系阮宁方经管，乃一听马夫等捏词朦混，并未查实具禀，甚属不堪，请革职留营效力，其张盈、李文分别责革等语。张盈、李文自应分别责革。至阮宁方带兵驻守要隘，既不能实力严防，又复饰词谎报，遇事张皇，其懦劣无用，实属可恨，仅予革职效力，未足蔽辜。阮宁方著革职，留于军营枷号示众。至僧格宗一带，系责成汪腾龙专驻经理，乃于此等虚词捏报之事，并不即时确查妥办，惟以一咨塞责。该员向系专务口给，获有罪愆，经朕弃瑕录用，仍不知改勉图报，锢染绿营恶习，殊属负恩。汪腾龙著革职。现派总兵海明驰驿前往，代其办理。此旨著交海明赍往，到彼时即行宣谕，将汪腾龙枷号示众，以示惩儆。"

又谕曰："明亮等筹办攻取穆谷情形。该处贼卡既借大炮轰摧，自应上紧赶铸。著明亮即速督催，如式铸造应用。又据奏楚兵二千，准阿桂知会，已经赶赴南路应用。此项生力兵丁自应得济，若营中炮已铸成，而庚额特一带尚未能克期进取，莫若留明亮照常攻打，以缀贼势，而令富德统领新兵驰赴河南，与奎林并力合攻克舟九寨，自当有益。若将该处攻克，即可直至噶拉依，其庚额特、马尔邦一带之贼将不攻自溃，亦出奇制胜之一法。著明亮即悉心筹办奏闻。"

（高宗朝卷九五三·页四上～七上）

○乾隆三十九年（甲午）二月甲辰（1774.4.1）

定西将军尚书阿桂、参赞大臣领侍卫内大臣色布腾巴勒珠尔奏："军营后路，自美诺至喀尔萨尔兵数倍加。谷噶沟口及梭洛柏古一带专派总兵富绅驻守。其前敌之牛厂等处，亦派兵严防，声势联络。且楸砥道路开通，设站安夫，则谷噶后路实在梭磨境内，折报往来行走甚便。即丰升额后路俱在卓克采境内，明亮后路俱在巴旺、布拉克底及明正土司境内，均可无虞。查罗博瓦一带形势，必能绕压直下，一得格鲁瓦觉，则与凯立叶山腿相近。现已派兵前后夹攻，以助丰升额之势。倘不能办，即令丰升额留兵牵缀，自行统兵六七千名前来会攻勒乌围。"

谕军机大臣等："阿桂奏筹防后路一折，悉合机宜。朕于阿桂进兵后昼夜以此系念，今览所奏，各后路防范俱能切实，稍觉慰怀。前谕令丰升额，以凯立叶不能迅进，莫若统兵至谷噶一带为阿桂声援。继因丰升额已得向导，且觅有进兵之路，复谕令丰升额，如现有机可乘，即不必另为移动。今阿桂复以深入时后路留防为计，自当酌调丰升额相助。著阿桂与丰升额妥酌而行。"

（高宗朝卷九五三·页九下～一一上）

○乾隆三十九年（甲午）二月丙午（1774.4.3）

又谕（军机大臣等）："宜喜一路进取较难，即令土兵觅间进攻，原不过牵缀之计。此时以恳请种地为词，不可不俯顺舆情，俾之无妨耕作，且须令该土司知觅间袭取之事，原系听土兵自效其诚，并非欲专仗其力，方为妥善。舒常此时转不必过急，诸事惟相机而行。若闻阿桂、丰升额有攻克险隘进取勒乌围之信，则宜喜一路贼必不能仍前守拒，临时即可酌量深入，合力攻取，共成大功。"

（高宗朝卷九五三·页一二下～一三上）

○乾隆三十九年（甲午）二月庚戌（1774.4.7）

定边右副将军广州将军明亮、参赞大臣副都统富德奏："臣等自攻克穆谷后，查庚额特山前后，贼众愈多据险死守。奎林一路，虽经土兵乘夜抢占喀咱普相连山腿，连修木城三座，而自深嘉布盘旋而上，山顶分左右两路，斯第、博堵寨落均在山冈环抱中间，遇有下压之处，贼即添碉防护，自应另觅间道。但此一带山梁居高压下，实可绝贼人由深嘉布潜出滋扰之事。复据土兵自愿修盖碉房，俟官兵一有移动即可据碉拒守，现已饬令赶筑。又，大炮业已铸成，现拟于庚额特对河施放，仍令土兵四出哨探，觅路进攻。"报闻。

（高宗朝卷九五三·页一七上～下）

○乾隆三十九年（甲午）二月壬子（1774.4.9）

谕军机大臣等："阿桂等奏攻打罗博瓦山，官兵奋勇杀贼，其中射毙者尤多，可见满洲、索伦之得力。贼番每在碉内藏匿，若能引出碉外，使得益展我弓箭之利，则更善耳。此次进攻罗博瓦时，官兵有从冻石中跳越而过者，并有经贼人林内放枪而官兵毫无旁顾。其劳绩茂著者甚众，实为出力可嘉！著阿桂查明，登记档案，俟攻得要隘时一并奏闻，交部议叙。其有出力超众者，即奏明以示鼓励。其阵亡之千总张魁，及受伤之侍卫库尔德等，并著查明咨部办理。至于官兵之奋勇立功，由于带兵之将领董率得宜，而实由于将军之规画有方，均堪嘉尚。著赏阿桂荷包四枚、火链一件，色布腾巴勒珠尔荷包三枚、火链一件，福康安、海兰察、普尔普、额森特等四人各荷包二枚、火链一件，乌什哈达、保宁、特成额、海禄、成德、六十六等六人各荷包一枚、火链一件，即随报发往，以示鼓励。至阿桂此次非但措置悉合机宜，且胸有成算，志在必灭金川，所筹悉与朕见吻合。阿桂如此诚心出力，实不负元戎重寄。朕适驻跸盘山，即以行程所佩镂文刮鳔囊解赐，以寓一体联合之恩眷。"

（高宗朝卷九五三·页一八上～一九下）

○乾隆三十九年（甲午）三月乙卯（1774.4.12）

云南提督长清奏："奉将军阿桂照会：续调川兵二千名一抵美诺、布朗郭宗，即于原留防兵内调一千五百名，交将弁带赴大营，余五百名，查大板昭应添驻二百名，又马尔当应添一百名，其萨拉一处，附近两河口新设粮站，亦当添兵五十名。尚余一百五十名，令臣酌量分拨等语。查现到兵已有七百，随拨绿营新兵四百分驻木波，以满兵三百拨驻布朗郭宗，将换出兵七百交游击福敏泰带赴大营听用。其木波卡隘事务，派贵州定广副将握星泰等前往接管。至美诺应换之陕甘参将金富宁带兵三百名，已知会王进泰，就近截留新兵三百名，作速更换起程。余俱照阿桂所指拨驻。尚余兵一百五十名，即于美诺、布朗郭宗二处分匀添驻。"报闻。

（高宗朝卷九五四·页三上～四上）

○乾隆三十九年（甲午）三月丙辰（1774.4.13）

定西将军尚书阿桂、参赞大臣领侍卫内大臣色布腾巴勒珠尔奏："贼番据守罗博瓦前面山峰，臣等于二月十七日派兵分路前进。海兰察、额森特从正路进攻，直抵碉下，小金川降番先已绕出碉后，抢占大石卡一座，杀贼三十余人，合攻大碉。其分路来援贼四百余人，经岱三保、额尔特击退。后两峰及喇穆喇穆之贼前来接应，亦经乌什哈达等由登古丫口截住痛歼。至普尔普带兵绕攻山后丫口碉卡，贼番虽经败退，仍于险仄路口与官兵相持。正面大碉拒守坚固，刨挖碉根之官兵不无损伤。比至天明，将各队官兵缓缓撤下，另行躐路进攻。"

又奏："布朗郭宗、底木达及美诺、僧格宗等处均有大兵分驻，控制甚密。南路折报仍由打箭炉往来，臣等折报已改由楸砥，均可无虞。至谷噶、马尼两处军书，由布朗郭宗、美诺、僧格宗递送，声息相通。此路本止四五百里，中间应加防范者不过数站。臣已令兵壮黑夜暂停行走，日间加紧赶行，亦不致迟误。"

谕军机大臣等："阿桂等奏分路绕攻罗博瓦山峰情形一折，深为嘉慰。阿桂自进兵以来，实心调度，悉合机宜，军声倍壮，所至奏绩宣威，伫盼成功，茂膺渥典。其海兰察所带之小金川降番，于攻碉时潜密先往，认真出力，自应查明奖赏，以励其余。至满洲、索伦中之奋勇杀贼及绿营、屯土各兵有踊跃争先者，并应确查具奏，候朕另行降旨。将士等闻之，自必更加感激鼓舞。其章京索柱、护军校七十五得有枪石各伤，亦应查明，与伤亡兵丁一并咨部核办。至另折复奏筹办后路事宜，极为周妥。看来此路乘胜深入，大有可恃。而丰升额筹攻凯立叶，昨据奏称躐有可通之路，此时如已攻得固好，否则阿桂处一经攻克罗博瓦山，可以乘势压下，其凯立叶之贼自必不攻而溃。惟明亮一路欲进攻庚额特，炮位业已铸成，未知施用后效验何如，又楚兵二千作何分派，甚为悬忆。著将得胜情形迅速驰奏。"

（高宗朝卷九五四·页六上～八上）

○ 乾隆三十九年（甲午）三月戊午（1774.4.15）

定边右副将军广州将军明亮、参赞大臣副都统富德奏："查庚额特河水未涨，若令兵丁乘船逆流，抢过东岸，截出其前，贼即无险可恃。现赶造皮船六十只、木船六只，预备临时应用。但两岸贼番拒守，未可径渡。已移各炮位，紧对穆当噶尔施放，并赶铸大炮，轰摧喀咱普贼卡。俟贼番稍退，臣即分路派兵直进。至奎林一路，兵丁取水维艰，因酌留汉、屯土兵一千三百名驻守山梁，余令撤赴深嘉布近水地方听调。连日贼苦炮逼，忽于二十一日聚集二百余人，从庚额特丫口下趋滋扰，经我兵伤毙甚多。楚兵二千现已陆续到营，俟攻过庚额特以前，即可接踵径进。"

谕军机大臣等："明亮等奏设法越险并现在杀贼情形一折，所办甚好。乘船渡河，两路并进，自为得力。如此即已越过庚额特之险，攻克马尔邦，自为易事。至奎林驻兵之处，前据明亮称，此一路箐林深密，自非多兵接踵而前未可轻进，或将所添楚兵二千并于奎林一路，直压斯第、博堵，进取克舟九寨，似觉便捷。著明亮等即就该处情势妥酌为之。至此次贼番竟敢从庚额特丫口前来，经阿满泰、巴克坦布等带兵奋击，歼贼颇多，甚为可嘉。著存记档案，俟攻得马尔邦，一并奏请交部优叙。"

（高宗朝卷九五四·页九下～一〇下）

○ 乾隆三十九年（甲午）三月庚申（1774.4.17）

定西将军尚书阿桂、参赞大臣领侍卫内大臣色布腾巴勒珠尔奏："前因罗博瓦山贼碉坚守，暂将官兵撤回。旋躅知此山最关紧要，即于二十三日派兵乘夜进发。海兰察、达兰泰等绕至第二、第三峰丫口下，分兵爬越，贼番集众冲下，均被射退，我兵直上山梁。遂一面留兵占据碉卡，一面往抢第三、第四峰，各碉俱已攻克。贼因后路已断，转窜第一峰碉内死守。而额森特、乌什哈达及普尔普等所带兵均已会合并攻，即于二十四日攻开。此次攻克大碉八座、大小二十六卡，杀贼二百余人并大头目阿让星格、申则二名。查罗博瓦距逊克尔宗不远，原可乘胜冲压，但喇穆喇穆系贼酋紧要门户，尚与勒乌围相通，且于后路粮运有碍。现拟拨兵由罗博瓦对面山梁截断，并力扫除。"

谕军机大臣等："阿桂奏称罗博瓦已经攻克，距逊克尔宗不远，原可直下冲压，而罗博瓦对面山梁即系喇穆喇穆，现拟发兵截断等语。览之深为欣慰。丰升额等亦奏近日天气清朗，冰雪渐消，拟从达尔扎克东北沟内早晚觅路进攻等语。大有可进之机。而明亮等前日奏到拟用皮船过河攻取马尔邦，亦能兼用活法，以资胜算。看来逆酋罪恶贯盈，其灭亡自可立待。至金川番众素称凶狡，前此未经惩刈，以致毫无忌惮。今大兵所至，歼戮甚多，贼番自必心生畏惧。朕意以为正当就其惊怯之时，各路遍为宣谕以尔金川地方久隶中国版籍，安享太平。因尔逆酋索诺木、莎罗奔弟兄及其大头人等负恩反噬，抗拒天朝，实为覆载所不容，是以声罪致讨，必须扫穴擒渠，立时诛磔，以申国宪。原于尔番众无涉，况逆酋平日恃其凶恶蚕食邻疆，方其攻夺之时，众番等为之舍死出力，轻蹈危亡，及既占得地方，则逆酋独专其利，丝毫不以分人。尔番众始终不知悔悟，已属至愚。乃竟敢与王师相抗，尤为憨不畏死。今选用八旗劲旅分路进攻，所向歼戮无遗。此皆尔等所目击者，奈何不知顺逆甘心为贼受死乎？本将军仰体大皇帝如天好生之德，不忍尽行洗荡，特为明白宣谕，尔等各宜猛省。如能晓然于祸福利害之机，即速设法将索诺木并其兄莎罗奔等、其姑阿青及用事头人丹巴沃咱尔等一并擒献军门，不但可免尔等之罪，并当奏闻大皇帝予以恩赏，或并加之录用。若仅诣军营投降，亦当待以不死，仍令安居乐业，共为良民，岂不甚善？设若迷而不悟，则大兵所至有杀无赦。若至彼时始行哀求，悔无及矣。各宜及早醒悟，毋自贻戚。如此广为传播，众番闻之，自必各自谋生。正当军声极盛之时，有此檄示相助，获效必速。至阿桂今日奏到进剿兵丁内间有伤亡者，著即查明咨部办理。又据舒常奏绰斯甲布土舍阿旺带兵密进，随于柔染尔地方攻夺碉卡，生擒番众二人，杀死金川头人一名，仍照例予赏。所办俱是。宜喜一带此时虽难即进，但似此随时歼贼夺碉，亦足褫贼人之魄，该处现尚未知阿桂捷音。若阿桂乘胜深入，贼必至勒乌围一带拒守，则宜喜、日旁之地自更空虚。若即乘其不备，密速进攻，可期事半功倍。将此令舒常留心妥办。"

（高宗朝卷九五四·页一一下～一五下）

○乾隆三十九年（甲午）三月乙丑（1774.4.22）

谕军机大臣等："阿桂等奏，讯据贼番德尔日嘉供词内有贼被我兵歼戮甚多，将喇嘛班第遣出打仗等语。此即贼人灭亡之兆。从前准噶尔厄鲁特被大兵穷蹙，将喇嘛班第等俱行遣出打仗，是以旋即殄灭。今逆酋索诺木因大兵深入不能抵御，始将喇嘛班第等遣出。由此看来贼酋断难久存，大功计日可就，朕当伫听喜音。"

（高宗朝卷九五四·页二二上～下）

○乾隆三十九年（甲午）三月丙寅（1774.4.23）

谕军机大臣等："明亮奏斯都呼图克图情愿来营讽经等语。此亦甚好。且俟其到营后如何出力，再行奏闻，酌加恩赏。其西路军营应否令其前往，著阿桂等就近酌定，通知明亮照料。此事应令各路军营土兵等广为传播，使金川贼众隐怀疑惧，更足懈其守御之心，是亦随宜用计之一法。又据奏贼番藏炮山洞，我兵即将炮位对洞施放，将贼火药燃烘，贼皆歼毙等语。即此可见金川速灭之兆，明亮等亦当祭山祭炮，以答神助。又据奏此

两日内自金川上流淌出贼番男妇尸身十余，或系小金川番人不安于内，贼中自相猜忌，弃之河流等语。亦属或有之事。且近日闻僧格桑为索诺木所拘，必更多怨望，其众心离散可知。前曾谕令各路将军，晓谕金川诸番，有能及早投顺者即予免罪。如能擒献逆酋兄弟及大头人者，并加恩赏。众番闻之，其心必渐动摇，加以各路上紧攻打，贼必至于内溃，似亦理所必然。将军等均当努力为之。"

（高宗朝卷九五四·页二二下～二三下）

○乾隆三十九年（甲午）三月戊辰（1774.4.25）

又谕（军机大臣等）曰："丰升额奏，凯立叶三峰已将贼卡悉行夺取。又准阿桂知会，差遣通事赓噶等侦看南山道路，彼此夹攻等语。所办甚好。两军会合则兵力益增，不日成功，伫听捷音。再，赓噶系从前被擒脱出投赴阿桂之人，今差赴丰升额军营，想因详知路径，尚可信用，始行差遣。如其平时出力，理应酌量加恩，以示鼓励。从前平定准噶尔时，厄鲁特内诚心出力者俱为加恩，遂深得伊等之力，至今差遣无不输诚。今惟欲殄灭两金川贼众，与其余土司无涉。伊等内如有出力者，酌加恩赉，不惟现在得力，即此后凡有差遣亦当共效诚心。著阿桂等查明赓噶自投来之后如何出力，应如何施恩之处，酌拟具奏。"

（高宗朝卷九五四·页二六下～二七上）

○乾隆三十九年（甲午）三月辛未（1774.4.28）

谕军机大臣等："据文绶奏审办拿获逃兵一折，内称：杨维瑄等六犯当即讯明处斩。并声明徐文廷右足冻落，自投本营，曾九林手带枪伤，伊父带同投首，但均已离营，未便宽纵。徐文廷、曾九林二犯仍应拟斩立决，候旨正法等语。徐文廷、曾九林于残废、枪伤之后，一系自投本营，一系伊父首告，情节稍觉可原，俱著从宽改为应斩监候。但征兵胆敢脱逃，殊干法纪，即于逃后投回，亦属罪无可宥，无所容其姑息。嗣后逃兵中有似此情节投首者，断不能再予宽典，以冀幸逃法网。文绶亦不准再行具折代为声叙。并著传谕文绶，将此行文各路军营晓谕兵丁等，俾共知警畏。"

又谕曰:"阿桂等奏焚剿得斯东寨情形一折。所办甚好,伫盼捷音。又奏番人科尔甲等供称,官兵此次攻剿金川,贼番俱极害怕等语。官兵连次得胜,声势倍加壮盛,乘其闻风胆怯之时相机深入,自可即望成功。至头人内丹巴沃咱尔尤为可恶,若能及早歼除,则金川失一得力之人,我兵奋攻,自更易为力。阿桂等务努力为之。发去镂玉题崖牒一枚,朕亲制诗,命工镌成,寄赏阿桂,为指顾铭勋吉语。将此加紧传谕知之。"

（高宗朝卷九五五·页四上～五上）

○乾隆三十九年（甲午）三月壬申（1774.4.29）

定边右副将军广州将军明亮、参赞大臣副都统富德奏:"穆当噶尔碉卡现已摧残,惟喀咱普一碉贼番死守,尚难乘船径渡。查奎林所占山梁,前因取水维艰,酌留各屯土兵驻守。初二日约有二百余贼,突出抢夺营盘,当经各营放枪击退。是此路官兵暂撤,贼番已经知觉,防守或疏,即可攻其不备。近又于斯第之上地名班得古觅有暗泉一道,现派扎勒桑等带兵一千五百名由庚额特山后丫口进攻,派书景阿等带兵五百名,由穆当噶尔绕出土兵所筑五碉之前,逐步进逼。复派舒亮等带兵五百名,在正面一带扬声牵缀。臣富德即同奎林等带兵六千先占水泉,亟取斯第。臣明亮带兵一千赴喀咱普一路进压,即可为斯第一路官兵声势。"

谕军机大臣等:"明亮等奏酌定进攻道路克日发兵一折,布置甚合机宜。惟在将领、弁兵等努力前进,迅奏肤功,以膺懋赏。"

（高宗朝卷九五五·页五上～六上）

○乾隆三十九年（甲午）三月乙亥（1774.5.2）

又谕（军机大臣等）曰:"丰升额奏,阿桂称谷噶一路可乘之隙甚多,今带兵前往并力办理等语。凯立叶一路既难遄进,原不应过于株守。令留伍岱在凯立叶牵缀贼势,而丰升额前赴阿桂军营合力进攻,兵势更盛,于事更为有益。若果进至勒乌围,则凯立叶之贼自可不攻而溃。至于两营相距不远,往来本属甚便,但所经路径,贼人皆可瞭望而知。如前次海兰察等行走,所带之人无多,或尚不甚觉,此次拨兵至四五千名,即难掩贼番之耳目。万一窥见我兵移动,潜来邀截,皆不可不极力严防。著传谕伍岱于拨兵前往时，务须妥为照料，勿使贼人得以伺我兵之隙，方为妥善。"

（高宗朝卷九五五·页七下～八下）

○乾隆三十九年（甲午）三月丙子（1774.5.3）

谕："现在将军阿桂等分路进攻，伫见擒渠扫穴，所有领队之人愈多，于事更为有益。著派乾清门三等侍卫富宁、治仪正格勒尔德、蓝翎侍卫泰斐英阿、亲军十五善射阿兰保驰驿前往四川军营，交将军阿桂于军营领队大臣、侍卫内将年迈不能得力者更换回京，即将伊等令其领队行走。著交该部将伊等应得之项即行给与外，仍照乾清门侍卫之例每人赏银一百两。"

又谕："现在剿洗贼人成功伊迩，所有预备之健锐、火器两营兵丁，均著无庸派往。至积福业已年迈，音济图自抵军营年久不甚得力，著令回京。副都统署护军统领都尔甲、署提督旺保禄，令其驰驿前往军营领队。"

又谕："现在三路将军深入贼境，指日蒇功，出力官兵所在需翎奖赏。计从前发往三路翎枝将次用完，著三路各赏孔雀翎十枝、蓝翎二十枝，交与阿桂、丰升额、明亮等，以备赏给官兵戴用。"

定西将军尚书阿桂、参赞大臣领侍卫内大臣色布腾巴勒珠尔奏："官兵自攻克罗博瓦后，相机直捣，距勒乌围日近，贼势愈形窘迫。忽于初七日，乘雪雾迷漫领贼八九百人，分为四股潜来偷劫。一股从罗博瓦山阳，两股从山阴潜上，合抢山峰中间常禄保营盘。当经常禄保放枪击打，并将跳入卡内之贼立时砍毙。乌什哈达、额森特、福康安等复闻声带兵接应，内外夹攻，贼俱败逃。其侵扰登古山梁一股，亦潜至湖广官兵石卡，经普尔普带满、汉各兵分两路冲杀，乌什哈达等复带兵由山坡斜下，截断贼人归路，枪箭齐发，伤毙无数，余俱滚山穿箐而逸。至初八日夜，又有贼百余潜来索柱、杨昆营盘，亦经官兵瞭见击退。查此次系莎罗奔弟兄三人及大头人等，攒凑番僧及各寨凡可打仗贼人，亲自率领前来，尽其死力，复经官兵痛加歼戮，自必心胆俱寒，势将溃败。"

谕："此次贼众潜来偷劫营盘，经官兵奋勇合击，痛加剿戮，甚属可嘉。常禄保功绩尤为出众，著赏给锡诺尔恩巴图鲁名号，仍照例赏银一百两，并著以总兵升用，遇有缺出，即行补授。"

又谕："前因王进泰求赴川省军营出力，是以谕令往驻美诺，以资防守。今伊自到军营以来，于一切设卡巡查事宜毫无调度。王进泰办理军营事务本非所长，且年力渐衰，诸形竭蹶，即留防后路亦属无益。所有四川提督员缺，著旺保禄驰驿前往署理。其美诺一带巡防诸事，即著伊接办。如果能实力奋勉，再行降旨实授。至广西提督解逊，前以特旨询问之事捏词妄奏，本应照部议革职，第一时不能得人，曾降旨从宽留任。但以提督大员深染绿营虚诳恶习，究难姑容，解逊著革去提督，赏给副将衔，即速前往阿桂军营，自备资斧效力。其广西提督员缺，即著王进泰调补。王进泰俟旺保禄到后再赴新任，不必来京请训。"

谕军机大臣等："前以阿桂分剿金川俱能乘胜深入，或分路进攻更易集事，因将应否添用京兵之处，令阿桂熟筹密奏。今阿桂等奏称：京兵到营稍需时日，因思云、贵二处距川较近，且昨岁该督、抚等曾预备兵五千，应请旨调令赴川应用。所筹亦是。著传谕李湖、图思德即将上年预备调川省兵丁内拣选云南兵三千名、贵州兵二千名，并选派勇干习练将领等带兵星速遄行。所有军火器械，一并携带，毋稍濡滞。"

（高宗朝卷九五五・页八下～一二上）

○ 乾隆三十九年（甲午）三月丁丑（1774.5.4）

谕军机大臣等："阿桂等奏痛歼偷劫官兵营卡贼众情形一折，所办甚好。此次常禄保功绩甚为出众，已有旨赏给巴图鲁名号，并令以总兵升用，以示鼓励。其在常禄保军营出力兵丁，亦著查赏。又，另有贼众侵扰登古山梁营卡，官兵亦奋力相持。经普尔普带兵往援，将贼冲击歼剿。是登古带兵之员亦尚为出力，并著阿桂查明，如有应奖赏之处，奏闻请旨。其乌什哈达、额森特、福康安、普尔普闻有枪声，即各带兵前往接应，亦属可嘉。并著阿桂存记，俟攻克时一并开列事迹，交该部优叙。看来现在贼势日益穷迫，其自卫必更着急，而其狡诡之处亦甚为可恨，恐似此潜出劫营之事皆所常有，而官兵渐次深入，贼众亦必以渐而增，尤不可不实力防御。各路将军当转谕守卡各员，均须加意严守，务以常禄保为法，以冀仰承恩眷。至王进泰年齿渐老，且未亲历军务，在美诺不能得力，已将伊调补广西提督，派令旺保禄驰驿前往，署理四川提督事务矣。"

（高宗朝卷九五五・页一二上～一三上）

○乾隆三十九年（甲午）三月己卯（1774.5.6）

谕军机大臣等："长清奏查办夹坝一折，自应如此筹办。但因王进泰处拿获贼番穆泰讯供有闻得金川头人顺纳拥中，带同贼众前往簇拉角克等处偷放夹坝之语，遂以此等夹坝为确系金川之贼，似未必然。金川贼人如果出而滋事，岂肯仅为抢掠之理？闻小金川贼番逃附金川者并无养赡，俱令自觅口食，此等番人在彼糊口无资，亦并无可攫取，势不得不出而抢劫。金川贼酋听其外出，既省该处坐食之繁，且纵之以助滋事之势。人见其从金川隘口而来，遂指为金川之贼。又兼绿旗怯懦弁兵、粮台无能夫役，一见有贼辄自惊疑，其实不过乌合穷番，希图谋食，并非金川之贼别有诡谋也。惟是贼匪所放夹坝之处皆系我兵后路，均关紧要。今长清遇有箐林可以藏贼者，即派兵焚烧搜剿。绿营兵他事无用，至于放火焚林尚属力所能为。果能办理无间，于事自为有益。布朗郭宗等处有长清来往照料，可以无虑。而大板昭一带尤为阿桂军营切要后路，更不可不加意防范。第该处距布朗郭宗稍远，长清难于兼顾，富勒浑在梭洛柏古一带，距大板昭约计二三十里，著富勒浑选派明干之员，带兵数百名往来搜查。遇有应剿者即行剿洗，应焚者即行焚烧，以期于事有济。"

（高宗朝卷九五五·页一三下～一五上）

○乾隆三十九年（甲午）三月庚辰（1774.5.7）

又谕（军机大臣等）："明亮等奏进攻斯第打仗情形一折。将领、官兵俱于至危至险之时，仍能鼓勇杀贼，甚属可嘉。俱应查明存记档案，俟应行议叙时，一并咨部从优录叙。其将军明亮、参赞富德董率勤劳，奎林、和隆武力战受伤，更为系念，已赏给玉牒，并有旨同阿尔都、珠尔格德分别赏给荷包以示慰劳矣。前明亮等以觅有水泉，奏于十一日会兵进剿，朕即疑脱出番人硁本情节支离，其言未必足信，恐系贼番诡计纵出，引诱我兵堕其术中，深以为虑。连日盼明亮一路军报，逾期不至，屡以此向军机大臣论及。今阅所奏攻战情形，果不出朕之所料。幸而我八旗劲旅各以敌忾为心，带兵之满洲将佐皆实心体国，志在励勇灭贼，故能不避艰阻，出险而亨。至前此指引路径之番兵实为可恨，不可不向其切实根究。虽系巴旺番人，未便遽加刑讯，亦当密唤至营严加盘诘，使之不能遁饰。

如果讯得该番受金川指使实情，即传巴旺头人至前，将该番正法示众，庶足警戒将来。至明亮等此次进攻虽亦奋勇杀贼，然将弁兵丁受伤者至百余人，究不免于少挫。明亮此时且宜整兵少待，而斯第一路尤不宜冒昧再往。现在阿桂一路军声甚振，且有可进之机。丰升额又前往会剿，自可望其乘胜深入。如阿桂等能攻至勒乌围，贼必并力于西路拒守，其南路防范必然疏懈。明亮等当留心探听，即可相机进剿，以期得手。至阿桂前奏调拨滇、黔兵五千，已谕催该督、抚等即速料理起程。其明亮所攻马尔邦一路，若竟难于攻剿，或正地有可进之径，即带兵由彼袭取，似亦出奇抵隙之一法。至此路若可进攻，约需兵若干，应否即用新调滇、黔之兵，酌量檄知带兵之员遵照办理。或正地虽有路径，进取无益，则又不必勉强迁就。并著阿桂悉心熟筹，总期于事有益。"

又谕："前因阿桂奏请调贵州兵二千、云南兵三千就近前往协剿，以期迅速蒇功。当经传谕该督、抚上紧妥办。今思贵州与川省接壤，程途尤为密迩。著图思德即将所派兵丁，令将弁等带领，克日起程，星速遄行。至黔兵分拨间日就道后，所调滇兵亦可陆续进抵黔境，图思德在彼即可速为照料，令其以次登程。至滇兵启行时，亦应量其距黔省近者在前，远者在后，庶均不致耽误。并著李湖上紧料理。并令饬知带兵之员，起程后惟听阿桂檄文调赴何路，即速遵调前往，勿稍稽滞。"

（高宗朝卷九五五·页一六下～一九上）

○乾隆三十九年（甲午）三月辛巳（1774.5.8）

又谕（军机大臣等）曰："富勒浑等奏查办夹坝一折，所办尚妥。据称：拿获贼番纳尔吉供称，金川派二十人至功噶尔拉头人莫撒斯处，连其所带八十余人同放夹坝。昨初六日三十多人在破碉放过一次，抢得骡头、胡豆等物。现在头人商量要做皮船六十个，分路渡河抢劫，此处拟派头人色丹巴沃杂由麻勺渡河，图抢明郭宗一带粮台，再抢木波营卡。并闻众头人商量，若能抢据后路，则将军一路官兵就可退回稍缓等语。此事甚有关系。所称色丹巴沃杂似即丹巴沃咱尔，其人甚为可恶，看来金川跳梁诸事由其主谋者甚多。此次欲思窥伺后路，亦因上年木果木得手，遂复萌其故智。伊既思潜至小金川地方密谋滋扰，不可不实力严防。即如前此喇嘛寺地方有贼匪四五十人，分为三股，以两股抢劫粮台，一股抢夺买卖街，经护军校舒隆阿督兵堵御，贼始遁去。其布置似皆丹巴沃咱尔所为，盖其人甚有计谋，且曾赶及莎罗奔、郎卡之时，故能惯施奸狡伎俩。现在夹坝虽属无多，安知其非由少而多渐为尝试，因以觇我兵力如何。今年之兵较昨年自为整顿，但究系绿营士卒不甚足恃。惟在驻守大员时刻留心提策，方不至于疏懈，况贼人所放夹坝之处俱系军营后路，而大板昭尤为紧要。著富勒浑、长清于明郭宗至大板昭一带不时往来稽查，随地随时妥为措置，毋稍疏虞。此时海明已至僧格宗，计旺保禄亦可迅抵美诺，均著一体留心照料，勿滋贻误。至现在阿桂等西路粮运，已改由楸砥新路。明亮等南路粮运应由章谷一带经行，与明郭宗、破碉等处无涉。此等地方不应复设粮台，转引贼番窥伺。至于驻兵防守，亦应于紧要处所，如大板昭、布朗郭宗、明郭宗、美诺、僧格宗等处地方，各留多兵驻扎。其余零星碉卡分驻绿营，既不足以资捍御，略见小贼即易涉惊惶。是分兵守卡，于事实为无益。莫若将无关紧要之小卡归并大营，使声势壮盛，既于防守得力，设有巡查搜剿之事，需兵数百亦可无事远求，方为妥善。所有改并驻防事宜，著富勒浑、长清悉心会筹，札商阿桂，妥协酌办。设或现有之兵分拨诸要地，尚有不敷之处，富勒浑不妨酌量少为添拨。一面办理，一面奏闻。"

（高宗朝卷九五五·页二〇上～二二下）

○乾隆三十九年（甲午）三月壬午（1774.5.9）

谕军机大臣等："阿桂等奏拟从罗博瓦对面山梁分兵六队进攻，乘势占取日则丫口一折，所筹甚好，伫盼捷音。又另折奏，梭磨土妇卓尔玛、卓克采土司甲噶尔布木及绰斯甲布土司雍中旺尔结均遣其人恳请执照，并准所请给予，谕以实力报效等语。该土司等随征已二三年，至今始请执照，自是震慑兵威，知金川必就灭亡，故乞此以为将来免祸邀恩之券。阿桂各如其意发给，以释其疑而收其力，甚合机宜。更当谕以尔等得受执照，即与内地武员札付相似。嗣后如益加奋勉，俟大功告成后奏闻大皇帝，必加重赏。并当令尔等轮班朝觐，筵宴加恩。如此，则该土司等自必更知感激。至现在丰升额带兵四千余至阿桂军营，声势甚盛，分路进攻，自为得力。但兵贵先声，若令贼人知我又续调云贵精兵将次到营，更足使之丧胆。不妨于军营及后路各处，令屯土兵练共相传布，以现又调有云贵勇锐官兵数万，四月内即可到营，添此新兵，合力进剿，成功更易。贼众闻之，自必更生怖畏，即满汉官兵闻此说，亦必更加踊跃。将军等均应努力为之。"

广西提督王进泰、镶红旗满洲副都统成果奏："据喇布寨、翁固达驻防解到拿获贼番阿那、什儿噶二名，讯称均系小金川大坝沟人，被掳逃回等语。查二番身带刀矛，穿有内地衣服，并各带银一二十两及锣锅、铜罐等物，种种可疑。因就所供各父母妻子姓名，并二番解赴卧龙关，查对原分赏册。随据查复，均系谎言，自系肆行夹坝之徒，当将二犯正法示众。"

得旨："既有所供不符处，何不严刑问其故，而即处斩完事，何不明白若此！王进泰不应糊涂至此。"

（高宗朝卷九五五·页二三下～二七下）

○乾隆三十九年（甲午）四月甲申（1774.5.11）

参赞大臣伍岱奏："派往谷噶兵四千名，已令总兵达色等带领起程。本处所存官兵，自后路孟拜拉至萨尔赤鄂罗及拉布山、达尔扎克、莫尔敏、达尔扎克山梁后沟并新占达尔杂木、班杂尔山梁，均派员带兵，接连驻扎。其凯立叶山峰三卡，臣领兵驻守。三月十二日亥刻，有贼三百余名来扰班杂尔南边卡座，官兵奋勇击杀。而驻守班杂尔山梁官兵又由后路攻击，贼即败遁，计杀贼三十余人。至十八日，贼又来扰山北卡座，卡兵正与相持，前锋平保领兵接应，贼亦随即奔逃。"

谕军机大臣等："伍岱将凯立叶一路所余兵丁分驻防守，并两次击败贼众，甚属可嘉。凯立叶一路虽暂不能深入，然严守地方实为紧要。如稍不留意，以致失利于贼，于全军声势关系非轻。将此传谕伍岱，严饬各处官兵昼夜严守。如遇贼人攻劫，务须互相救援，痛加歼戮。即贼畏惧不来，亦不可经时坐守。盖我军分路前进，贼众岂有不知？必将凯立叶贼番拨于将军阿桂等军前救应。伍岱不时派兵攻取，自可以分夺其势，只不可伤损我军耳。至阿桂处消息，尤当时刻探听。如彼处得利，伍岱亦可相机直入。并将此谕阿桂知之。"

（高宗朝卷九五六·页三上～四下）

○乾隆三十九年（甲午）四月戊子（1774.5.15）

定西将军尚书阿桂、参赞大臣领侍卫内大臣色布腾巴勒珠尔奏："臣等接富勒浑折稿称：拿到小金川贼番，询知此路贼酋现派头人丹巴沃咱尔等，欲抢明郭宗一带粮台及翁固达卡座，即派员防范等语。现在官兵分路进攻，贼番断无余力截后，不过令投贼之小金川贼人伺间抢掠，以骇听闻。不知西路大兵已从楸砥往来，故为此语。丹巴沃咱尔是金川主谋第一大头人，该贼酋弟兄所不可离者，此时断无转带数十丑徒窥伺明郭宗之理。但恐该提督等未悉情形，遇有零匪即惊恐张皇，纷纷调拨，自行扰乱，使贼得乘机而入。已行知长清等，严饬兵弁巡防，毋稍疏懈。"

定边右副将军广州将军明亮、参赞大臣副都统富德奏："总兵海明禀称，本月十八、十九日夜间，有贼在僧格宗等处抢掠，当即击散，并请添派防兵。该处绵亘二百余里，岂能密布多兵？如扼其要害，则伊处兵力已足资防范。海明甫经到营，臣等已将守御机宜详细指示。"

谕军机大臣等："阿桂等奏丹巴沃咱尔系金川主谋第一大头人，该贼酋兄弟所不可离者，此时断无转领有限丑徒窥伺明郭宗之理等语。与朕昨降谕旨适合，所见实为有识。至所称恐该提督等未悉情形，偶有零星贼众即惊恐张皇，纷纷调拨，自行扰乱，使贼人得以乘机而入等语，尤为扼要。此一节交富勒浑、旺保禄、长清妥协办理。又，明亮奏僧格宗尚有贼番抢夺伤毙客民之事，海明欲抽调他处防兵添驻僧格宗等语。此等夹坝不过小金川穷番，或贼酋遣其外出，既省贼中养赡之烦，兼为我军后路之扰，实属可恶。各该提、镇等一闻此信，即速追歼，毋使窜逸。若贼番屡受痛惩，自不敢复出滋扰。至各处防守事宜，前曾有旨交阿桂等酌将零星碉卡之兵归并扼要地方驻守，不致兵势以分而见少，阿桂等自必遵旨妥筹。各该提、镇惟当静听将军指挥，勿思轻易更调。至贼匪每出必伤害客民，皆由客民等负载散行，遂致诲盗。此等地方既非粮运所经，自不能有官兵在途照应，客民、背夫怯懦之人，一见贼影即惧而奔逃，转致贼人攫取得利。是此等地方因有经行而招贼，莫若禁其勿由此路往来。设或必须经过者，亦当今相约合伴而行，并各自为防护，使人数众多，贼自不敢潜出滋扰。富勒浑等当实力妥为之。至明亮等前奏官兵攻压思钮等处，和隆武得有枪伤两处，奎林背亦受伤，深为系念。明亮等此次奏折竟无一语提及，不知两人伤痕近日曾否向愈。此等出力之领队大臣，乃朕所廑怀勿置者，明亮等何不知善体朕意，著即速复奏，以慰悬注。"

（高宗朝卷九五六·页九上～一一下）

○乾隆三十九年（甲午）四月辛卯（1774.5.18）

参赞大臣副都统舒常奏："二月二十一、二两日，天气渐霁，土司雍中旺尔结等率领土兵，于二十三日夜分路进攻达尔图头二、三、四各碉，臣即派员督兵分路合攻。三更后复降大雪，至二十四日丑刻稍止，即发兵前进。贼已知觉抵御，臣见贼众，恐土兵受伤，谕令撤回，而该土司尚欲前进，晓谕再三始行撤退。"

又奏："雍中旺尔结禀称：金川番人察尔结及绰斯甲布番民山扎尔结自金川逃出，求赏给收领，并恳免死。即照所请交伊收管，谕以投顺原可免死，如能擒献头人，更当重加赏赉，并令喊谕番众知之。"

谕曰："绰斯甲布土司雍中旺尔结诚心出力，甚属可嘉，著赏银百两，以示奖励。仍将朕御用大荷包一对、小荷包四个随报寄发，令舒常赐彼，用昭优异，俾其益知感奋。至此次土目、土兵伤亡稍多，殊觉可悯，并著照例加倍赏给。至舒常见贼守御甚紧，恐土兵徒伤无益，体恤晓谕至再，土司始听撤回，深合驾驭外番之道。伊等见参赞大臣如此矜怜爱护，益足励其勇往之忱。舒常所办甚合机宜。又奏降番二人俱贷其一死，自行投出与打仗擒获者不同，罪尚可原。若有能擒献贼酋贼目者，并即奏闻重赏，使金川贼众见而动心。若果闻风接踵来降，亦足涣散贼势，于军务不无小补。各路将军不妨照此办理。"

（高宗朝卷九五六·页一五下～一七上）

○乾隆三十九年（甲午）四月丙申（1774.5.23）

参赞大臣副都统富德奏："总兵海明于三月二十八日在僧格宗病故。该处地方紧要，近日屡有夹坝伺便偷劫，急须另派干员弹压。臣等派令镇远镇总兵敖成起程前往驻守。"

谕军机大臣等："敖成昨来京陛见，朕细观其人，带兵打仗自为得力，若令独当一面，随宜调度，恐非其所长。况明亮等一路带兵大员亦少，敖成应留于明亮军营备用。其僧格宗防守之事，已派汪腾龙专办，并令痛加改悔。若再专尚口给，不肯实心出力，即难保全首领，想彼亦当稍知感畏。但其地究不可无总统之人，桂林现驻章谷，且曾在南路统兵，地利既所深知，而人情亦易于呼应，著传谕桂林不时往来僧格宗，一切留心照料。有应指办机宜，即面交汪腾龙实力妥办。如见虚浮不实之处，即据实参奏。"

（高宗朝卷九五六·页二二下～二三下）

○乾隆三十九年（甲午）四月戊戌（1774.5.25）

又谕："据图思德先后奏到续调黔兵上游各营业已克日起程，下游各营亦于四月初六日到省，遄行前进，约计五六日内即可全数出境等语。此次黔省办理兵差甚属妥速，图思德著交部议叙。其办差各员内有实在出力奋勉者，并著该抚查明咨部议叙。"

（高宗朝卷九五七·页二上）

○乾隆三十九年（甲午）四月己亥（1774.5.26）

谕（云南总督彰宝）曰："常禄保已补放高廉镇总兵，伊现在军营，所有该镇印务，仍著李侍尧委员署理。"

又谕："上年王进泰求赴川省军营出力，因其情词恳切，准令前往，但念统兵打仗非其所长，是以令驻美诺一带，以资防守。乃伊自至军营以来，于一切设卡巡查事宜毫无调度，实属衰拙无能，即留其在营亦属无益，适遇广西提督缺出，将伊调补。其于贼匪夹坝不即具奏，又不亲往查办一案，经部议以革职，本属罪所应得，念其究系自请前往，情稍可原，仍令革职留任。是朕于王进泰一事前后悉视其自取。今据王进泰奏称，接奉调补广西谕旨，弥深愧恧，不敢苟图安逸，请进京赏以旗员差务，俾得稍效驱使等语。殊非情理。王进泰如果天良未泯，引咎难安，不敢复赴广西之任，即应恳切陈请，仍留军营自效，以赎前愆。乃竟急求进京，实不解其何意，即此可见其老迈糊涂。王进泰在美诺已逾半载，于该处情形亦应稍悉，仍著带革职留任，在美诺帮同旺保禄办事，自备资斧，效力赎罪。其广西提督缺，著李侍尧于两省总兵内拣选一员奏请署理。俟大功告成后，该部奏闻，候朕另行简放。"

（高宗朝卷九五七·页四下～七上）

○乾隆三十九年（甲午）四月壬寅（1774.5.29）

定西将军尚书阿桂、参赞大臣领侍卫内大臣色布腾巴勒珠尔奏："西、南两路官兵渐逼贼巢，贼情已甚窘迫。若更别开生面攻其不意，贼势愈单，自可速期得手。查正地一路，从未经大兵攻打，贼酋预备稍疏，由此直捣中坚，洵为制胜良策。惟正地相距窎远无从深悉，已密札明亮等，嘱其熟筹具复。至绰斯甲布一路，亦系贼所深护。现在雍中旺尔结等节次夺碉杀贼，若再添兵合击，亦必倍为有力。兹已于初八日晴霁，再俟两三日即可进抵勒乌围。若滇、黔兵将届出口时，此间已有必克之势，臣等拟将此项官兵调赴西路，迅期殄灭。"

谕军机大臣等："阿桂等奏初八日天已放晴，俟两三日后即督兵竭力进攻。又称若欲别开生路，则惟正地一处预备必疏等语。自应如此筹画。看来各路进剿大局，惟阿桂一路实有可以进取之机。若已攻得逊克尔宗，或直抵勒乌围，则兵力愈多成功愈速。现在黔兵已于四月初旬陆续出境，滇兵亦报起程，竟当将此滇、黔兵五千即速全数调往，以冀克期集事。设或谷噶一路急切未能深入，则又不宜专事守株。计正地一处从未攻剿，贼人未必预防。若调滇、黔兵二三千遄赴正地，添派德尔格忒土兵，令明亮统领攻剿，可望得手。其马尔邦一路，则令富德留驻以牵缀贼势，亦属正办。著传谕阿桂，即密札明亮等妥商而行。"

（高宗朝卷九五七·页一一下～一三上）

○乾隆三十九年（甲午）四月甲辰（1774.5.31）

又谕（军机大臣等）曰："明亮等奏，拟由正地进攻。所筹亦是。通计各路情形，惟阿桂一路可望易于得手，业已谕令阿桂，如得逊克尔宗，或径抵勒乌围，即应将新派之滇、黔兵五千全行调往应用。设尚未能即进，又不值徒为株守之计，自应酌拨二三千遄往南路，令明亮率领径赴正地，攻其无备。明亮等仍应遵照前旨，密咨阿桂，妥商而行。但明亮移兵另攻正地之时，应令富德留驻河北一带仍照前攻打，使贼人不能窥见端倪预作准备，方为妥善。又据富勒浑奏，大板昭、萨拉、梭洛柏古等处俱派官兵防守。是富勒浑于军营后路防范颇为留心，今官军日渐攻进，更宜倍加严密，实力周防，断不可稍涉大意。又桂林奏：科多至僧格宗相距虽仅三十余里，其间深箐僻途，贼匪易于出没。莫若将僧格宗所需粮石改由南路章谷运交，其余附近僧格宗等处者，即就近在僧格宗及归并美诺等处支领。使米石不由僻处径行，可杜贼人窥伺等语。所见甚与朕前谕相合，自应如此办理。至所奏由默资沟运送兵米行至将近日古噜沟，被夹坝抢去米九十余斛等语。现据桂林奏，此后粮运不再经行默资沟等处，自可无后患。但此次夹坝抢去米石较多，尤不可不上紧严缉。昨已赏给汪腾龙参将衔，仍令在僧格宗办事，并派桂林往来照管。且此时现有敖成在彼，正当及早搜擒贼匪，毋任漏网。"

（高宗朝卷九五七·页一六下～一八上）

○乾隆三十九年（甲午）四月丙午（1774.6.2）

谕（军机大臣等）曰："陕西定边协副将索明著赏银一百两，驰驿前往阿桂军营，带领绿营兵丁进剿。其预保之陕甘督标千总陈尚礼并著赏银五十两，驰驿随往军营，交阿桂差遣委用。"

（高宗朝卷九五七·页二二上）

○乾隆三十九年（甲午）四月庚戌（1774.6.6）

定西将军尚书阿桂、定边右副将军尚书公丰升额、参赞大臣领侍卫内大臣色布腾巴勒珠尔奏："查正地一路可进兵以捣贼虚。明亮等拟调拨滇、黔新到之兵以资攻取。兹十一日革布什咱土舍丹怎扎克巴差头人来营禀称，正地本系革布什咱之地，旧时百姓五十余户并未迁移，该处不过金川小头人数人在彼监守。现在甲鲁有革布什咱兵三百名，又有孔撒、麻书土兵，若令此项土兵突然前往，可以招降，不然亦能力取，而由正地前至独松攻打亦易。臣先后奉到谕旨，已密札明亮商办。今正在筹议间，适革布什咱遣人恳请接应，事机颇为凑合。又于十一日飞札明亮等妥速办理。"报闻。

又奏："查杂谷三土司向来行事均属相同，独于给照一事，前从噶克未经恳请。臣等揣度番情，盖因噶尔瑸、鲁木宗、陡柔等处原系杂谷之地，前因土司苍旺治罪，策楞、岳钟琪已将噶尔瑸、鲁木宗赏给绰斯甲布，陡柔赏给党坝，乃金川贼酋又唆使从噶克抢占。该土司亦明知私行占据于理非宜，现又尚无出力之处，若恳给还此地，自觉难于措词，是以未敢遽请。兹从噶克土司木嘉勒令其头人来称：'今土司派兵攻打金川，总是真心出力。求将从噶克旧管之噶尔瑸、鲁木宗、陡柔百姓赏给土司，并请给执照。'臣等谕以此三处既经分给绰斯甲布、党坝，即当遵奉法令，不得私相争夺。况尔土司虽现派兵助剿，而绰斯甲布土司亦属实心出力。若赏尔管理执照，何以服彼两土司之心。总俟将来看尔等出力如何，再行办理。嗣后伊等自揣稍有不如绰斯甲布之处，即不复能邀恩赏，冀督令土兵助剿，自必倍为有力。"

得旨："嘉奖。"

（卷高宗朝九五七·页二四下～二六上）

○ 乾隆三十九年（甲午）四月壬子（1774.6.8）

定边右副将军广州将军明亮、参赞大臣副都统富德奏："吉林、黑龙江带来余丁，打仗处所与官兵一同出力，请作为兵丁一并办理。"

谕曰："吉林、黑龙江余丁既与官兵一同行走，著照所请，照兵丁例一体办理。并行令各路将军，遇有甲缺即行坐补。其各军营队内有似此者，查明一体办理。"

又奏："查正地一路，途长道险，需兵万余。现计大营及吉地各卡抽拨之兵，合滇、黔新到之兵，约得六千余人，再添调德尔格忒土兵四千，足壮军威。但兵行粮随，相资并济。今准桂林札称，若由正地进攻，又须安站添夫，恐一时不能猝办。且站远途荒，不能迅速，自应听其办有就绪，始免贻误。"

谕军机大臣等："正地一路原系偏师袭取之策，但距明亮军营迂远，兵行本不捷便，若俟粮运办有就绪再行进兵，则贼众闻之，得以预作准备，殊为非计。且此路进兵并非正局，其得与不得皆无其关系，岂可大费兵力多至万余？并欲调滇、黔之兵二三千备用，尤为未协。此次各路进兵，自以阿桂处最为可望，正宜添助兵数，使其声势愈盛，成功更当迅速，不宜转分减其兵力。况阿桂处聚兵既多，其进攻勒乌围时，或见他处有可分进之机及资夹攻之利者，仍可随时遣派前往，较为便捷。自应将滇、黔所调之兵全数令赴阿桂军营，方为正办。现在传谕文绶，令其于滇、黔兵到省时，即令统兵大员带领，遄赴西路备用。明亮等一路现在虽无机会可乘，计阿桂攻至勒乌围时，贼众心必惶惧，各处守御未必能如前周到。明亮等惟当留心探听，攻取亦未可定。此时马尔邦一带军营与贼人相距甚关紧要，若将现兵移撤过多，明亮又复亲自带往，万一贼众得知此信，潜出滋扰官兵后路，更属不成事体。明亮竟无庸亲赴正地，惟当传谕革布什咱土舍等以尔等如果诚心恭顺，思欲进攻金川，即当照绰斯甲布之例，自行派兵前往攻取；或欲求官兵相助，不妨于霍尔、德尔格忒等处酌派兵数千同往，亦足壮其声势。明亮等或于营内酌选兵一二千，拣选勇干可恃之领队大员，令其统率前往以资接济。则需兵不多，粮运不致妄费，且于西、南两路自为妥协，方合筹办机宜。"

（高宗朝卷九五七·页二九上～三一下）

○乾隆三十九年（甲午）五月甲寅（1774.6.10）

谕："据李湖奏：调拨滇兵三千名，于四月十二、三等日分别起程，尾随黔兵前赴威宁，至十九日已全数发竣，并因广南营分稍远，其原备兵三百名往返调拨，恐致后期，即将经过之曲寻、寻沾等协营各兵酌挑足数，赴站归队等语。此次滇省办理兵差甚属妥速，李湖著交部议叙。其办差各员内有实在出力奋勉者，并著该抚查明咨部议叙。"

（高宗朝卷九五八·页二下～三上）

○乾隆三十九年（甲午）五月丁巳（1774.6.13）

广西提督王进泰奏："本月十九日夜，帛噶尔角克碉地方有贼番百余从山梁直扑营卡，巴木通亦有贼从左右山梁冲下，俱被官兵用枪打退。贼复驻扎山卡，断绝水道，当经官兵冲击，贼始溃逃。"

谕军机大臣等："据富勒浑、王进泰等奏夹坝滋扰情形。贼番当此窘迫之时，尚敢潜出劫夺，实为可恶。前此尚疑夹坝之事或系小金川乏食穷番所为，今观此等出没情形，自与小金川番人无涉，必系逆酋纵令出外，乘间滋扰。且从前擒获贼番供词，功噶尔拉大头人莫撒斯等派贼番往僧格宗一带偷放夹坝。此等贼人实堪切齿，俟平定金川后务当专派胜兵数千，将各处夹坝贼匪尽行剿洗，勿使稍留余孽。夹坝贼匪与前准噶尔玛哈沁相似，即将来办理善后事宜，亦必将此尽去根株，不可略存姑息。况此等贼匪现在尚敢屡次扰窃，实属罪无可逭，非若金川贼番之穷蹙来投者，尚可宥其一死借以招降，切不可稍有游移轻纵。至贼番现放夹坝之处，俱令吃亏而去，尚系近日兵丁稍知振作，不似从前之怯懦无能。但所称每次见贼百余人，仍系绿营虚词捏报，殊不足信。使果如所言，有如许贼众，绿营兵丁安能与之相拒乎？总之，贼番一有滋扰，必须痛加歼刈，俾知惩创。而阿桂军营后路如大板昭等处，尤关紧要，不可不切实严防。其自僧格宗至美诺一带，已非粮运所经，贼番无可希冀，向后夹坝谅应渐少。其余各营卡，惟在富勒浑、旺保禄、长清、桂林等勤饬官兵实力防范。遇有贼至，须尽力痛歼，勿稍疏懈。"

（高宗朝卷九五八·页五上～六下）

○乾隆三十九年（甲午）五月戊午（1774.6.14）

又谕："前将新调滇、黔兵五千概令速赴阿桂军营应用，今据文绶奏头起黔兵五百名已经由省起程，前赴南路章谷一带，听副将军明亮等调用等语。此项黔兵既赴章谷，若令仍回成都改赴西路，未免迂远。因阅粮运程站图，自章谷由美诺至阿桂军营仅二十四站，兵丁即从此路行去较为便捷。且此路常有夹坝出入，今将如许官兵陆续前进，于事甚为有益。或途中遇有夹坝，随时歼剿，亦甚便易。著传谕文绶，即速妥协办理。"

（高宗朝卷九五八·页九上～下）

○乾隆三十九年（甲午）五月己未（1774.6.15）

谕曰："福建漳州镇总兵员缺，著李国梁调补。所遗浙江处州镇总兵，著索明补授。索明现在四川军营，所有处州镇印务，著钟音于所属副将内拣选一员奏请署理。"

又谕（军机大臣等）："据阿桂奏，四月十八日谷噶军营东南山梁偶有枪声，差员星往查看，因哨望之兵丁陈升、肖太等先经昏睡，忽闻崖下声响即发喊奔逃，而坐卡之外委安辉及各兵亦均睡熟，及梦中惊起，即跟跄奔逸，除肖太业已跌死，即将安辉、陈升立时正法，其余各兵均予棍责，插箭游营示警等语。此等绿营兵弁怯懦偷安，实堪痛恨，即留之军营亦属无益，仅予棍责插箭，不足蔽辜。著阿桂即将此次离卡避匿之兵逐一查明，革退名粮，发往烟瘴省分安插。并著传谕各该督、抚，于该兵丁解到后严行管束。如有在配脱逃之事，即行拿获，于该处正法，毋得稍存姑息。"

定西将军尚书阿桂、定边右副将军尚书公丰升额、参赞大臣领侍卫内大臣色布腾巴勒珠尔奏："据总兵五福禀称，十一日党坝土舍头人挑派土兵，由作固顶前赴德乌当噶，抢获贼番牛只。又于十六日复挑土兵百名，同官兵前赴穆尔津冈下播丘地方，乘夜抢杀，贼番出碉对敌，经党坝头人杀贼二名，当即分别奖赏。查党坝汉、土官兵本属无多，但如此相机抢杀，亦可稍分贼势。现在饬令该镇，仍不时派兵掩袭。"报闻。

（高宗朝卷九五八·页九下～一二下）

○ 乾隆三十九年（甲午）五月辛酉（1774.6.17）

谕："此次续调进剿金川之云南兵三千、贵州兵二千，据该督、抚等奏报行走甚为迅速。现俱陆续抵川，前赴军营听用。该兵丁等踊跃遄行，深为可嘉。著加恩赏给一月钱粮，以示鼓励。"

参赞大臣伍岱奏："军营陆续所出护军校等缺，拣选应升人员请旨补放。"

谕军机大臣等："军营所出之缺固当拣员请补，但参赞俱系协同将军办事之人，凡事自应会同商酌，断无自专之理。今舒常在宜喜军营，去将军丰升额甚远，遇有缺出，若必商之丰升额始行补放，员缺必至久悬，于事未免无益。若伍岱离将军并不甚远，一应缺出自应与丰升额商定，再行办理。如有打仗奋勇杀贼受伤当立加奖赏者，随时奏请施恩，尚属可行。其余军营寻常所出员缺，亦何不可待耶？伍岱所办非是。著传谕将军阿桂等，嗣后参赞大臣所领队内遇有缺出，如参赞去将军甚远，或有打仗奋勇当即时奖赏人员，准参赞自行办理；其去将军不远，及寻常所出员缺，务与将军商定，公同会衔具奏，勿得仍前擅专。"

参赞大臣副都统舒常奏："四月十九日未刻，遥闻泥峙冈枪声甚紧，即派侍卫进财保等带兵前往防御。旋据都司张士儒禀称，官兵赴南沟取水，有贼八九十人分三股突出，都司分队抵御，毙贼四五名，余始奔窜。臣思泥峙岗地属孤悬，是以贼番屡来窥伺，不可不严加防守，即日拨宜喜兵百名添驻，以资防剿。"

得旨："嘉奖。"

定边右副将军广州将军明亮、参赞大臣副都统富德奏："建宁镇总兵依常阿在营病故。其陕西兵丁，饬令宁夏镇总兵刘辉祖管理。"报闻。

（高宗朝卷九五八·页一五上～一七上）

○乾隆三十九年（甲午）五月戊辰（1774.6.24）

又谕（军机大臣等）曰："成果患病甚重，暂时未能痊愈，即著回京。富兴腿疾既已较前痊愈，即令其协同长清办事，大愈后再赴大营。"

定西将军尚书阿桂奏："接准明亮等札称，荆州满兵于一应战守处所俱不得力。查各省驻防满兵虽不似京营满兵，究非绿营可比。今荆州满兵甚属废弛，请将应得之项照绿营兵给与。至荆州将军绰和诺、副都统舒明阿平素既疏训练，临时又不能劝惩，请交部严加议处。"

谕："荆州满洲兵上年赴川时徒步前往，情愿不用马匹，朕深嘉悯，曾赏一月钱粮，以示鼓励。伊等理应感激朕恩，诸事奋勉，乃战守俱不得力，殊失满洲旧习。著照阿桂所奏，将伊等应得之项俱照绿营兵给与，以示炯戒。绰和诺、舒明阿乃该管大臣，又现在带兵行走，所管兵丁一至于此，著交部严加察议。"

寻议："革职。"

得旨："绰和诺、舒明阿俱著革职，不必开缺，仍留军营效力。"

定西将军尚书阿桂、定边右副将军尚书公丰升额、参赞大臣领侍卫内大臣色布腾巴勒珠尔奏："臣等查日尔巴当噶即系日尔巴碉。该处在凯立叶一道山梁之中，官兵若能占住，即可断截贼番上下往来。臣前此酌拟派兵从凯立叶山腿斜上，约会凯立叶官兵前后夹攻者即系此处。嗣又遣人详细躧看，并与海兰察等酌议，以其地在山阴，箐林深密，崖礀陡险，兼之彼此隔远，雪雾时作，万一不能如约夹攻，即不免有失利之处。且官兵已定绕截喇穆喇穆后路，一经占据山梁，则喇穆喇穆之贼既可不攻自溃，而格鲁瓦觉各寨皆归掌握。从此进攻勒乌围不惟得势,而且捷近。所有日尔巴碉似可无庸筹办。"报闻。

侍卫桂林奏:"汪腾龙于二十九日回至章谷,臣将搜捕事宜与之商酌。查将军明亮现拟改途进取,兵力固属难分,而穷番鼠窃自应设法搜捕,绝其根株,方可肃清后路。臣现于约咱等处驻守官兵内抽拨汉、土兵五百名,章谷留防兵内抽调一百名,交汪腾龙带领前往,并行知总兵敖成协力搜查。凡遇可以藏奸之处即行焚毁,并可乘其惊窜实力歼除,不使稍留余孽。"报闻。

(高宗朝卷九五九·页二下~四下)

○乾隆三十九年(甲午)五月辛未(1774.6.27)

谕:"据舒常奏:四川叠溪营兵丁邓有得去年自促浸脱出,供系被贼掳去。嗣准兵部咨查阵亡兵丁事迹,送礼部立传入祀昭忠祠,文内开有兵丁邓有得之名。查据革职留任副将李天祐复称,系四川泸宁营把总游宗义从前具报错误,请将捏报之游宗义斥革,转报之李天祐严加议处等语。邓有得前在军营或因樵汲迷道被贼掠去,抑系该兵乘间脱逃为贼所掳,该管将弁自应立时查明,分别据实具报,何得捏称阵亡滥邀议恤。该把总之罪实非寻常误报可比,仅予斥革不足蔽辜。游宗义著革去把总,发往乌鲁木齐充当苦差。至李天祐系该管大员,乃于查报阵亡兵丁之案并不详察,辄据游宗义捏词转报,实属不合。李天祐著交部严加议处。"

又谕军机大臣等:"邓有得此时若仍在宜喜军营,著舒常将从前因何被掳情由严讯确供复奏,分别办理。如邓有得已回叠溪本营,即著富勒浑、文绶严行查讯具奏。其游宗义已于上年七月内因伤重遣回本营,并著富勒浑、文绶查明即行发遣。兵丁被贼掳去,该管将弁已难辞失律之咎,乃并不查明,辄为捏报阵亡,绿营欺谎之习实堪痛恨,不可不严行惩创。著阿桂等将捏报阵亡及现在查明治罪之处,通谕各军营将弁,俾知儆戒。将此一并传谕知之。"

又谕曰:"明亮等奏于穆谷预为设伏,散放马匹,诱贼使来,杀死二十余人等语。所办甚好。惜杀贼仅十分之一,未能痛加歼戮,较之株守不动自觉差胜耳。至正地进攻之局,现据革布什咱喇嘛供词有'闻得金川遣人往正地修卡，被雷打死'之语，而前月阿桂所奏脱出小金川番人阿塔尔供词有'官兵若从正地独角山进攻，贼人即当不起'之语，似贼人已计及官兵必攻此路，预作准备。据明亮等称黔兵于五月二十可全抵章谷，再五六日方至甲鲁，而自甲鲁至正地，又不知尚需几日。约计六月初方得进兵，恐时日太多，贼碉无懈可击，仍属徒劳无益。且贼中明言恐官兵从此攻打，或系暗为防拒，故以此语示弱，诱我堕计，不可不防。况明亮等于大营抽往正地之兵五千余人，又新调黔兵二千、革布什咱土兵一千，及德尔格忒、霍尔等处所调土兵，通计不下万余，分队行走，断不能使贼人毫无闻见。况据脱出之喇嘛供称索诺木派人在革布什咱各山梁上，远远探听官兵消息等语。是官兵举动贼易得知，即如喇嘛在南路念经，贼已知其详。且据明亮称革布什咱土都司丹津扎布平日不能驾驭本管百姓，恐风声不密，易于泄漏，预饬副将郑国卿等于甲鲁一带加紧巡防等语。行军防备之道原亦只能如此。又据供索诺木任用革布什咱之雍中旺嘉勒，每次令其带兵，此必从前勾引金川，戕害旧土都司之人，故尔以为心腹。现在明亮等河北、河南军营由布拉克底、巴旺出入，该土司等极为恭顺，可保无他。是马尔邦一路虽未能即得，不致有意外之虞。今正地一路虽与绒布寨相隔既远，贼番易于伺探预防，朕因此甚不放心。明亮统兵进剿，务须加意慎重。折内所云'无论其有无准备，总当鼓励将士为一举以克'之语，但知轻率一往，而不知筹度万全，设或稍有闪挫，各路官兵必皆闻气馁，所关甚重。其为国家军务计，固不宜如此掉以轻心，即明亮自为计，亦岂可但知直前不顾？著谕明亮，总宜熟筹妥办，必须实见有可乘之机，其事大有把握，方可进兵。若稍涉疑似，惟当慎之又慎。军营后路一进革布什咱之境，处处尤须留心照料。明亮宜勉力妥为之，仍将办理情形若何详悉具奏。"

（高宗朝卷九五九·页五上～九上）

○乾隆三十九年（甲午）五月壬申（1774.6.28）

署四川总督文绶奏："调赴南路黔兵，现已飞札桂林，令其改赴西路。如此时将抵章谷，即由该处拨夫送至美诺，否则仍令由打箭炉、雅州、邛州取道大邑、崇庆直趋灌县，稍为近捷。至滇兵三千分六起入川，自五月初一至初十日已全数进发。此时头起约至楸砥，再五六日即至阿桂军营。"

谕军机大臣等："此项黔兵文绶既令改赴西路，于阿桂军营声势自为更盛。以滇兵行程计之，应到在黔兵之前。兵力愈多，成功自必愈速，于事较为有益，况各路进兵，可望得手惟阿桂一路为最。阿桂前奏番地夏至后即当晴霁，此时距夏至已将十日，天气当已晴定。而新兵踵至，统以进攻，自为得力，伫听捷音。或阿桂至勒乌围后，酌量宜喜、马尔邦、正地等处有可夹攻情形，即由彼处派兵前往，亦属甚便，更不在此时之必需袭取正地也。或阿桂闻黔兵改赴西路之信，仍欲遣其赴明亮军营，或明亮进攻正地已有成说，而黔兵又至章谷，即留其在彼应用，不复遣赴西路，俱无不可。但能便捷得利，于彼于此原无分别，所谓及其成功一也。或明亮已经起程，而黔兵又赴西路，则明亮即率现在河南北两营所抽之五千兵，同革布什咱之一千兵前往正地，俱听明亮临时酌办。但此路进兵较他处尤当加意慎重，昨所降谕旨极为详晰，明亮惟当慎之又慎。至阿桂在喇穆喇穆已经两月，惟盼其即速进攻，乃屡为雨雪所阻，实为悬念焦切。朕亦深知阿桂在军营与士卒同甘苦，身经劳瘁，谅必日夜速冀成功，得以及早还朝，受朕恩眷，其急切自不待言。惟当大功将就之时，朕盼望甚切，不得不向其催促耳！"

（高宗朝卷九五九·页九上～一一上）

○乾隆三十九年（甲午）五月丁丑（1774.7.3）

定西将军尚书阿桂、定边右副将军尚书公丰升额、参赞大臣领侍卫内大臣色布腾巴勒珠尔奏："自本月初二日后雨雪连绵，官兵靡不愤急。初五日贼于雨雾之中在罗博瓦山坡添建新碉二座，当经海兰察、额森特、福康安密派兵八百名直扑碉根，毁墙而入，砍死数贼，余俱逃溃，即将贼碉拆毁。现今已交夏至，此后雨雪稍稀，自当各路合攻，以期迅速集事。"

谕军机大臣等："连日盼望阿桂进兵之信甚切，今据阿桂等奏近日军营情形，尚因雨雪未能深入，实为愤懑。而贼人复乘雨雾添建新碉，更堪切齿。海兰察、额森特、福康安等即于大雨中歼戮数贼，拆毁其碉，足以壮我军之气而破贼人之胆，于军务甚为有益。福康安正当幼年，借此练习成人，于彼亦属甚好。计阿桂拜折次日即交夏至，向后雨雪谅必渐稀，阿桂自当相机速进，以期迅奏肤功。从前曾谕阿桂等，凡遇经过高山，务当谒诚祷祀，冀山神之默为相佑，利我军行。且以金川用兵情事而论，朕实本无欲办之心，乃逆酋索诺木等敢于负恩反噬，罪恶贯盈，实有不得不办之势，并非朕黩武穷兵，是曲在贼而直在我，仰邀上天照鉴，自必嘉佑官军，而潜褫逆贼之魄。至所在山神，代天司化，亦当助顺锄逆，上体昊苍。若非时雨雪，必贼扎达所为，岂有正神转听贼人驱使，为此背理妄行之事，况将军等既已虔祷而不应，即属邪氛。从来邪不胜正，或于雨雪来处用大炮迎击，如韩愈之驱鳄鱼，亦属正理。著阿桂斟酌行之。"

（高宗朝卷九五九·页一六下～一八上）

○乾隆三十九年（甲午）五月壬午（1774.7.8）

定西将军尚书阿桂、定边右副将军尚书公丰升额、参赞大臣领侍卫内大臣色布腾巴勒珠尔奏："前此筹议绕截喇穆喇穆贼人后路，久经部署妥协，因崖险泥深未能攻扑，当于十三日夜分兵进发。至十四日雨雪大作，海兰察等带兵不避雨雪直向喇穆喇穆高峰大碉，连夺碉卡、石卡三座，杀贼十余名。额森特、福康安等亦带兵由喇穆喇穆丫口木城背后前进，连夺石卡二座，毙贼数名。普尔普等进抵碉根，与海兰察合攻，杀贼十余人，余俱逃遁。至乌什哈达等进攻罗博瓦山冈下木城、石碉，有贼百余从内冲出，侍卫额勒登保即行迎击。复见山坳内一队贼人欲出救援，乌什哈达等复率兵截击，贼皆负伤逃窜。保宁等一闻枪响，知官兵业已进攻，随斜上攻扑山腿各碉。又令成德等攻贼木城，砍杀贼众过半。正在围击，贼众蜂拥救援，败回碉内，抵死拒守，各队随以次撤回。臣等拟于罗博瓦山冈下添筑炮台，尽力轰击。因该处林箐深密，派兵砍取，并令先行埋伏。果有贼百余来犯砍木之兵，伏兵齐起，歼毙多名。至十六日黎明，成德见有骑马两贼诱敌，因派兵截其后路，成德即亲率官兵二百冲入箐林。又见贼兵二百余伏于树内，放枪抗拒。我兵正在击杀，适特成额等带兵赶到，贼又见哈萨尔图与游击福敏泰等已上山梁合兵下压，遂纷纷逃窜，我兵尾随追杀，复毙贼十余名，余贼逃回碉卡。共计三次杀贼五六十人，而受伤窜去者更复不少，贼气自必日形消沮。"

谕："此次官兵出其不意，歼贼五六十人，其带伤遁回更为不少，自足以碎其胆而褫其魄。但现在夏至已逾半月，向后晴霁必多，阿桂当乘时相机功剿，以期迅速奏功。"

又奏："贼众现在多病瘟疫，询之脱出土、汉各兵，所见相同，似非捏饰。惟是困兽犹斗，此时相持既久，贼番或别生诡计偷劫营卡，亦不可不防。但现在既无小金川番人潜为内应，夹坝前来断不能竟占要紧地方，肆其抄截。臣阿桂现又令富勒浑等将河北之零星营卡竟移设于河南。当此水涨溜急之时，桥座俱经拆毁，皮船又难渡急流，似可不虑其滋扰。且自添派吉林、索伦劲旅以来，大兵声势日增，贼众岂能久为支拒？近因雨雪连绵辄多稽阻，今时令已交仲夏，向后畅晴，即可力攻深入。"

得旨："嘉奖。"

（高宗朝卷九五九·页二三下～二六上）

○ 乾隆三十九年（甲午）六月甲申（1774.7.10）

侍卫桂林奏："接准将军阿桂札称，科多一带逼近贼境，南路设驻兵丁应从纳木觉尔宗起，僧格宗之兵即移归该处，而科多、日古噜防兵均移驻河南塔克撒、荣寨、达实喜等处。其自美诺至纳木觉尔宗路径改从河南，由舍隆、达实喜一带行走始为周密。此时河涨溜急，贼人谅难过河滋扰。查僧格宗一带山势陡险，前横大河，我兵仰攻不能得势。比来潜放夹坝渐多，焉知非金川派来贼匪借此出没以窥我虚实，似非尽系窘蹙穷番只图觅食。况当噶尔拉一带地居扼要，倘贼番突来肆扰，官兵限于地势，恐有挫失。今如此一转移间，则我兵已得地利，贼番失所凭依，自无他虑。臣现在分路相度地势，安设官兵，嘱令敖成、汪腾龙分别赶办。并令侍卫哈青阿往来照料。"

谕军机大臣等："桂林奏，南路应在纳木觉尔宗及塔克撒、荣寨、达实喜等处移兵防守，并已嘱令敖成、汪腾龙上紧赶办。所办甚好。现当河涨之时，我兵移驻河南，据其要害，贼自无由潜出滋扰。惟当严饬派出防守之员督饬各兵，认真守御，勿稍偷安疏懈。又据称，比来潜放夹坝渐觉日多，焉知非金川派来贼匪借此出没以窥我虚实，似非尽系窘蹙穷番止图觅食者所为等语。此见亦是。但阿桂进剿得利，若直抵勒乌围，则贼番自顾不暇，并此必不敢轻出。此等夹坝贼匪情节甚为可恶，著将军等留心，于平定金川后派兵搜捕，剿洗尽净，勿使稍留余孽。"

（高宗朝卷九六〇·页二上～三下）

○乾隆三十九年（甲午）六月丁亥（1774.7.13）

云南提督长清、副都统富兴奏："据穆塔尔、赓噶禀称，十二日巳刻见美卧沟有贼四五十人行走，即率土兵搜捕，贼众惶窘，滚岩扑水，死者甚多。计杀贼二名，生擒小头目一名。"

定边右副将军广州将军明亮、参赞大臣副都统富德奏："臣等公同商酌，将所有侍卫、章京、将领、备弁除留绒布及随赴正地外，其余俱酌存两路应用。二十一日已将章谷新到之黔兵二千先令赶赴吉地，而自大营调往之满、汉、屯土各兵五千余人亦即分起前进。臣明亮于二十六日压后起程，土都司丹津扎布并革布什咱土兵俱在彼等候。到日必须面为驾驭，并详询该处形势，以便相机进兵。倘正地后路丛杂，臣亦必步步审量，不敢冒昧。"

谕军机大臣等："穆塔尔、赓噶此次甚属奋勉出力，著各赏缎二匹，传旨嘉奖。其出力之土兵，并著长清等查明奖赏，以示鼓励。至明亮奏现于五月二十六日起身前赴正地，其绒布寨军营各处所有官兵一经抽动，贼人断无不知，恐见我兵数分开，势或单弱，乘隙潜来滋扰，不可不力为歼戮。其马尼一带后路，尤当设法紧防，此乃富德专责，不宜稍懈。如遇有应奏事件，一面知会明亮，一面即速专折具奏。"

（高宗朝卷九六〇·页七下～九上）

○乾隆三十九年（甲午）六月戊子（1774.7.14）

督理粮饷四川总督富勒浑奏："查大板昭、撒纳一带为西北军营吃紧后路，大板昭尤为存贮军粮总汇之区，山势亘连，路径交错。臣时刻留心详询番人，并派将弁等分头巡逻。其中深沟曲径多与贼境相通，近日冰雪消化，更非冬春可比，益当加紧搜查。现准长清于后路满兵内抽拨三百名，又于川省存营兵内抽调二百名，并屯练土兵数十名，分安大板昭、撒纳一带以资搜剿。臣一面督饬将备，仍由正路会哨，以靖地方，一面派勇干将弁带领屯土各兵，密赴各山梁沟口实力剿查，务使贼番不敢窥伺。

再，大板昭与谷噶丫口最近，山后尚有小路可出喇穆喇穆之南。今我兵每日搜山，既可与军营声气联络，并使贼人不知我兵底里，自必分力防守，似可稍牵其势。"报闻。

（高宗朝卷九六〇·页九上）

○乾隆三十九年（甲午）六月庚寅（1774.7.16）

谕："据阿桂奏：五月二十二日，贼人三四百人乘夜围住游击福敏泰等营卡，随经放枪赶杀，追至把总杨遇春所守木卡，见贼人蚁集呐喊，遂高声传号，杨遇春在卡内应声答号，施放连环枪，直下攻扑，贼皆纷纷逃溃。杨遇春卡内只有官兵五十余人，而贼众二三百，自二更至五更，已将木卡砍开，杨遇春并不稍为动摇，竟合力击退等语。福敏泰、杨遇春奋勉出力，甚属可嘉。现据阿桂另折奏称，军营出有各缺，福敏泰著即升补甘肃兰州城守营参将，杨遇春即著升补湖南永绥协守备，以示奖励。其原请升之效力副将温有哲、游击多永峨、千总张维华三员，著阿桂等遇有军营缺出再行奏补。其余俱照阿桂所请，湖南长安营游击员缺，著拜灵阿补授，所遗湖北郧阳协中军都司员缺，著王国定补授。又，甘肃西宁镇标前营都司员缺，著陈登龙补授，所遗四川松潘镇左营守备员缺，著刘天德补授。该部知道。"

又谕曰："阿桂等奏：十八、二十、二十二等日俱有贼众潜来侵扰，将弁等守御严密，贼不能犯，并经阿桂预先设伏，因得堵截歼剿，杀贼甚多等语。贼人此时尚敢为困兽之斗，经各卡官兵实力抵击，均堪嘉奖。著阿桂等查明记其功绩，俟大功告成时一并咨部优叙。至游击福敏泰于本卡击退贼人后，复与都司纳奇善各带兵分为两翼下压，赶至把总杨遇春卡边高声传号，经杨遇春在卡内应声答号，因即施放连环枪，直下攻扑，贼人败遁。官兵乘势追杀，直至箐边而止。并称杨遇春卡内只有官兵五十余，贼众二三百人自二更攻至五更，已将木卡砍开缺口，不能稍有动摇等语。杨遇春竭力守卡，贼不能动，甚属可嘉。而福敏泰于追贼之际奋勇应援，亦足嘉奖。现在军营正需勇干将弁，此等出力人员自宜亟加拔擢，以示鼓励。适阿桂奏到题升各员内有参将、守备等缺，已降旨将福敏泰升补参将，杨遇春超升守备。各路将军、参赞可将此谕知将领、弁兵等，俾其益知奋勉。至福敏泰同往带兵追贼尚有都司纳奇善,而放枪应援杨遇春木卡时止称福敏泰等,纳奇善是否在内未经叙明,著阿桂确查。追贼援卡时若纳奇善一体出力,即将福敏泰所遗游击之缺令其升补,否则照其劳绩记档,俟功成一并议叙。又奏称瓦寺土都司楞真带领土兵临阵杀贼,实为出力奋勇,即行赏戴花翎等语。所办亦好。土都司如此出力,自当逾格奖励。楞真著赏给参将衔,遇有参将缺出,即将楞真奏补,亦无不可。并将此传谕在营各土司、土兵知悉,俾其益加奋勉。又,另折奏称此次后路逸出贼人颇为不少。后路袤延几四五百里,实亦鞭长莫及等语。科多、破碉、巴木通各处现交富勒浑、长清、旺保禄等实力分防,而阿桂近日差往之穆塔尔等帮同搜剿甚为出力。惟在伊等防守弗疏,巡查得法,自可无虞滋事,该提督等当勉为之。况昨经富勒浑奏抽调川省存营兵二百名,同屯土兵数十名分安大板昭、撒纳一带,以资防剿。是凡系紧要处所俱已派兵守御,办理亦妥。阿桂务须从长妥计,迅奏肤功,以膺茂赏。"

(高宗朝卷九六〇·页一〇上～一四上)

○乾隆三十九年(甲午)六月壬辰(1774.7.18)

参赞大臣伍岱奏:"五月二十五日夜,有贼二百余人潜来滋扰,委署前锋章京七十五、巴彦图、护军校巴彦泰等即带兵施放枪炮,杀贼甚多,余俱奔窜。臣旋派满、汉兵五百余乘夜攻其不备,贼匪知觉抵御,官兵奋勇争先,连伤数贼,余匪躲入碉内。臣因一面令官兵缓撤,一面令巴图鲁侍卫巴三泰带兵埋伏。贼见兵退,出碉窥探,又经伏兵击毙多名。"

得旨:"嘉奖。"

(高宗朝卷九六〇·页一五上～下)

○乾隆三十九年(甲午)六月丙申(1774.7.22)

定边右副将军广州将军明亮奏:"臣于六月初一日始抵吉地,土都司丹津扎布等来称,正地山口一路山势险恶,不若由甲鲁东之甲尔垄坝翻山过去,尚易攻打。臣先已派员侦探,俟其回营,将两路形势确切周知,始可择路进剿。"

定西将军尚书阿桂、定边右副将军尚书公丰升额、参赞大臣领侍卫内大臣色布腾巴勒珠尔奏："臣等于二十七日派兵将炮位运赴炮台，轰毙番众，摧毁贼碉，颇为得力。但天气仍不时阴雨，初一日复降大雪，即有一半日稍停，而雾气转大，贼复乘雨雾中将碉座修整。臣等思逊克尔宗之贼既日加增，喇穆喇穆之贼复不见少，自应于此二处一齐攻扑。现又赶铸炮位设于别斯满丫口轰击，俟贼碉一有摧毁，即乘其未及修补之先立时攻打。再，上年被贼拿去之四川兵丁买国正自底木达逃出，并称有署护军参领尼三泰亦系上年被贼拿去，因无由脱逃投水身死。"

谕军机大臣等："明亮奏查看正地山口及甲尔垄坝两路，择其稳妥者相机进剿。自当如此慎重。又据阿桂等奏用炮下击贼碉一折，此实最好机会。阿桂处既得自高临下之势，又有炮力相助，可望有成。又据奏天气仍不时阴雨，且六月初一日尚然下雪。虽番地气候异常，亦不应乖舛若此，似系贼人扎达所为。但扎达本非正道，只须众人不以为事，法即不灵，所谓见怪不怪，其怪自灭，亦邪不胜正之定理也。将军等当谕知营中将领弁兵，使皆明于正理而不惑于怪异，其技自无所施。至喇嘛噶尔玛噶什前经明亮等奏，于五月初六日前赴西路军营念经。距阿桂拜发此折时已将一月，该喇嘛曾否到营，何以未见阿桂奏及？前曾发往新造利益铃杵一分，令其看噶尔玛噶什如道行果好，并能实心出力，即将铃杵赏给。阿桂接奉前旨，必更留心察看，噶尔玛噶什若实系有道力之人，则令其破贼番扎达邪法，以止雨开雾，自非所难。至买国正所供之护军参领尼三泰为贼所遮，乘空投水而死等语，尚属可悯，已有旨交部，照阵亡例减半赏恤矣。"

（高宗朝卷九六〇·页一九上～二一上）

○乾隆三十九年（甲午）六月己亥（1774.7.25）

云南提督长清奏："臣于五月二十六日派三等侍卫穆塔尔、赓噶，土都司察斯甲、泽旺等，带土兵一百赴噶鲁什尼后山及登春一带搜捕，并派贵州兵一百随往。二十七日穆塔尔等带同土兵至登春地方，斩获首级三颗，生擒一名。询系金川人，名拉尔甲，前日跟随头人僧格尔结来看路径，遇兵围杀。僧格尔结已带伤逃回。"

谕军机大臣等："长清奏三等侍卫穆塔尔、赓噶，土都司察斯甲、泽旺等带领土兵，前往登春等处搜捕擒杀贼人等语。穆塔尔、赓噶及土兵等前因拿获贼目穆工阿库鲁曾经分别奖赏,今复奋勇歼擒贼匪,殊属可嘉。穆塔尔、赓噶著再加恩赏缎二匹,土都司察斯甲、泽旺各缎一匹。其在事出力土兵,并著长清查明,量加奖赏。惟是此次派兵巡山原有贵州兵同往,及杀贼、擒贼全系土兵出力,贵州兵无一同者,可见绿营兵畏葸无用,甚属不堪。长清等当于颁赏土兵时,传集同往之贵州兵面为晓谕以尔等甘让土兵立功受赏,身为内地兵力转不及土兵之得用,颜面安在?令其转相告述,或可稍激其愧励之心。然长清处所有俱系绿营兵丁,其不及土兵尚无足怪。若将军、参赞等军营俱有满洲、索伦兵在彼,不但八旗勇锐非绿营、屯土等所能及,即登山陡岭我吉林、索伦人众亦能所惯为,岂肯落土兵之后?著传谕将军、参赞等,嗣后遇攻剿险隘之处,若派用土兵,必派满洲、索伦兵同往,不宜专仗土兵向前出力。土兵虽蠢,其于地势利害、攻剿难易未尝不能料及。若见每次皆责以所难,必且妄生窃议,以将军、参赞不爱惜若辈躯命,令其陷敌冲锋,甚或轻视我满洲、索伦兵为无能,私相非笑,此尤大有关系。即使克期奏捷,而让土兵独占首功,亦复成何事体?该将军、参赞等当一体留心妥办。"

(高宗朝卷九六一·页二上~四上)

○ **乾隆三十九年(甲午)六月庚子(1774.7.26)**

谕军机大臣等:"明亮现在带兵赴正地进攻,昨据奏六月初一日已抵吉地。此一带后路多与金川贼境相通,贼皆得潜出扰截。前此投出番人供词又有'贼惧官兵由正地进攻'之语,贼人狡恶异常,安知非诡计扬言,诱明亮深入,贼乃从旁抄出,以断我兵归路,于事甚有关系。设或稍有疏虞,不特此路行兵阻碍,并恐全局因而牵动,军心不免生馁,深为未便。是以朕于此路时刻系念,实因此路非阿桂军营之谷噶一带及明亮原营之马尼一带可比。况此路不过乘间出奇之用,与阿桂直攻勒乌围者不同。今阿桂处兵力较盛,现在觅路进攻,又系从上压下,自可望其得手。朕亦惟于阿桂一处,伫盼捷音。其明亮一路本非正兵,原不冀其必能集事,而防范则不可不周。富德等务于明亮进兵后路不时遣人探听,俾得消息常通,密为筹备。"

(高宗朝卷九六一·页五下~六下)

○乾隆三十九年（甲午）六月癸卯（1774.7.29）

参赞大臣副都统舒常奏："本月初四日，外委李连元等见达尔图山梁丫口有汉兵五六十人，料是贼人改装抢掠，放枪迎击，贼即奔散。又有三四十贼欲来接应，官兵用炮轰击，贼人中伤落沟者甚众。追至山势极陡处，始行撤回。"

定西将军尚书阿桂、定边右副将军尚书公丰升额、参赞大臣领侍卫内大臣色布腾巴勒珠尔奏："近日贼番喊称僧格桑已死，或将尸身抬来，或差人前去验看。臣等令土兵斥詈以僧格桑罪大恶极，金川敢于容留，即应将索诺木一同剿灭。前次称将僧格桑擒献尚且不受，今已就死，更何值差人往验。况僧格桑虽死，索诺木自应代伊受缚，以昭显戮。贼众闻之，皆股栗奔窜而去。"

谕军机大臣等："舒常奏达尔图山梁丫口见有汉兵五六十人，官兵料是贼人改装，希图抢掠，放枪迎击，贼人逃窜等语。贼番竟敢改装潜出，甚为可恶。但贼番虽甚狡恶，从未闻其能如是诡诈。此必叛逃从贼之张坤忠所教，实堪切齿。其人非但不可轻宥，并不当仅以诛磔完事。大功告成时，务将张坤忠拿获，派员严密管押，槛车解京，备具严刑，尽法处治，方足以雪忿恨。至贼既能施此狡狯伎俩，恐设计引诱官兵亦所不免，各将军、参赞等均当一体留心防备。又，阿桂奏近日贼人称僧格桑已经身死，或将尸首抬来，或打发认识人去验看等语。阿桂等斥詈之语词义虽觉严正，但于贼人奸诈底里未曾揭破，不能使人畏慑。竟当令土兵向众贼云：尔等前用木笼抬献僧格桑时，将军等以两贼酋方狼狈为奸，岂肯无端擒献，必系贼匪诡诈，断不可信，因其时既不受尔所献之囚，亦不值向尔鼠辈讲论。今贼酋见前计未售，复为此计，则尔等鬼蜮肺肠更加显露，岂能为尔所惑？尔等可回告贼酋，以索诺木兄弟负恩犯法罪大恶极，为覆载所不容，必须剿灭奸诛，为众良善土司除害。今天兵压境，贼巢破在旦夕。若众番明于顺逆，即将索诺木、莎罗奔兄弟及助恶之头人等缚献军门，尚可贷尔番众之罪。若仅以僧格桑搪塞，无论其死活存亡皆所不问，亦断所不受，又安肯派人赴贼巢验看其真假乎？土兵等传语斥詈讫，即一面用枪炮轰击，并令官兵等共知此意，使不为浮言所惑。至向来自贼中脱出官兵，止供称被贼掠去收于地窖，从未言及贼人问其军营虚实情形若何，此即绿营恶习，恐以漏泄获罪，故尔讳匿不言，而将军等亦从未以此讯供，未免疏漏。想来贼人不时掠我兵丁，自系欲探内地消息。况贼番向与内地交易，能说汉语者自不乏人，岂有不向其详询军营诸事之理。著传谕将军等，所有节次脱出之绿旗兵丁，若尚留营充伍，即令将军、参赞等就近隔别研讯；其已遣回原营者，即令文绶提至省城研讯，问其被贼拘留时询以何语。务令确实供明，勿使丝毫隐饰。"

又谕："现阿桂等分路进剿，而阿桂一路尤为得力，自可克期深入。若官兵攻至勒乌围时，贼众必更并力守拒，攻击尤为紧要。而制胜之道自必用炮轰摧，但贼人碉卡石墙甚厚，炮力未必即能击透。因思昔年曾以冲天炮击贼，即俗所称西瓜炮者，用之颇为得力。若施放有准，炮子坠入碉中，随药烘发，碉内之贼无难一炮而毙，较之抛掷火弹岂不胜至百倍？现在派出乾清门侍卫阿弥达令其驰驿送往军营。但必须试演定准解往，方能得济。阿弥达自热河起身到京尚需两三日，著传谕舒赫德、英廉，即将所有西瓜炮取出试看。并于造办处选派谙习机线之人，于钦天监选派精于测量之人，同至演炮处所，约计贼碉高宽丈尺扎缚木架，或就山冈处立架，使有高下形势，比平地算演更准。如演放数炮，视其炮子俱能正坠碉架之中，药线迟速俱能合法，则用之自必有效。可将派出之造办处、钦天监人员办给应得分例，俟阿弥达到京，即令带领由驿前往。其解炮应用之车马、夫役，并迅速传知各该省按站递送，毋稍稽误。再，冲天炮体重自三百斤至三百八十斤不等，恐进栈以后人夫运送稍觉费力。此炮铜铁皆可铸，现在军营铸炮铜铁源源运往，炉匠俱可供用。止须按炮式大小制就木样，令谙习成造施放之人赍带应用之螺旋、药线及炮子、烘药等项，同往军营，就近成铸配用，则行程既速，应用尤为利便。至其四轮炮车，更可至彼成造，只须按其程式开明尺寸作为小样带往，更觉省事。均著舒赫德、英廉预为妥办。俟阿弥达到京后，即令起程。至所需铸炮铜铁，必须炼净，方为有益。著阿桂于接奉此旨后，将铜铁预炼备用。则所派人员一到军营，即可供铸，尤为迅捷。并有赏给阿桂、丰升额、色布腾巴勒珠尔大小荷包各一对，亦令阿弥达赍往。"

定西将军尚书阿桂、定边右副将军尚书公丰升额、参赞大臣领侍卫内大臣色布腾巴勒珠尔奏："总兵五福等于六月初三日夜间，驭驾党坝土舍头人，带兵百余进攻穆尔津冈贼碉。至初四日丑刻，砍开碉门，杀毙贼番六名，将碉焚毁。贼众复来救援，各官兵又奋勇剿杀，毙贼甚多。查党坝兵数有限，原不足以资深入，然屡次杀贼，亦可稍分其势。臣等又密谕以初十日前后约各路并力进攻，该镇等鼓励土兵，届期自必更为得手。"

得旨："嘉奖。"

又奏："小金川地方山坡平坦之处，去岁番人种有秋麦，兹已扬花吐秀，虽为数无多，亦不可令其偷割。查沃克什、别斯满等处番人素皆贫窘，得此足裨生计。现令沃克什土司及管理别斯满之侍卫等带领老弱妇稚收获，并酌派土兵防护。如有贼番来抢，即痛加歼戮。"

得旨："嘉奖。"

又奏："斯都呼图克图之徒弟噶尔玛噶什率其徒众于本月初七日到营，看其光景颇有修持。据呈出伊师所留番禀，当即译出阅看，系陈其年老患病不能出力，恳求照旧作兴之意。臣等谕以如能诚心出力，俟大功告蒇，自应照汝等所请代为具奏。伊等甚为感悦，而各土兵亦无不皈依，共谓金川即当殄灭。"报闻。

参赞大臣副都统富德奏："六月初二日，防守深嘉布守备田蓝玉因伊所守碉座为雨损坏，恐贼知觉劫夺，请添兵帮同修理，当即派兵五十名前往协助。续于初五日，田蓝玉遣人报称，各兵于本日到齐，甫欲修砌，猝有四十余贼来夺碉座，经官兵击退。正在追剿，复有伏贼二十余潜来攻取，即将兵撤回剿杀，贼匪奔窜，始连夜将碉修好。又，护军参领托和礼在庚格特山下驻扎，地极窄狭，防守不甚得力，拟向高阜处移驻。贼匪窥见，即由山顶放枪，亦经官兵击退。伏思贼匪狡诈异常，虽屡经攻败，而防守必须严密。当即派员分路搜查，并派侍卫等带兵，令其晚间于要隘处埋伏，倘遇贼匪即行歼剿。"

得旨："嘉奖。"

（高宗朝卷九六一·页八上～一五上）

○乾隆三十九年（甲午）六月甲辰（1774.7.30）

谕军机大臣等："明亮奏：差人探听黄草坪至正地一路，箐林深黑，进至二十余里，并未见贼踪影，其甲尔垄坝一路，过两重山即为斯喀尔，贼于两山左右连筑九碉，中间复立木城一座挡住。到处皆可抄出，自不宜孟浪贻误等语。所奏甚是。正地一路原为攻其无备之举，并非必借此路成事。且从贼巢投出番人，有贼人恐官兵由正地、独松一路进攻即抵挡不住之供。上年并未闻有此语，必系贼人知有正地进兵信息，预为准备设伏，因即将计就计扬言相诱，以冀堕其术中。朕早已见及于此，是以屡谕明亮，令其进兵时加意慎重。今明亮此奏果如朕所料，自断不可冒昧轻进。明亮既从吉地起程，贼人谅必早有知觉，何至数十里中毫无准备，其为设伏诱我，愈无可疑。盖贼见阿桂一路难以动摇，即明亮绒布一路亦无懈可伺，故欲借正地一路诱我吃亏。今贼之底里业已尽皆窥破，断不可冒险而进。明亮此时竟当带兵回至绒布大营，相机另筹攻剿。并当通谕阖营将士以分兵进攻正地，原欲出贼人不意，为乘虚抵隙之用，今贼人乃敢设计诳诱，岂肯为其所愚？又岂可置兵于无用之地？自以撤回大营为是。如此晓谕军营，共相传布，贼众自必闻知，见其计不行，亦足沮其心而夺其气。"

又谕："现已有旨令明亮撤兵，仍回绒布寨大营，明亮接奉谕旨自即遵办。但绒布寨驻兵已久，庚额特一路既不能急切进攻，而斯第、博堵一带又难再往，若仅为牵缀贼兵之用，富德已足胜任，明亮设复回兵株守，殊为非计。因思当噶尔拉一路，贼此时守御自必空虚，其地又系明亮熟路，而距绒布又不甚远。明亮或于回兵时，扬言撤赴绒布，而遄程潜趋当噶尔拉，或能攻其无备，竟可得手。设或僧格宗一带，尚需留兵应援，即于七千兵内酌留，亦尚敷用。明亮可密筹办妥奏闻。或并以此密札阿桂，其余各路军营将军、大臣皆可不令与闻。至所需粮饷，先行裹带前往，俟到彼，再行密筹接济，亦可不致有误。再，阿桂一路，如已进抵勒乌围，攻剿自非易事，或令明亮带所有之七千兵，由僧格宗、美诺、大板昭一带径赴阿桂军营，合兵攻剿。三将军并为一路，力量声势更大，贼众自必惊惶失措。或到彼有可相机分剿之处，亦为便利。著密谕阿桂悉心筹度，或令明亮带兵径赴阿桂军营，或令明亮先至当噶尔拉袭攻，阿桂可即详细熟筹，密速具奏。"

（高宗朝卷九六一·页一五下～一八上）

○乾隆三十九年（甲午）六月丁未（1774.8.2）

定西将军尚书阿桂、定边右副将军尚书公丰升额、参赞大臣领侍卫内大臣色布腾巴勒珠尔奏："查罗博瓦贼人据守之地名色朋普，中间及左右碉下共设六碉。臣等派兵三千，于十二日月黑之后令各兵分队潜伏，并令普尔普等带兵攻扑喇穆喇穆各碉，复令总兵成德等于喇穆喇穆之右牵缀贼势。普尔普等率兵直上，连抢两大卡，贼人合力抗拒。海兰察等随直抵碉根，将第一碉围住，撬挖碉墙，抛放火弹。贼匪逃窜，各兵尽力攒射，毙毙无数。乘胜进围第二、三碉，痛加歼戮，将三碉全行克获。其额森特及乌什哈达等所攻左右三碉，亦皆先后攻取，并将附近平寨一并夺获。再，色朋普之前山势又分两支，均有坚碉二座。官兵是日又将向西一碉抢获，贼匪退入第二碉内，竭力死守。十三日又将向南之第一碉克获。其余二碉，地势较峭，臣等拟拿木寨数座，用炮轰摧。得此二碉，即可直抵逊克尔宗碉寨。计此次共获战碉十一座、平碉四十余间，歼毙大头人达实策旺及巴古布里寨头人二名。官兵惟副章京索柱、委署章京福勒阵亡，委署章京德海受伤较重，副将乌尔纳、游击罗江鳞，守备果关、五达色亦受枪石等伤。其余兵间有伤损，尚不甚多。"

谕曰："阿桂等奏攻克色朋普木城、石碉并歼毙带兵大头人等一折。览奏深为欣悦。此次将军等督率有方，各将领、弁兵于山崖险仄之地均能勇锐直前，顷刻之间克获坚碉数十，歼戮贼众多人，甚属可嘉。所有将军、参赞及折内带兵各员，即著交部议叙。其在事出力之将弁兵丁，查明咨部议叙，用奖劳绩。"

又谕曰："阿桂等于色朋普山梁克获碉卡，歼戮贼众，已有旨交部议叙矣。此次官兵于攒集坚碉之处奋勇力攻，自不免间有损伤，虽为数无多，亦堪悯惜。所有阵亡之副章京索柱、委署章京福勒，及得受枪伤较重之委署章京德海，受枪石伤较轻之副将乌尔纳、游击罗江鳞，守备果关、五达色，俱著交部分别议以恤赏。此外如有阵亡、受伤之汉、土弁兵，并著阿桂查明，分别报部办理。"

谕军机大臣等："阿桂等奏派兵攻取色朋普山梁，歼戮多贼，大小碉卡全行克获。将军等调度有方，领队大臣以及官兵人等不避艰险，奋勇前驱，洵属出力，朕嘉悦之极，更不禁恻然悯惜！除已降旨交部议叙外，阿桂、丰升额、色布腾巴勒珠尔著将朕所御用燧囊赏给，海兰察、普尔普、额森特、乌什哈达、福康安、成德等亦各赏上用燧囊一件，以示优异。官兵内有奋勉打仗应行赏给巴图鲁名号者，即行查明具奏。至此次所杀大头人达实策旺，从前未经奏及，著阿桂查明具奏。"

（高宗朝卷九六一·页二二上～二五上）

○乾隆三十九年（甲午）六月庚戌（1774.8.5）

参赞大臣副都统富德奏："臣与领队大臣商酌，派副都统札勒桑、将军绰和诺等分路带兵，于初十日夜间赴穆谷攻取。贼匪突出抵御，官兵放枪轰击，杀贼二十余名，余皆败回，固守不出。至十二日晚，贼处援兵已至，官兵复奋勇攻打。臣因相持已两昼夜，天气又甚暑热，即将兵撤回。是夜委署翼长富保等亦带兵由赓噶山梁进攻，杀贼数名，侍卫三星保等带兵三百，赴斯底山梁夺取三小卡，当俱分别奖赏。"

得旨："嘉奖。"

（高宗朝卷九六一·页三三上～下）

○乾隆三十九年（甲午）六月辛亥（1774.8.6）

定边右副将军广州将军明亮奏："正地一路实无机会可乘，臣与奎林、三保、和隆武、书景阿、敖成等商酌，现在各路惟凯立叶一处兵数无多，如以臣所统兵移赴该处，协同伍岱进剿，则此路已合兵万余，足与阿桂处互相应援。若阿桂一路得手，需兵接济，亦甚便捷。况所需粮运，非另起炉灶，而后路多添一项兵力，搜捕更为得力。计由周叟、从噶克、卓克采一路而去，不过十一二日可到。臣现在札会李世杰等停止粮运，即于三四日内统兵就道。其革布什咱等处土兵，仍令回马奈驻守。至甲鲁、吉地一带扼要隘口，拟将原安之汉、土各兵分派将领立营防范。"

谕军机大臣等："明亮奏正地一路实无可进之机，拟由周叟、从噶克、卓克采一路移赴凯立叶，协同伍岱进攻等语。览之深为欣慰，不意明亮竟能出息若此。前因明亮奏到吉地后，即遣人细探路径，据称斯喀尔山梁列有九碉，仰攻费力，而黄草坪一带山梁，林深箐密，数十里内不见贼踪，恐贼人设伏计诱，断不可冒昧轻进。因谕令明亮撤兵，由大板昭一带赴阿桂军营，协同进剿。今明亮于未奉朕旨之前，所奏与朕意适相吻合。且朕令由大板昭一路，程站尚远，而明亮所奏，由周叟经卓克采至凯立叶一路，仅须十一二日之程，较朕旨更为迅速。朕前日之旨于二十二日发往，计明亮于初三四日方能奉到，今明亮已于二十二日起身，初三四即可到凯立叶，较之待朕旨而行又早半月余。似此机缘凑巧，明亮益当努力为之。明亮著赏御用玉牒一枚、燧囊一件，奎林、三保、和隆武、书景阿、敖成各赏上用燧囊一件，以示奖励。至西路粮运，前据富勒浑奏，计运到者一万三千余石，敷军营一月之用。今添明亮兵七千，每日约需米五六百石，富勒浑即当一并筹添，俾军食源源得济。明亮到后，或即由凯立叶攻进，或阿桂已抵勒乌围，即往会剿之处，均著迅速具奏。"

（高宗朝卷九六一·页三四下～三六下）

○ 乾隆三十九年（甲午）七月癸丑（1774.8.8）

参赞大臣副都统舒常奏："接阿桂札，订于六月十二、十三日会兵进攻，臣即派舍卫格罗、斯喀尔两路之侍卫进财保等如期潜进，一面密札永平等派兵协攻。又于宜喜各营派兵一千一百余名，分为五队进攻达尔图山梁西边各碉。其东边二碉，派游击李天贵等带土兵六百名攻取。十二日丑刻，按队潜进，暂伏箐林，击贼不备。及官兵出林，贼人知觉，抛石迎拒，官兵放枪攻击，贼众在碉卡拒守，伤毙颇多。而副将董果一路，直抵贼濠，抛掷火弹。乃木城外又有贼番救援，我兵即用排枪击毙十余贼，余俱遁入碉内。董果、众神保、五十三俱受枪伤，其势不能立取，随令撤兵。次日复调觉木交、泥峙冈等处防兵，乘夜潜进碉前。天色将明即上前登扑，贼人危急抵御，并有贼兵接应。臣即令林内伏兵，放枪打伤二三十人，余俱奔入碉卡，随即将兵撤回。"

谕军机大臣等："舒常此次进兵，原因阿桂知会各路并进，是以由达尔图山梁分兵前往。但其地属险隘，官兵即奋勇设法，终不免限于地势，虽经毙贼数十，而官兵伤损过多。恐绿营、屯土各兵见之不无气馁，于事转属无益。况达尔图、宜喜一带已经屡试难进，止可为牵缀贼势之用，不宜复筹袭击。舒常等此时只宜严守营卡，勿使贼众潜出窥伺抢劫，以待乘机策应，转不必冒险前进，致有挫损。"

（高宗朝卷九六二·页一下～三上）

○乾隆三十九年（甲午）七月甲寅（1774.8.9）

谕："据阿桂等奏：此次进攻色朋普贼碉时，有把总陶思连攻扑第一、二碉均首先腾上，手举红旗招兵接上，砍杀贼人，于次日枪伤殒命；又，把总胡朝臣先经斥革留营，嗣因打仗奋勉拔补平越营把总，未准部复。今攻打第三碉时首先上碉，次日中枪阵亡。请将陶思连照千总例，胡朝臣照把总例各予议恤等语。陶思连、胡朝臣以微末员弁俱能奋勇先登，扑碉杀贼，以致捐躯，均堪悯惜。著各赏银一百两，仍照阿桂所请，交部照例议恤。"

又谕："据阿桂等奏称，攻取色朋普山碉卡出众奋勉之官兵分别升用，赏给巴图鲁名号，并赏戴花翎之处，缮片具奏等语。色朋普山甚峻，满、汉、土司官兵俱各奋勉打仗，顷刻取其大卡数座，将贼匪痛加剿击，极其奋勉，实属可嘉。著加恩赏给鸟枪护军参领多布丹巴图鲁瑚尼勒图副都统职衔；赏给三等侍卫绰布锡瑭纳克巴图鲁名号；蓝翎侍卫巴达玛著授为三等侍卫；其黑龙江之空衔蓝翎笔帖式明善、空衔蓝翎司鞍雅尔江阿内松额、并戴蓝翎之领催厄鲁特多垒俱授蓝翎侍卫；吉林之协领乌雅勒达、赉里克、索伦之骁骑校委署参领伊勒德、戴蓝翎之骁骑校厄鲁特吹珠尔俱著赏戴花翎；其吉林之前锋委官采保住、吉林之披甲人色呼木保、索伦前锋色楞保、索伦披甲人章海沙什、都司梁朝桂、穆平、守备扎什俱著赏戴蓝翎。沃克什之土司森达喇率所属人等搜查潜来美诺贼众，实心奋勉，且伊弟雅满塔尔情甘辞谢恩锡，恳请赏给伊兄花翎。森达喇著即赏戴花翎，沃克什之都司雅满塔尔虽将伊应受之恩让给伊兄，伊究竟著有劳绩，著加恩赏给雅满塔尔参将职衔，并赏给图克怎巴图鲁名号；土练之都司穆塔尔著赏给尼克托布巴图鲁名号。其赏给巴图鲁名号人等，仍俱照例于军营所存银两内每人赏给银一百两。"

谕军机大臣等："阿桂等奏攻碉杀贼并筹办进取各情形。此次虽未攻得碉卡，而官兵等奋力攻打，毙贼颇多，亦足令贼人丧胆。当此吃紧关键，攻取不宜稍缓。据阿桂称一面攻色朋普向西山腿之碉，一面分路潜上，直取喇穆喇穆中间之碉卡。不论何处得利，均可顺山攻压，直取逊克尔宗等语。所筹甚是。如此设法攻剿，必能迅速得手。至前此丰升额奏欲带滇兵仍回凯立叶进攻，较之初奏欲回宜喜之说自为有理，是以谕令前往凯立叶。今阿桂既攻得色朋普，克日可以深入，丰升额又以助阿桂攻剿为是。所谓军营机要移步换形者，正指此等而言。阿桂等当努力建勋，伫膺茂赏，勉之，望之。又阅奏到脱出番人雍中等供词，有闻得贼酋有断登古后路之语。此等传闻宁可信其有。按图内登古在喇穆喇穆东北，距大营不远，而登古丫口在罗博瓦、谷噶之间，其去军营尤近。贼由得斯东山沟固可潜出，而凯立叶山后穿箐南行，亦系来路，俱不可不防。其凯立叶一路，现降旨令伍岱加紧防守。至登古等处，传谕阿桂就近委派勇干之员，时刻严防。富勒浑等亦应一体留心防范。且又须处以镇静，不可因有此语过涉张皇。总之，成功愈近，则防守愈宜周密，方为万全。"

又谕："此次伍岱遣兵攻贼山峰，杀贼只十余名，而我兵伤至三十余名，何可如此？今将军阿桂等计日可克逊克尔宗，至时阿桂等派兵迎接夹攻，伍岱等即可前进，此时且毋庸派兵攻取，惟将出而侵扰之贼痛加洗杀，不得冲击碉卡，与石相拼致有损伤。再据阿桂等奏金川脱出番人供云，贼势已迫，拟出登古前来侵扰后路等语。今校阅地图，登古即在阿桂之后，距凯立叶甚近。此处所关甚要，伍岱务须留心防范，断不可使贼人越过，以致出而侵扰。"

（高宗朝卷九六二·页三上～七上）

○乾隆三十九年（甲午）七月丁巳（1774.8.12）

定边右副将军广州将军明亮奏："阿桂一路现当杀贼夺碉，军声大振。乘其胆落之时，再于凯立叶迅速添兵合剿，实有裨益。因于二十日自甲斯柔带兵至甲尔垄坝，将甲鲁运到糇粮分配裹带，即于二十二、三两日分作两队，协力进攻。"报闻。

（高宗朝卷九六二·页一〇下）

○乾隆三十九年（甲午）七月己未（1774.8.14）

谕："据阿桂等奏：二十二日晚令额森特、乌什哈达等带兵，分为两路进攻色朋普南面山腿贼碉，福康安带兵接应。又令普尔普、海禄等进攻喇穆喇穆山梁东边贼碉，保宁、彰霭等进攻其次贼碉。并令成德、特成额等仍于喇穆喇穆左边山腿进攻，海兰察等直取喇穆喇穆山梁后尾峰峦突起处两大碉，于满洲、吉林、索伦及绿营、屯土各兵内，挑选至勇至健之兵六百余名分队潜上。二十三日额森特等见海兰察之兵已抵贼碉之下，督兵直奔山腿，官兵争先跳跃，越过三道沟濠，射殪多贼。其普尔普等攻扑喇穆喇穆第一贼碉，官兵不避枪石，抛放火弹，刨挖碉根，贼人窘迫出碉，官兵枪箭齐发，毙贼甚众，并射中穿红衣头人之胸，背带数箭逃窜。成德等将贼人护碉木卡尽力攻开，连克石卡四座。维时海兰察等所带各兵，先于半夜月出之前鱼贯而上，不但并无人声，并将火绳藏起，从石壁陡滑处官兵手足攀附而进，埋伏碉旁。黎明一涌而登，直上东边峰峦突起碉顶，砍开碉门，跃入碉内，将贼众尽行杀死，即扑进西峰尾碉围攻，奋力剿杀无遗，并将木城两座放火围烧，焚毙殆尽。成德、普尔普、保宁等带兵冒雨攻围山梁之碉，彻夜无倦，贼遂弃碉而遁。二十五日早，大雾迷濛之际，海兰察等复率兵从喇穆喇穆山梁尾碉乘势抢杀西南两道山腿碉卡。官兵新胜之后勇气倍增，并攻克日则丫口各碉卡，歼戮多贼。此次共计攻得战碉三十六座、木城五座、石卡五十余处、平碉一百余间、马骡十一匹头，杀贼数百余名，活擒贼番二名，割取首级二十七颗，夺获劈山炮一位、火药铅弹、鸟枪、刀矛、口粮等物甚多等语。喇穆喇穆山梁原为此路贼人第一要隘，山形险绝，碉卡最坚，而日则丫口亦进攻勒乌围要路，在所必争。今官兵等皆攀援超越，奋不顾身，虽遇雨夜雾晨，弥加勇往，杀贼攻碉，靡坚不破。而海兰察不避艰险，每攻必克，尤为超轶出群，堪称勇将。皆由将军、参赞等相机抵隙，调度有方，故能所向克捷，朕心深为嘉悦。所有将军、参赞以下镇将、弁员，俱著交部从优议叙。其实在出力打仗得功兵丁，除交部照例议叙外，仍著阿桂等查明，赏给一月钱粮，以示优奖。"

又谕曰："阿桂等奏称，此次攻取喇穆喇穆山之碉座及日则要隘，请将出众效力之官兵等赏给巴图鲁名号，并升等赏戴翎子等语。二等侍卫扎勒丹巴图鲁佛伦泰于攻取色朋普山时奋勇出力，此次攻取喇穆喇穆山碉，杀败贼匪，夺获许多碉座。三等侍卫岱森保身负炮伤，于此次攻取喇穆喇穆山碉，带领巴图鲁兵丁首先直入，夺获贼碉，实为出众奋勉，深属可嘉。佛伦泰既有巴图鲁名号，著加恩升用一级，补授头等侍卫。岱森保著加恩升用一级，补授二等侍卫，仍赏给布陇巴图鲁名号。著照赏给巴图鲁名号之例，于彼处银两内赏给银一百两。索伦领催委署防御玛济、阿桂等既已令戴花翎，土练之委署都司阿咱喇，委署守备阿朋、阿桂等既已令戴蓝翎，即著照伊等所奏赏戴，以示鼓励。"

谕军机大臣等："阿桂等奏据五福称，见有骑马贼目一名领贼前来，经土兵放枪击毙等语。是贼中竟有马匹。若官兵进捣贼人巢穴，恐逆酋窘迫骑马奔窜，官兵不可无马尾追。现在军营马匹甚少，必须预为筹备。著富勒浑、文绶并谕钱鏐，各令购备壮健马匹迅赴军营，约共得有百匹即可敷用，极少亦须五六十匹。满洲、索伦勇锐之兵再得好马，可供追剿，断不虞贼人复有窜逸之事，富勒浑等务即遵旨妥速办理。"

（高宗朝卷九六二·页一一上～一五上）

○ 乾隆三十九年（甲午）七月庚申（1774.8.15）

又谕（军机大臣等）曰："阿桂现已攻得日则丫口，计日进抵勒乌围。贼人势当窘迫，自必悉力拒守。前曾用冲天炮轰击，成功更为迅速。因派阿弥达运带炮子及炮式，并测量之人前往。但测量必须极准，方于事有济。因思测量之法西洋人较内地人员尤为精熟，著传谕舒赫德于蒋友仁、傅作霖二人内询其测量孰为最精，派令前往。现派侍卫班长德保带同驰驿，迅赴阿桂军营听用。"

（高宗朝卷九六二·页一六上～下）

○ 乾隆三十九年（甲午）七月壬戌（1774.8.17）

谕："据桂林奏，原任游击阮宁方因虚报马夫李文遇贼率行转禀一案，革职枷号，今已阅四月，体察该员颇知愧悔，且该员……亦曾在僧格宗击退贼众，其于该处一带情形最为熟悉，该员年力强壮，亦属正堪驱策之时等语。阮宁方著加恩释放，交与桂林留于后路军营，令其自备资斧，效力赎罪，以观后效。倘再虚浮玩误，即行据实严参，从重治罪。"

谕军机大臣等："阿桂现已攻克日则丫口，即日可抵勒乌围。以我三路将军之兵合力进攻，并可觅间分剿马尔邦、宜喜、卡撒等处，夹击得手，自当扫穴擒渠，克日奏绩。但恐索诺木、莎罗奔兄弟见官兵乘胜深入，自揣计穷力竭难以支持，又不肯束手就缚，势必逃窜偷生。即如前此平定回部时，官兵甫再进，而逆酋两和卓木早已遁去，此阿桂所深知者。今促浸逆酋亦必计出于此。而丹巴沃咱尔尤为贼中狡黠，知其罪恶重大，更不肯为我所擒，自应首先窜迹。此等逆恶重犯必当明正诛磔，以申国法而快人心，断不可容其兔脱漏网。因思逆酋等如欲逃匿不过郭罗克地方，而其去路必由党坝一带逸出。上年派五福在党坝驻兵，原为截贼人去路。五福在彼即不能统兵进攻，得贼人尺寸地，若于窘窜之贼亦不能拦截邀擒，则五福之获罪滋重，恐彼不能当其咎也。著传谕五福，留心实力严防。上年尚系预为防备，今则正当其时，断不宜稍有疏懈，以致贻误。五福当勉力为之。再，党坝土司亦宜令其出力，五福当传谕该土司等：促浸逆贼凶虐贪残，意欲并吞诸部，是以大皇帝悯念尔等土司，日后恐为贼人蚕食，特发大兵征剿，务期扫灭贼番，为尔等力除后患。今官兵已抵勒乌围，计日可捣其巢穴，擒缚逆酋恶党，永靖蛮氛。尔土司受国家厚恩，力图报效，正当其时。恐贼酋、贼目窘迫窜逸，势必经尔疆界。尔土司等当预派能事头人，于各要隘处派兵防守，时刻侦伺。设探有贼酋、贼目逃窜踪迹，务须立时擒捕。若果能实力擒献，必奏闻大皇帝重加恩赏。倘或漫不经意，致贼人由彼逸去，不但咎有攸归，即土司等自为计，似此穷蹙之贼，尚不能执擒除害，将来官兵成功凯旋后，万一在逃之贼酋等仍复窜归，尔土司等必大受其荼毒。稍知事理之人必能筹度及此，尔等当切勉之。其梭磨、从噶克、卓克采土妇、土司境地，亦有与党坝毗连者，并著阿桂等一并传檄，令其合力侦捕。将此由六百里加紧传谕知之。阿桂等现在进剿得胜情形若何？明亮带兵于何日自凯立叶赴阿桂军营？并著即速复奏，伫盼捷音。"

寻据五福奏复："臣遵谕督率官兵躧探，并于通贼紧要隘口昼夜防截，遇有贼酋窘迫逃窜，竭力务获，不敢稍有疏懈。"

旁批："好。勉力为之。若能擒获贼渠，实汝之功也。"

又奏："臣随传集土司等，将谕旨明白宣示。该土司等回称：我等惟有实心出力，遵奉办理。"

得旨："嘉奖。"

（高宗朝卷九六二·页二一下～二四下）

○乾隆三十九年（甲午）七月丙寅（1774.8.21）

谕军机大臣等："阿桂奏称：小金川地方尚有余麦，派出穆塔尔、赓噶等带兵收割。并计功噶尔拉、木果木贼匪为数必少，如有可进之机，即剿杀以分贼势等语。所见甚是。现在阿桂等由喇穆喇穆攻取色朋普日则丫口，指日可抵逊克尔宗。贼人正在此处周围聚守，其功噶尔拉、木果木等处贼人必少，猝然乘隙奋攻，或能得进，俱未可定。穆塔尔等带兵无多，自难冀其深入。长清现在底木达、布朗郭宗驻扎，相离甚近，伊处尚有兵丁，况自彼进兵，系迎贼而进，又无侵扰我兵后路之虞。长清接奉此旨，即带兵赶上穆塔尔等，查看彼处情形，相机办理，并寄信富德就近带兵前来，会同妥办。"

（高宗朝卷九六二·页二九下～三〇下）

○乾隆三十九年（甲午）七月丁卯（1774.8.22）

谕军机大臣等："前因功噶尔拉、木果木等处似有可进之机，令长清带兵赶上穆塔尔查看彼处情形，并寄信富德协同办理。但富德之绒布地方亦甚紧要，长清确勘情形，如果一鼓可进，即寄信富德，令伊前来会办。倘或无益，只可带领穆塔尔等约束沃克什、别斯满人众，收割麦苗，严加防御，倘遇贼匪，即行歼戮，毋庸寄信富德。即穆塔尔等兵数无多，亦不宜深入。富德尤当相机筹画，以期万全，不可稍有轻忽。"

（高宗朝卷九六三·页二下～三上）

○乾隆三十九年（甲午）七月戊辰（1774.8.23）

谕军机大臣等："阿桂等奏初五日攻克该布达什诺大碉卡栅，尚存一大木城，即日可期必克等语。览奏欣慰。看来官兵一得此处，即可乘胜深入，直抵勒乌围，自当大有得手，伫盼捷音。又据复奏，军营打仗俱系满兵首先率往，即攻碉夺卡从不专恃土兵等语。如此方是。金川贼酋罪大恶极，为天地所不容，破贼擒渠计日而待。今土兵等既知推重吉林、索伦劲旅，使众闻之，更足令其鼓舞奋勇，可期迅奏肤功。又据奏，初六日辰刻，遥看宜喜山梁贼碉数座已均不见，但见有官兵营盘七座在上，必系明亮等合力奋攻竟已得手等语。此更非意想所及，尤为可喜。明亮得有胜仗，自必奏闻，想因程站稍远，不能与阿桂奏函同到，约计一二日内亦即可得喜音耳。明亮果能从宜喜攻进，与阿桂会兵直抵勒乌围，则攻取贼碉自更迅捷。又据阿桂称，并可从宜喜、正地各山梁下循河而南至噶拉依对岸，即出马尔邦之后，与富德等两面夹攻。自当留舒常仍驻宜喜，以防后路，兼为明亮声援，方属万妥。明亮由此路攻进，甚为得力，且系独当一面，其功较之随阿桂助剿者尤大矣。"

（高宗朝卷九六三·页三下～五上）

○乾隆三十九年（甲午）七月己巳（1774.8.24）

谕："据明亮奏：达尔图一带山梁横亘数里，碉卡联络，实为贼人吃紧关键，因会同舒常即酌量派兵分头奋力进剿。随派奎林等带兵攻取西南第一、二两碉，和隆武、三保、珠尔格德、科玛、噶塔布等各带兵分攻第三、四、五、六、七各碉。每起各派官兵在后策应，其俄坡、格勒古一带七碉，令都司崔文杰等带领绰斯甲布土兵三千协力助剿，于七月初四日将近黎明，官兵冒雨直扑碉根，勇气倍壮，将达尔图一带贼碉皆以次克获，而俄坡、格勒古贼碉七座亦同时全行抢占，通计毙贼二百余人，割献首级二十一颗、耳记三十七件，生擒大头人丹巴阿汰一名、散番八名，共攻得战碉十五座、平房二十六间，抢获劈山炮四位、牛腿炮二位，枪矛、糌粑、什物甚多等语。览奏甚喜。达尔图一带山梁为宜喜一路进攻勒乌围要隘，贼以死力拒守。上岁攻剿，经年未能寸进。昨据阿桂奏攻克该布达什诺夺碉杀贼折内称，初六日辰刻云开日出之时，遥见宜喜山梁贼人碉卡均已不见。但见有官兵营盘七座在上，必系明亮等合力奋攻竟已得手等语。朕彼时以果能如此，实出意外之喜，因盼明亮军报尤切。今明亮奏至，果以初四日鼓励将士，乘锐直攻达尔图并俄坡各碉，奋迅克获，实由将军明亮等抒诚殚力，董率有方，故能所向克捷。从此乘胜席卷，与阿桂隔河并下，自可迅捣勒乌围贼巢，朕心深为嘉悦。所有将军、参赞以下将领、弁员及土司、土舍、土目均著从优议叙。至此次官兵等冒雨进攻，尤为奋勉出力。除交部照例议叙外，仍著明亮查明满、汉官兵及各土兵、屯练均赏给一月钱粮，以示优奖。"

谕军机大臣等："明亮奏攻克达尔图山梁碉卡，览奏欣慰，已有旨交部从优议叙矣。达尔图一带贼碉，昨岁屡攻未得，不意明亮竟能尽行攻克，此皆仰仗上天嘉佑，大功应即告成，乃能迅获全胜若此。而明亮之调度有方，领队大臣等之奋勇直进，及兵丁等之不避大雨，踊跃集事，均属可嘉。至阿桂札令明亮留兵宜喜进攻，今果能得胜，其筹画甚为得当，即此可见娴于胜算。而明亮之勇略并著，国家又多一得力之人，伊与奎林皆孝贤皇后亲侄，不意其竟如此出息，甚为可喜。又节据番人等供，俱称僧格桑为索诺木药死，埋在逊克尔宗之旁。阿桂于攻克逊克尔宗时，即应查访明确，刨出贼尸，割取首级，交文绶于省城暂存。俟擒获逆酋槛送献俘时，一并解京献馘。"

（高宗朝卷九六三·页五上～七下）

○乾隆三十九年（甲午）七月辛未（1774.8.26）

又谕（军机大臣等）："据富德奏称：贼匪来侵委署把总李中秀所守卡卡角山梁卡座，其第四卡座之把总焦光宗闻知，即带兵接应，以致受伤，贼众复经绥库等所守卡座旁边窜入山谷内。查绥库等卡座相去李中秀卡座不远，若闻枪声即往接应，则可痛歼贼匪。乃绥库等惟知坐守己汛，未能前往截杀，实难辞咎，请将绥库革去巴图鲁名号，或三等侍卫，或蓝翎侍卫上行走。拉先保革去防御，降为骁骑校，孟春玉革去千总，降为把总效力等语。军营接连设立卡座，特防贼人侵扰，令其互相接应。今贼匪胆敢捏称布拉克底之兵侵我卡座，实属可恨，即当乘间突出痛加剿杀。乃绥库等相去李中秀卡座不远，当贼匪冲杀伊等卡座，把总焦光宗尚知带兵救援，而绥库等既闻枪声并不带兵接应，及至贼匪由伊等卡座旁边经过，又未能截杀，以致逃窜，甚属不堪。若不治罪，以示炯戒，则断不畏惧。现在官员兵丁擢升品级，赏给巴图鲁名号者，所以示鼓励，使愈加奋勉之意。如果能勇往出力，朕自当加倍施恩。若谓已得巴图鲁名号便已自足，于攻战时不复奋勇向前可乎？绥库身为侍卫，且系赏给巴图鲁名号之人，伊当感戴朕恩，诸凡愈加奋勇出力，乃如此逡巡退缩，甚属非是。朕初阅富德奏称贼匪侵犯李中秀卡座，经绥库等卡座旁边，窜往木果山梁等语。朕即意及绥库等何不截杀贼匪，以致放过，宜将绥库等参奏治罪。今富德将绥库等另折参奏，理应如此办理。即如音济图前在军营奋勇出力，朕即赏给副都统职衔、巴图鲁名号。后因在金川军营并不出力,随革去副都统职衔,降授二等侍卫。今绥库等不可不行治罪,以示炯戒。绥库著革去巴图鲁名号,授为蓝翎侍卫。仍将赏伊银一百两追出,分赏李中秀、焦光宗。其拉先保、孟春玉俱著照富德所请行。伊等倘仍不知己罪,不行奋勉出力,富德务须据实参奏,从重治罪。将此传知将军、参赞等,并通谕各营赏给巴图鲁名号之人及官员、兵丁等知之。"

谕军机大臣等:"前锋参领舒亮自至军营屡经奋勉,此次知有林内贼人声息,即先攻击,痛加歼剿,更为奋勇出力。昨朕已加恩赏给副都统职衔,著再赏缎二匹,以示鼓励。"

又谕:"富德处得力将领颇少,朕亦早为念及。英泰既系熟手,仍留富德军营帮办一切。因思哈清阿现在僧格宗一带后路防守,著即令哈清阿前赴纳木觉尔宗,同副将陈大复在彼加意防范。"

(高宗朝卷九六三·页一〇上～一二下)

○乾隆三十九年(甲午)七月甲戌(1774.8.29)

又谕:"据明亮等奏:本月初四日官兵攻克达尔图山梁时,蓝翎侍卫七格、进财保、厄鲁特阿尔泰三员同时并进,极为勇往,请旨加恩,以示鼓励;又,健锐营委署前锋参领登色保、三官保、奎德三员均各不避艰险,或直砍碉门,或直冲贼阵,请以副前锋参领升用等语。侍卫进财保,前于舒常奏攻克热围歌洛折内称其奋勇出力,业经升授三等侍卫。七格、厄鲁特阿尔泰并著升授三等侍卫。登色保、三官保、奎德俱著以副前锋参领升用,遇缺即补。"

又谕:"据明亮等奏:户部员外郎裕善自上年调赴南路随营办事,实心奋勉,本月攻打达尔图山梁,该员恳请带兵,亲冒矢石,将贼牵缀,殊属出力可嘉,请赏给花翎等语。裕善著赏戴花翎,以示鼓励。"

谕军机大臣等:"此次海兰察等因将军预有号令遇雨即撤,尚非退缩,而额森特即于雨雾中带兵攻得木城,甚为勇往。盖额森特见海兰察屡次立功居多,亦思奋勉自励,故不避雨泞,将二木城立时攻拔。而富兴、普尔普等并皆尽力助势,乌什哈达亦闻声攻得旁卡二座,均系可嘉。著阿桂将该将领等及出力之弁兵查明存记,统俟攻得勒乌围时,咨部一并优叙。至得受枪伤之侍卫硕多尔海、章京兴奎、协领赍里克是否无恙，深为轸念。著遇便奏闻其伤亡官兵，俱著查明咨部，照例恤赏。又，同日明亮奏：西南下拖山腿要隘贼卡，初六日派三保、珠尔格德、阿尔都前往占据，连筑二卡，现已压至山半。其相连之木克什山梁两面斜插山腿，列碉其上皆足以绕我之后，必须一并剿洗，业已抢占两碉。所办亦好。看来阿桂、明亮两军隔河相望，声势甚盛，贼人气馁，自可迅速成功，伫盼捷音。至阅所获贼目丹巴阿太供词，据称金川知官兵欲攻正地，在树林内要隘地方派人埋伏，专等官兵进来下手等语。是明亮前次不由正地进兵，幸不堕贼诡计，尤为得算。至彭楚克供丹巴沃咱尔闻官兵已得达尔图山梁，即添调各寨百姓，亲自带领分开各处防守等语。丹巴沃咱尔是贼中之狡恶者，逆酋恃以领兵。今伊既赴宜喜抵拒，明亮等当留心防范，勿稍疏懈。若得生擒此贼，较索诺木尤为可喜。并令舒常知之。"

（高宗朝卷九六三·页二〇下～二二下）

○乾隆三十九年（甲午）七月己卯（1774.9.3）

谕军机大臣等："富德痛歼潜来贼匪，坚守卡座，殊为妥善。此时将军等已经深入，贼人穷迫，尚敢暗来冲我卡座，深为可恨，必须尽戮无遗。又，张正邦守卡杀贼，土兵绰窝因砍取贼首以致受伤，皆属奋勉。著富德酌量奖赏，以示鼓励。"

办理粮饷河南布政使颜希深奏："各路官兵现在加紧进攻，恐贼人铤而走险，防守更宜慎重。查觉木交及周叟等处均有官兵防驻，土民协守。惟呀喎一站在日旁山脚之下，毗连贼境，小路颇多。今日旁之兵调赴宜喜，所存驻防兵五百名，只足为该处守御，恐不能四面接应。臣禀商副将军明亮，于附近觉木交之桥头，酌抽兵丁六十名，又选壮夫四十名，经镇臣李时扩带往妥为安设。又查将军阿桂攻罗博瓦山梁之后官兵深入，恐逆酋索诺木兄弟穷蹙思逃，已令各卡隘严加稽查，复晓谕各卡，或恐促浸番民从此逃窜，亦宜加意盘诘，勿使兔脱。"

得旨："好。诸凡皆妥勉为之。"

（高宗朝卷九六三·页三六下～三八上）

○乾隆三十九年（甲午）七月辛巳（1774.9.5）

又谕："据阿桂等奏：于七月十八、九等日派拨官兵分路进剿，将贼境该布达什、诺甲得古、色朋普山腿碉卡、木城悉行攻克，并焚烧格鲁瓦觉各处寨落，共计攻得战碉二十三座、木城九座、石卡六十余座，烧毁寨落七十余处、碉房数百间，歼杀贼番男妇老幼三四百名，夺获军火、器械、口粮、牛羊等物甚多，现在统率胜兵，进围逊克尔宗等语。连日正盼捷音，览奏深为欣悦。大兵屡次攻克要隘，我武更扬，贼胆益破，现已乘胜深入，指日当迅扫贼人巢穴，早奏肤功。皆由将军、参赞等善于用兵，调度有方，领队镇将等于地利军情俱所熟悉，故能动合机宜，深为嘉尚。均著交部从优议叙。其在事出力打仗得功官兵，并著查明咨部议叙，以示鼓励。"

又谕："据阿桂等奏称攻获格鲁瓦觉一带地方贼人碉卡、木城，痛剿贼匪，围攻逊克尔宗等语。此次攻取格鲁瓦觉等处地方，将军、大臣等鼓励官弁兵丁俱各奋勉，攻获险阻，杀败贼匪，夺获碉卡、木城甚多，并将贼匪家属杀至数百，甚属可嘉。谅不日即可成功，朕甚欣悦。将军、大臣、侍卫、官兵等俱著交部议叙另降谕旨外，头等侍卫拉巴巴尔巴图鲁玛尔占自到军营以来甚为出力，此次奋勇攻战，身复受伤，著加恩赏给副都统职衔。此次进兵以来，海兰察感戴朕恩，诸处亲督官兵，攻取险阻、碉卡、木城，痛剿贼匪，实属奋勉超众。额森特素善长枪，自赴军营以来勇往向前，每遇攻战相机调度，杀贼众多。前已赏给海兰察额尔克巴图鲁，额森特丹巴巴图鲁名号；今改海兰察绰勒霍罗科巴图鲁名号，额森特墨尔根巴图鲁名号。海兰察并著加赏银三百两，额森特著加赏银二百两。又，阿桂奏称：跟随官兵家人厄鲁特沙喇扣肯等六人，随从官兵一同奋勇杀贼。请将沙喇扣肯、巴桑僧肯、德尔格尔、巴哈入于京城旗分佐领下披甲，巴苏泰入于伊犁旗分佐领下披甲等语。所奏甚当。伊等俱系朕奴仆，不但可以披甲，如果能奋勇出力，即升用官职亦可。"

又谕曰："阿桂调度得当，可谓善于用兵，而海兰察、额森特尤为勇略超群，是以此一路贼人险隘俱经官兵攻克。逊克尔宗正可乘胜剿取，直抵勒乌围。据称其地止有一面可以仰攻，或当断其水道，或从拉枯喇嘛寺绕截其后，自不难于得手等语。就图而论，拉枯喇嘛寺即在现得格鲁瓦觉之旁，势亦不可不取。若先攻克拉枯喇嘛寺，即由彼绕击逊克尔宗之后，甚属便捷，可以一举两得。阿桂等自必计出于此也。同日，明亮奏，奎林又将木克什山顶一碉用炮轰摧，歼戮贼众，甚属奋勉。俟将达尔图一带碉卡尽数剿洗压下，再行优叙。至前次闻丹巴沃咱尔赴达尔图抵御，今明亮闻索诺木亦亲来救援。丹巴沃咱尔乃贼中之最狡黠者，诸事宜加意严防，而逆酋索诺木亲至其地，贼众自更为之舍死用力，但贼酋、贼目实皆罪大恶极，为覆载所不容。明亮若能设法将索诺木、丹巴沃咱尔一并俘擒，其功实为不小，务须努力为之。但大功正届将成，尤当动出万全，不可稍有丝毫罅隙为贼所伺，方为妥善。将士等亦不可因屡胜之后志足意满，稍涉骄矜，或致疏于防范。"

（高宗朝卷九六三·页四二下～四六上）

○ 乾隆三十九年（甲午）八月癸未（1774.9.7）

又谕（军机大臣等）："昨阿桂等奏，官兵连次克捷，现已进围逊克尔宗，虽有贼人拒守，无难破险摧坚径抵勒乌围。勒乌围系贼酋巢穴，当必舍死守御，但官兵既近逼贼巢，大势已失，加以官军勇锐，贼酋自难以久持。第恐其情窘计穷，相率乞降，以冀缓死，将军等断不可为其所惑，稍存姑息。金川负恩肆逆，罪大恶极，自取灭亡，必当明正刑诛，以快人心而慑边徼。况官军费如许力量始得平定其地，不当以受降完结，使诸番无所儆畏，且不可留此余孽复滋后患。著传谕阿桂等，若逆酋索诺木及莎罗奔兄弟等此时诣营求降，惟即擒拿俘献，不得稍有游移。并当晓谕诸番，咸知此意。至前据脱出番人供称，僧格桑已死，金川贼酋将尸往献军营，因将军等不受，即埋在逊克尔宗等语。今官兵克日可得逊克尔宗，阿桂到彼时，务先讯明被获贼番，即刨出尸身，辨识明确，割取首级，解交文绶于成都暂存。俟擒获逆酋索诺木、莎罗奔兄弟及贼党丹巴沃咱尔时，俘馘一同解献。至阿桂攻得逊克尔宗时，所有凯立叶之贼或可不攻自溃。倘贼尚存聚其处，岂可置之我兵之后？著传谕阿桂，于攻破逊克尔宗之时，一面进攻勒乌围，一面令丰升额带兵数千前往凯立叶，与伍岱官兵两面夹击，贼自难于存匿。迨攻克凯立叶，丰升额仍带兵至阿桂处会攻勒乌围。"

（高宗朝卷九六四·页四下～五下）

○乾隆三十九年（甲午）八月丁亥（1774.9.11）

又谕（军机大臣等）："现在阿桂已围逊克尔宗，明亮已攻克达尔图，即日可抵勒乌围，贼势窘迫，仍敢冲我卡座，盖欲自露并未窘迫之意，深为可恨。富德于各处要隘派兵剿杀，甚属妥善。至千总张正邦奋勇打仗，毙贼甚多，仍能守住碉卡五座，实属黾勉出力。著加恩授为额外守备，遇缺即补，仍赏戴孔雀翎。把总马继武四面接战，扎死二贼，受伤后仍能击败贼匪，亦属超众出力。著加恩授为额外千总，遇缺即补。巴旺小头人则吉从前跟随将军阿桂、明亮等奋力打仗，此次杀败贼众，自属黾勉。著赏给千总顶带，并戴蓝翎。其阵亡、得伤官兵，著富德查明，造册送部，照例赏恤。"

又谕曰："伍岱奏于凯立叶、谷噶两路中间造卡驻兵，所办甚属妥善。将军阿桂等业已统兵深入，惟恐后路或有贼人潜来侵扰。今伍岱自凯立叶至保宁营卡均已驻兵防守，是将军后路连续相通，尽可无虑，伍岱所办可嘉。此时惟俟大兵将抵贼巢，丰升额领兵扫荡凯立叶后，伍岱即将彼处之兵酌留防守，其余带往党坝，以御逆酋奔窜。"

（高宗朝卷九六四·页一二上～一三下）

○乾隆三十九年（甲午）八月庚寅（1774.9.14）

谕："据明亮奏，攻取贼匪碉卡，枪子从奎林辫顶打进，从囟门头皮透出，尚未伤骨等语。奎林自赴军营以来，感戴朕恩，每遇打仗勇往向前，此次受伤虽未至骨，谅亦不轻，朕深为轸念。今已愈否？遇便奏闻。著加恩将朕所佩荷包赏给，仍授为都统。"

谕军机大臣等："阿桂等奏官兵攻取逊克尔宗前面碉卡，歼毙贼众，并烧毁其旁近寨落。览奏实为欣慰。同日明亮奏到，称进攻前敌四碉，已取一碉，杀贼无数，奎林顶被枪伤。览之深为廑念。奎林平日打仗最为勇猛，今辫顶受伤，部位最关紧要，即幸而调养无虞，自不便仍带兵行走。惟是明亮处能带兵之人本属无多，今奎林现须养伤，则得力之人更少。因思奎林虽不宜劳力，而坐守尚可优为，莫若令赴富德马尔邦军营，代富德防守，换富德迅至明亮军营协同进剿，富德俟奎林到营后，兼程迅赴宜喜，毋稍延缓。至此两路情形，阿桂一路自更易于得手。并据称相机断其水路，逊克尔宗自归掌握。所见甚为扼要。果尔，则官兵乘胜深入，更有席卷之势。阿桂一至勒乌围，则达尔图之贼必且不攻而溃。至于断贼水道，最为上策，朕昨年计画及此，曾屡谕将军等筹办。今阿桂处既用此法，明亮何不仿而行之。第明亮一路贼人扼守甚坚，现在破碉杀贼，虽足慑众贼之胆，但此次官员受伤者亦觉稍多。明亮于攻剿时倍加慎重，方为妥善。至穆塔尔等在帛噶尔角克碉一带搜查贼匪，防护割麦番民，既得其粮食，复歼擒番众男妇，所办甚好。功噶尔拉贼虽防守，此时谅无能为，俟官兵攻得勒乌围，此等零星贼匪自皆不能存住。但现尚有贼，一切防守不宜稍有疏略。此乃长清、旺保禄等专责，伊等均当实心妥办，毋稍玩忽干咎。"

定西将军内大臣尚书阿桂奏："金川逆酋本各土司所切齿，况索诺木等因庇匿僧格桑以致灭亡，即窜往他处，各土司前车具在，亦断不敢收留，但至力竭势穷为铤而走险之计，亦当早为儆示，俾各先事预防。臣等谨将谕旨指示之处详细译出番字，发交党坝、梭磨、卓克采、从噶克各土司遵照。其革布什咱、绰斯甲布、巴旺、布拉克底凡与贼境毗连者，一体饬发，令各加意严防，不得丝毫疏懈。"

得旨："嘉奖。"

（高宗朝卷九六四·页一八下～二一上）

○乾隆三十九年（甲午）八月壬辰（1774.9.16）

谕："据富德奏，庚额特一带历次打仗，及此次攻打穆当噶尔、羊圈等处，所有随营之革职效力原任总兵张玉琦、原任副将王承勋均属感悔，奋勉出力等语。张玉琦著加恩赏给参将衔，王承勋著赏游击衔，以示鼓励。"

又谕："据富德奏：攻打穆当噶尔、羊圈等处，现克石碉九座、大木城一座、石卡三十余处，杀贼八十余人，官兵均属奋勇出力，而荆州满兵百名，因曾降旨训饬，咸思奋励争先，力图报效等语。前自攻克绒布寨以来，距今已经数月，今富德督率官兵奋力攻得碉卡、木城，歼戮贼众，甚属可嘉。所有此次富德所带打仗各兵丁及屯土兵练等，俱照阿桂、明亮军营之例，各赏给一月钱粮。至荆州满兵能知感愧，奋不顾身，并著加恩一体赏给，以示鼓励。"

又谕："现在大功不日告成，其奋勇出力人员各宜奖赏。所有需用翎枝，著发给阿桂一路花翎二十枝、蓝翎四十枝，明亮一路花翎十五枝、蓝翎三十枝，富德一路花翎五枝、蓝翎十枝，以备赏用。"

（高宗朝卷九六四·页二一下～二四上）

○乾隆三十九年（甲午）八月甲午（1774.9.18）

谕军机大臣等："贼番势处穷蹙，自必竭力守拒。阿桂所云贼人姑为退一步且守一步、守一日苟延一日之计，其说深中贼情。然贼人伎俩不过如此，官军屡胜之后声势正盛，将士亦倍加奋力，无难速成大功。但必须相机妥办，如断其樵汲，贼众必难据守。其逊克尔宗三面之碉恃险力拒，官军转不必过于冒险进扑，阿桂本慎重之人，恐其急于成功，或不免稍涉轻率，故谕及之，然又不可因此过于迟疑也。至外委王世贵、钟新以四十余兵御贼百余，守卡无失，甚属可嘉。著阿桂将此二人即从优拔补千总。守卡兵丁亦酌予赏赉。其赴援歼贼之乌什哈达、普尔普并著纪录功绩。"

（高宗朝卷九六四·页二五上～二六上）

○乾隆三十九年（甲午）八月乙未（1774.9.19）

谕军机大臣等："前阿桂奏番地届麦熟之时，或伏兵截拿其割麦之贼，或派兵抢割麦穗，诱贼前来，乘势歼剿，最为善策。今阿桂现在攻围逊克尔宗，该处贼碉虽在山崖之上，一面可以进攻，其旁近平地种有麦田之处，自当进兵践弃，勿使存留，所有附近寨落并应设法焚毁。贼众虽守坚碉，其心必然窘迫，亦足为攻剿扬威助势。阿桂若进抵勒乌围，其地更系平旷，麦畦及寨落必多，自应令丰升额等分头带兵，将旁近番人村寨悉行焚毁，遇有麦田，可资因粮之用者则取之，否则蹂躏烧弃，于进攻更为有益。即明亮等将达尔图山梁全行攻克，或沿山前往马尔邦与富德夹击要隘，亦当酌用此法。"

（高宗朝卷九六四·页二六上～下）

○乾隆三十九年（甲午）八月辛丑（1774.9.25）

谕："攻剿金川各土兵每多奋勉出力，节经交部议叙、议恤，该部照例同满、汉各兵复准具题，未免有需时日。现在大功将藏，所有赏恤土兵银两若不即时给领，将来该兵等各回本境，由地方官发交土司转给，恐不无侵扣滋弊。且土兵非满、汉兵丁必须核对册籍者可比，原可随时核明，先行议复，毋庸同案汇题。著交该部查明未经办出及陆续咨到者，即速议复具奏，俾得即时行知军营，令各及早承领，以示鼓励。"

谕军机大臣等："阅阿桂奏到金川图内日尔巴当噶及凯立叶，其形势俱在大营之后，我兵得胜长驱，原不可不将旁近贼人聚落搜剿净尽，以除后患。至既得勒乌围，河北、河南两路分进，贼中杂径尚多，必须随地防范，勿稍涉大意。至明亮若于攻克达尔图山梁时，即沿河趋马尔邦之后，与富德夹击，自可打通马尔邦，合力攻剿噶拉依。然如庚额特、博堵、克舟九寨等处及正地相近之纳尔楚、独松等处贼卡尚多，明亮、富德必须将后路肃清，再行进剿，方为万全。"

（高宗朝卷九六五·页六上～七上）

○ 乾隆三十九年（甲午）八月癸卯（1774.9.27）

定边右副将军广州将军明亮等奏："达尔图山阳一面，有贼人往来取水，堵御甚严。臣于初七日派兵由西南山侧直下，抢得水卡，贼惊慌四散，我兵追杀多人。一面催集土兵连筑四碉，当即派令据守。其勒乌围、噶拉依两处巢穴，均在阿桂所攻河南一路，臣等由河北进兵，即派渡河往剿。两路中但有一路深入，则河南北皆成破竹之势，其东北一带山岭，已从中隔断，并可不攻自溃。已饬藩司先备造船物料，并令砍伐竹植存贮，赶搭索桥，为将来济渡之用。"

谕军机大臣等："贼人水卡既断，饮汲无资，其势自不能久于存聚。若将东北三碉一并攻克，则西南山腿各碉顺势下压，更易得手。据明亮奏，预备造船搭桥料物，以便过河会剿。若勒乌围地面宽阔，必须多兵分路围攻，则明亮自当过河合剿；若勒乌围可进之路无多，阿桂、丰升额之兵已足敷用，则明亮无庸渡河，自应循山而行，潜往马尔邦之后，与富德腹背夹击。攻开此路，即可引进富德会剿噶拉依贼巢。逆酋两面受攻，自更接应不暇，于扫穴擒渠尤可迅速藏事。著明亮于全得达尔图时，即札知阿桂，妥为商酌行之。"

（高宗朝卷九六五·页九上～一〇下）

○乾隆三十九年（甲午）八月庚戌（1774.10.4）

谕军机大臣等："川省军营如云、贵、陕、甘各省调用之兵甚多，且较楚兵更久，其衣履、刀仗历来作何添补？今陈辉祖专为楚兵筹计，而各省兵丁同在行间，见楚兵独蒙优恤，相形之下未免心懈，且于国家一视同仁之义亦未得其平。著阿桂即速查明各路军营旧办章程，如原系各省拨解，陈辉祖亦照他省之例，自可听其拨解。如各省俱未办及，而此项装械必不可少，则应一体办给，行知文绶购办。"

定西将军内大臣尚书阿桂等奏："官兵环攻逊克尔宗，贼人力竭势穷，十五日金川头人绰窝斯甲将僧格桑尸匣刨起呈献，并将僧格桑之妾侧累及小金川头人蒙固阿什咱阿拉一同献出，并称七图安堵尔现在患病，随后亦即拿献。臣将所献侧累等一并拘留。其僧格桑尸身，已令割取首级，交文绶暂存省城，俟拿获索诺木弟兄及大头人时一并献俘。"

谕曰："阿桂等筹办逊克尔宗，筑栅铸炮，日渐就绪，自可克期集事。现届大功将成，倍宜慎重，阿桂不欲令官兵轻率扑碉，所见极是。至所奏金川贼人将僧格桑尸身及侧累等呈献到营，阿桂等仅与拘留，仍照常攻打，不稍弛懈，所见尤是。侧累等固应解京严讯，但不过解审之犯，止应选派妥干员弁严行管押，毋任疏脱，不得谓之献俘。直待擒获索诺木兄弟，方可行献俘之典。至僧格桑之妾虽已献出，而其妻则不肯同献，自系索诺木因其亲姊之故。若是，则金川所献仍属贼中无关紧要之人，其肺肝自不能掩。阿桂当时何不以此语诘之乎？又据奏，伍岱在阿桂处，既需留办分剿、分防之用，即毋庸前赴党坝，著阿桂檄知五福妥为防范。至各土司见金川灭亡在即，俱欲借此除害，并立功邀赏，诚心归顺，不敢疏纵，似属可信。攻破贼巢之后，逆酋谅无从兔脱，亦不虞其自戕。惟丹巴沃咱尔狡恶异常，恐未必肯束手就缚，务必设法生致槛送京师。"

又谕："逆酋索诺木、莎罗奔兄弟及助逆之大头目如丹巴沃咱尔、蒙固阿什咱、阿拉、七图安堵尔等，罪大恶极，神人共愤，就擒之日自应解京诛磔，以快万姓观瞻。其余逆番头目人等，著即就军前凌迟正法，以释我军愤恨，且使各土司番夷咸知炯戒。"

（高宗朝卷九六五·页二〇下～二二下）

○乾隆三十九年（甲午）九月辛亥（1774.10.5）

定边右副将军广州将军明亮奏："臣等奉谕将俄坡一带贼碉剿净，随派和隆武先往，将前二碉用炮轰摧，旋选满、汉、屯兵于十六日进攻。是日大雾迷濛，分作四股并下。和隆武先将第一碉攻克，其第二碉派珠尔格德进攻，第三碉派三保，其旁有大石卡一座，派阿尔都进攻，并力齐进。贼人措手不及，弃碉逃逸。正当乘胜追杀，而救援贼兵奔至，绰斯甲布、革布什咱两处土兵复绕出其后，贼见来路将断，舍死搏战，而索伦、吉林官兵注矢围射，滚崖落箐者无数，余即四散奔窜。"

谕军机大臣等："此次攻剿碉卡，和隆武首先攻克，珠尔格德、三保、阿尔都等亦各奋勉出力，甚属可嘉。而满洲、吉林、索伦官兵聚射贼众，矢无虚发，甚为得力。并著明亮等存记档案，俟达尔图一路全行攻得，交部一并议叙。其在木克什山腿绕截贼众之绰斯甲布、革布什咱土兵，亦著明亮量为奖赏，以示鼓励。又昨据阿桂奏，绰窝斯甲供称七图安堵尔因患病行走稍迟，随后也就出来。阿桂因计及俟七图安堵尔出来时，其金川大头人丹巴沃咱尔、山塔尔萨木坦、当噶拉阿纳木等若与同来，能设法生擒固善，否则伏兵立时杀死等语。若果能如阿桂所计，自是极好机会。但七图安堵尔乃小金川贼目中之最黠者，又已降顺金川，为其出力，索诺木未必肯将其献出。昨见及于此，曾经谕知阿桂，今复思贼众狡恶异常，恐其借擒献贼目为名别藏诡计。或丹巴沃咱尔同来至营门时诳称有面禀之语，将军、参赞即未必轻与相见，或海兰察、额森特等出至营外误为诱去，是贼未能入我罗网，而我领队大臣转致堕其术中，实属不成事体。在阿桂阅历年久，自能随时审慎，未必为贼所愚，但现在大功将成，诸事倍宜妥善。偶尔筹及此事，实深意外之虞，相隔将及万里，应谕之语不能一时即达，中夜几为废寝，阿桂等均当善体朕心，慎重妥为之。不特此也，我兵即日乘胜进剿勒乌围、噶拉依两处贼巢，逆酋等窘迫出降，亦所必有之事，然贼众或惶惧无能哀求逭死，或铤而走险包藏祸心，皆不可知。古语云受降如受敌，各路将军遇有此等情事，并当加倍留神，勿稍涉大意，方为万全之道。至明亮功得达尔图山梁以来，闻丹巴沃咱尔在彼抵拒，其人实猾贼之尤，颇有恶智。今观达尔图贼众伺隙潜袭，或者丹巴沃咱尔果在彼处，明亮于攻剿时务须随处留心，切勿轻敌。至明亮此次派出带兵攻碉之领队大臣未及奎林，想因其枪伤尚未全愈。前据奏伤处已经结痂，自可即就平复，甚为廑念，可附便即行奏闻。至阿桂所奏，贼中献出之侧累、蒙固阿什咱阿拉俱已讯供，而绰窝斯甲独为讯及，不知何故。该犯系金川头人，其于贼中情事知之尤应真切。如此时尚未起解，即应严加讯鞫。倘能讯得贼中虚实，或有应随宜防备之处，于军务自为有益。著阿桂即行讯明复奏。"

（高宗朝卷九六六·页二上～五上）

○乾隆三十九年（甲午）九月癸丑（1774.10.7）

谕军机大臣等："五福奏俟伍岱带兵到党坝协同筹办一折。于朕前旨未能领会。前令伍岱带兵赴党坝之说，原指阿桂攻破逊克尔宗后，令丰升额带兵数千往取日尔巴当噶，即往凯立叶与伍岱夹攻，尽得其地，再令伍岱前赴党坝，并非此时即令前往也。又昨据阿桂奏党坝一路汉、土官兵几及二千，堵御实属有余。若复令伍岱之兵带往党坝，会同五福驻守，于进剿兵力转致不敷等语。伍岱在阿桂处既须留备分剿、分防之用，自无庸前赴党坝，业已谕知伍岱，并令阿桂即行檄知五福责令专办矣。党坝一路既有兵二千，足资堵御，而五福身系满洲，番众自不轻视，且驻彼已逾一载，于该土司等亦应相习。土司见大功将成，无不思各建功绩，是堵御逆酋之事尚非难办。现在阿桂攻围逊克尔宗，克期可得。明亮又攻获俄彼之木克什碉卡，两路俱可乘胜迅入，直压勒乌围。昨据阿桂奏称，官兵进剿勒乌围，阿桂在河南，明亮在河北，两路俱有重兵挡阻，贼酋无从窜逸，所言未尝无理。但逆酋等窘迫求生之时，或竟改装易貌，只身由微径潜逃，此皆贼智所应有，五福断不可稍涉大意，致有疏虞。"

（高宗朝卷九六六·页一〇上～一一下）

○乾隆三十九年（甲午）九月丁巳（1774.10.11）

又谕（军机大臣等）曰："荆州将军绰和诺病故，所遗员缺，著兴兆补授。兴兆现在军营，所有荆州将军印务，仍著常禄署理。"

又谕曰："阿桂等奏攻打逊克尔宗贼寨设法进取情形一折。已于折内批示。据称，海兰察、额森特等所带官兵直至贼碉之下，或携带木梯扳上寨墙，或拆开缺口往内冲进，又从坍缺碉墙上乘之而入，并将碉内之梯用力拔出，以断贼人上下等语。虽黠贼于地窖深藏未能攻得，而官兵如此奋勇，实属可嘉。此等出力者系属何人，阿桂等俱应查明，或即行量予奖赏，或记名一并优叙，俾众兵益知鼓励。至所称恐官兵或有损伤，即令徐徐撤下，所办甚是。大功将成，诸事倍宜慎重。现在官兵勇锐倍常，炮力亦甚威猛，自可克期攻克，惟当相机而进，以期万全。又据称，十九至二十二雨雪连绵，实觉可恨。阿桂于二十三晴霁之后，即于是夜派兵进攻，可见阿桂等及诸将领亦不肯稍懈。看来番地气候春秋雨雪每甚，惟冬令晴日较多，章嘉呼图克图曾言及之。前岁攻得美诺等处，及昨岁收复小金川，皆系冬月成功，已可概见。阿桂等尤当努力为之，若于长至前集勋藏事，亦不为迟也。至另折奏贼人于十七日将七图安堵尔送出，即同绰窝斯甲一并拘拿讯供等语。七图安堵尔降顺索诺木，为之出力，意贼酋未必真心擒献。今竟将其献出，则贼情之窘迫可知。但据七图安堵尔供称：听见大头人说，如今格鲁瓦觉、宜喜两路官兵打得狠紧，怕我们挡不住。从前大兵进来原为小金川土司，今将僧格桑尸身及其妾侧累并大头人七图安堵尔等送出，想来可以完事。绰斯甲布、布拉克底、巴旺、三杂谷如今虽打得利害，但都是我们亲戚，若是大兵出去，过几年还可相好等语。贼人狡黠可恨在此，而其糊涂不知死活亦在此。今官兵攻剿金川，所有险隘已得十之八九，阿桂等及诸将领自无不思速建鸿勋，慰朕悬注，谅断不肯因贼酋恳求，稍存游移姑息之见。第恐绿营官兵悉皆肤识浅见，且从征略久，急图休息者多，一闻贼酋献尸求降之言，难保心不为稍惑。阿桂等当通行详谕众官兵等以各路大军乘胜深入，自可直薄贼巢，指日成功。尔等俱可仰邀优叙，得官受赏。况国家费如许力量，以期永靖边圉，岂可亏于一篑？若此时准其求降完事，则祸根不除，仍贻后患。且贼酋等明言大兵出去，过几年与各土司还可相好，则其野性难驯更觉显然。若不彻底妥办，则大兵一撤，数年后贼人故智复萌，又将联络诸番，强吞弱并，抗逆鸱张，势不能不再兴师问罪，仍需尔等宣力戎行。与其数年之后重劳跋涉，何如就将成之绩，勉力图功，速膺懋赏乎？如此明白告诫，众官兵当益加鼓舞自效，不为浮言所惑矣。又据七图安堵尔供：土司今春因百姓没得吃也借出一两背米，如今庄稼收了，土司们就要追还，又要他们利息，所以百姓们心肠愈淡等语。又绰窝斯甲供：土司百姓们心变，叫齐各处寨首说，大兵打破了地方，不论土司头人与百姓都不饶的，须大家出力看守地方等语。可见金川番众其心未尝不动，前曾谕令阿桂，于进兵攻剿时，一面传布号令，通谕诸番，使皆知悉，如有深知顺逆之理，不为贼酋死守望风投降者，仍得免死安居，但不可仍令其居住本地；若能并将土司头人擒献者，必加重赏；倘迷而不悟，直待攻破碉卡，虽降亦不饶恕。此时以此传播，正当其可，且因贼酋有叮咛百姓之言，切为晓谕，更属将计就计，易于引动。著阿桂、明亮等共知此意，于攻剿贼碉时令土兵等一体传告，使众番共有见闻，俾懈其死守之心，各怀求生之念，亦因势利导之一法也。再阅阿桂进到图内，密里阿岳以下官兵木城已过逊克尔宗之前，而所得之格鲁瓦觉亦在逊克尔宗之前，是贼人来路无难截断，已于图内用朱笔圈志。若从官兵木城至当噶克一带圈志处所堵截其往来之路，逊克尔宗贼众自断不能久存。著将此图发与阿桂，若此旨到时尚未攻得，阿桂务当悉心妥酌为之。"

（高宗朝卷九六六·页二一上～二六下）

○乾隆三十九年（甲午）九月庚申（1774.10.14）

又谕（军机大臣等）曰："明亮等奏进攻木克什山腿两碉，正当围裹紧要之时，风雨大作，甚为可恨。看此情形，贼中必有善用扎达者。但此等究属邪法，不能胜正，将军等总以镇静处之，并晓谕将佐、弁兵不必视以为事，其术自然无所施。所谓见怪不怪，其怪自败也。若风雨之故，由山神所为，亦属非理。朕奉天承运，为天下共主，兹以金川逆酋负恩反噬，罪大恶极，为覆载所不容，不得已命将申讨，师直而理正，且所至之地，谕令将军等致祭祈赛。山神有知，自应效灵助顺，早佑藏功，以膺国家秩祀。若转袒护逆酋，甘为邪术驱遣，妄行雨雪，即属违理悖常，必干天谴。昔韩愈以一州刺史尚可正辞发弩驱除鳄鱼，矧将军奉天子命征剿不庭，岂山神所得而相拒乎？将军等适遇非时雨雪，即当视其来处，用大炮迎击。纵有邪魔，亦当退却。此亦代天宣化之正道也。至番地常时气候大约冬令晴日居多，前岁、昨岁屡次获胜，皆以冬月。计此旨到军营已是九月下旬，转瞬初冬，天晴气煦，定能扫穴擒渠，克日奏绩，将军等惟当勉力为之。"

（高宗朝卷九六六·页四〇上～四一上）

○乾隆三十九年（甲午）九月乙丑（1774.10.19）

又谕（军机大臣等）曰："阿桂等奏攻克逊克尔宗水碉，并接拿木栅，用炮轰摧贼寨情形。自必速筹攻打，以期迅得。又据奏贼寨西南贼人尚有取水之处，虽云来往纡远，但贼人尚有可恃，阿桂何不将此一并夺取。设或不能径至其处，即派健锐营鸟枪兵及索伦好弓箭，于贼人欲往取水之处遥为堵截，尽力击射，贼自不能前往，使其饮汲无资，必更窘迫，于攻剿尤易得力。此法不但此处为然，凡将军等攻剿所至，如勒乌围等处，皆当照此办理。至所称二十九日贼扰瑚尼尔图卡座，外委徐沛出营追杀，中枪阵亡。徐沛奋勇捐躯，情属可悯，著照千总例议恤，可即咨部知之。至贼匪当此穷蹙之时，尚敢潜出扰我营卡，虽经官兵知觉赶杀，随即窜匿，但贼匪敢施此伎俩，恐其伺我罅隙，潜来突逞其奸，不可不时时防范。阿桂等务各营卡将弁加意稽察防守，勿稍疏虞。"

（高宗朝卷九六六·页七一上～七二上）

○乾隆三十九年（甲午）九月丙寅（1774.10.20）

谕军机大臣等："明亮等奏贼人每次前来俱为官兵知觉，无不败遁而去。所办甚好。现当各路围攻，贼势日见穷蹙，即屡次妄思偷窃营寨，亦可见伎俩已穷，无难殄灭。至每次以计就计歼击贼众，实足使么么丧胆。但官兵不可因贼屡次挫败稍存大意，惟当益加严密，勿稍疏懈。惟是昨据阿桂奏称，上月二十九日大炮铸成，天气亦渐开霁，初二日攻击水碉后，现在天气已晴。计阿桂奏折系初四日拜发，与明亮发折之期为日正同。乃称该处非雨即雪，俟山路微燥即督同进剿。达尔图山梁，距阿桂军营不远，何以两处阴晴迥殊若此，殊不可解，或晴霁自南而北，亦不可知，著询之明亮，即行复奏。番地冬令晴日居多，连年俱于冬月取胜。转瞬初冬，天气晴煦，定能扫穴擒渠，迅速奏功，将军等各宜勉力为之。"

（高宗朝卷九六七·页二下～三上）

○乾隆三十九年（甲午）九月辛未（1774.10.25）

定西将军内大臣尚书阿桂等奏："臣于初七日寅刻派海兰察、额森特进攻逊克尔宗官寨。贼人放枪抛石，相持数刻，遂令官兵撤回，潜留锐兵伏于寨旁。辰刻官兵直上寨墙，贼于碉寨内抛石击打，我兵难以跳越，因在墙上尽力击射，枪箭所及矢无虚发。及贼人援兵四至，抛石更紧，官兵恐多损伤徐徐酌撤。复于初九日派海兰察、泰斐英阿等分队进攻。初十日官兵一同拥进，而贼人于寨墙下另挖沟濠一道以限官兵。其沿沟上悉遮木板，以御官兵击射。又俟官兵逼至墙根，将墙上积石乱推而下。连扑三次，不能攻进。但贼于露身抵御之时，被官兵枪炮所击，伤毙无数。又，乌什哈达、福康安等攻打西北寨落，有贼从沟底潜来思欲截后，乌什哈达等分兵歼毙及带箭滚崖者又有数十名。"

谕军机大臣等："据阿桂等奏连日攻打逊克尔宗杀戮多贼情形一折。将领及兵丁等连次攻碉均各奋勉出力，鼓勇先登，深堪嘉奖。将士如此齐心，必邀上天嘉佑，可期迅速成功。至阿桂等于官兵进攻时，见有履险难进之势徐徐酌撤，自应如此办理。看来贼众抗拒，情形窘迫，自救已无能为。只要天气晴霁，便可得手，番地气候十月以后晴霁日多，转瞬即届孟冬，自可即期克捷，伫听喜音。"

阿桂等又奏："臣等于九月初七日攻取逊克尔宗，先于初六日夜派三等侍卫巴达玛、黑龙江协领那延泰带兵前往。乃初七日早海兰察、额森特领兵已至贼寨，而巴达玛、那延泰未到。及经海兰察训责，伊转咆哮不服。请旨将巴达玛、那延泰革职，充当披甲，效力赎罪。"

谕曰："巴达玛、那延泰仅予革职，不足示惩，著鞭责一百，披甲效力赎罪。嗣后如仍不知奋勉，阿桂等即行参奏，从重治罪。"

（高宗朝卷九六七·页二八上～三〇上）

○乾隆三十九年（甲午）九月癸酉（1774.10.27）

谕军机大臣等："前日阿桂奏官兵攻逊克尔宗情形。只须晴霁数日，便可得手。番地冬令雨雪较少，现在将次交冬，可冀天气多晴，克期集事，亟望捷音。设或贼人势处穷蹙，死守愈力，急切未能攻克，又不宜为守株之计。因思日尔巴当噶为必须攻取之地，前据阿桂奏可由凯立叶下压，何不令丰升额带兵数千驰赴凯立叶，与伍岱合力攻压日尔巴当噶。若经攻得，则逊克尔宗可以两面夹击，贼必不能久聚，似亦出奇制胜之一策，阿桂等以为何如？此旨到后，如逊克尔宗已经攻得，自属甚善。倘尚需时日，此法是否可行，著阿桂等即悉心妥酌办理具奏。"

（高宗朝卷九六七·页三四下～三五下）

○乾隆三十九年（甲午）九月丁丑（1774.10.31）

定边右副将军广州将军明亮等奏："查木克什山腿下接三碉，用炮轰摧，日见颓破，而贼之负隅相抗，正以对面山梁格木勺地方上有战碉四座，恃为犄角。十三日令侍卫阿满泰等分路进攻，以截甲索贼人来路，一面将木克什以下三碉，令珠尔格德等带兵攻打。十四日黎明，各兵四面合围，其格木勺山梁四碉俱系仰攻，本难得手，惟有牵缀贼势，使之不能他顾，而右手及在后两碉已为阿尔都、珠尔格德先后夺取。其左手一碉，从中可截，缘相持已久，恐夜黑难以存住，即拆毁两碉而回。计此次进剿，割取首级二十颗，生擒三名，其首级尚有红衣贼目二名。"报闻。

（高宗朝卷九六七·页五九上～下）

○乾隆三十九年（甲午）九月庚辰（1774.11.3）

定西将军内大臣尚书阿桂等奏："查逊克尔宗官寨，其左隔有河沟，崖磡壁立，官兵断难跳越。臣令于官寨之右，将坡磡层叠之处由小路绕越，刨沟立栅，断贼后路，随令额森特、乌什哈达于十五日带兵突进，贼不能支，分头窜逸。臣预派满洲索伦劲兵埋伏，奋进攒射，共毙二十余贼，遂克取第一寨。其余各寨以次移炮攻打，谅不日亦可并取。本月十八日复奉谕旨，以木城至当噶克一带，贼人来路无难截断。正在尽力筹办，适与谕旨相符。"

谕军机大臣等："绕截贼人后路最为扼要，朕前此偶尔计及，即于图内朱笔标识，询商阿桂。今阿桂于奉谕旨之前，所筹派兵袭取路径与朕意适合，足见阿桂之诸事用心。现在阿桂已得右手第一寨，所有第二、三寨亦渐被炮轰残，其第四寨后两碉均可乘势攻取。如此，贼人后路已断，逊克尔宗应必不攻自溃。至于断贼后路，其粮食不能续供，贼情自即窘迫。

但恐贼寨中或略有余粮糌粑等项,借以充饥坚拒,然亦断不能经久。阿桂等惟设法堵截,勿使贼人得有接济,必当指日攻取为要。又前经传谕,令丰升额带兵往日尔巴当噶与伍岱夹攻,若能即速攻得,则逊克尔宗之贼更难久留。但据脱出小金川番人郎卡尔结有'金川贼人比从前更为害怕,凯立叶、日尔巴当噶亦添多人防守'之语。若丰升额果往彼攻剿,奋勇之中亦当稍知审慎,不可冒昧轻进。"

(高宗朝卷九六七·页七六下~七八上)

○乾隆三十九年(甲午)十月甲午(1774.11.17)

谕军机大臣曰:"阿桂等奏攻打第三碉尚未能得手,甚为可恨。至所称现在筹办为出其不意,使贼猝不及防等语,所奏殊未明晰,甚为焦急。阿桂或欲出奇密办,不肯预泄,固属慎重之道,但叙以入告又复何碍。计此旨到军营,所有第三碉自已设法攻得,或并逊克尔宗亦已攻取,果尔甚善。若有羁延,即将如何出其不意及办理而未成之处密行具奏。又供内有'噶里阿让欲往布朗郭宗、底木达放夹坝,摩摩阿什咱、得尔什思甲欲往别斯满放夹坝'之语。前据朗木结供及,已谕长清、旺保禄严密防守,并令富勒浑一体留心。谅亦即有复奏。近日各卡隘防守甚严,自不致有贻误,阿桂仍当时刻严防,勿稍疏懈。同日又据明亮奏称,二十六、二十九、三十等日,贼人于木克什及西南山腿等处连出侵犯,并经官兵剿击,歼贼甚多,贼人自当知所畏惧,不敢再为滋扰。但历看贼番情形,遇官兵竭力进攻,贼惟纠众死拒,若官兵驻定数日,贼即设法窃劫,屡试不爽。明亮在达尔图山梁,将未得之东北两碉尽力用炮轰摧,或并击其西南山腿诸卡,以期乘胜深入,自为得算,何以近日专攻木克什一路?著传谕明亮等相机速办,迅奏肤功,副朕悬念。"

又谕:"前阿桂奏欲于噶拉依建庙,令达赖喇嘛选择有梵行大喇嘛往彼居住一款。恐日久金川与西藏联为一气,亦难保其不滋流弊。莫若于京城选派一人前往,声名似觉更尊,已谕知阿桂审度办理。嗣询之章嘉呼图克图,据称金川等处原非西藏所属,恐不相习。至由京派往之呼图克图与该处红教喇嘛支派各别,难遽强而相同。所言亦是。因思前此德尔格忒白玉寺请赴军营念经之斯第呼图克图大徒弟噶尔玛噶什等三人,曾在两路

军营念经，阿桂等称其颇有梵行，或于此内择其最优者，在噶拉依新庙居住，管束众喇嘛。并可令留住之人来京觐谒，承受恩赉，潜移默化，徐消凶悍咒诅之邪术，似为妥便。以此咨之章嘉呼图克图，深以为然。著传谕阿桂，将来照此办理。"

（高宗朝卷九六八·页五二上～五四下）

○ 乾隆三十九年（甲午）十月癸卯（1774.11.26）

谕军机大臣等："前阿桂等奏，为出其不意之计，果能如所筹办，自可即期得手。又，昨日明亮奏攻夺贼碉并复查日旁道路情形，亦尚未能克期深入。两处军营俱相持两月有余，未得迅速克捷，深为焦急。前此阿桂曾奏，若从日尔巴当噶斜上力攻，非有现兵五六千不足集事。现在不能抽拨，必俟攻得逊克尔宗再为酌办等语。日尔巴当噶如果有可进之机，自应设法筹办。现在明亮所攻木克什一路，不过攻夺一二碉卡，仍未能乘胜直进，不免耽延时日。与其守株久待，何如设法改图。著传谕阿桂、明亮此旨到后，如阿桂已得逊克尔宗，明亮亦已由达尔图山梁直下，固属甚喜，设或尚有稽迟，则莫若将宜喜现兵抽拨四五千名，令奎林或三保带领前赴阿桂处，与丰升额合力驰往日尔巴当噶，知会伍岱并势夹击，可期得利。其达尔图山梁一带，明亮仍统兵在彼照常攻打，牵缀贼势，使之不疑。阿桂即与明亮妥速札商，果属可行，即一面办理，一面迅速复奏。"

（高宗朝卷九六九·页二五上～二六上）

○ 乾隆三十九年（甲午）十月甲辰（1774.11.27）

谕军机大臣等："阿桂处解到小金川头目绰窝斯甲，据供情愿发往军营效力，并招降番众。其言虽不足深信，然留于此地，亦无所用。著阿弥达、五格将绰窝斯甲解往军营。若解到军营时，已攻得逊克尔宗，进攻勒乌围，擒获索诺木，著阿弥达仍将绰窝斯甲解京，否则令其效力招降。如绰窝斯甲到彼并未肯出力，转或泄我军情，即著在军前正法，毋使脱逃。"

（高宗朝卷九六九·页二六上～下）

○ 乾隆三十九年（甲午）十月丁未（1774.11.30）

谕军机大臣等："前据阿桂初十日所奏之折，称现在设法攻剿逊克尔宗，一俟天气晴霁，即可进取。此数百里内天时大约相同，富德军营十四五等日既连晴霁，阿桂处谅亦相同，自应即趁天晴乘机攻打。如能于十四五等日攻得，日内亦应奏至，伫盼捷音。现今已届仲冬，以番地情形而论，向后晴日较多，必须上紧筹办，迅成大功。虽不宜急遽扑碉，亦不可过于迟缓。"

（高宗朝卷九六九·页三五下~三六上）

○ 乾隆三十九年（甲午）十月戊申（1774.12.1）

谕曰："海兰察自革退参赞大臣后，剿杀贼匪，夺取碉卡，甚属奋勉可嘉。额森特杀贼夺碉，亦属勉力。海兰察、额森特俱著授为参赞大臣。俟凯立叶路通之后合兵前进时，额森特著即在丰升额队内行走，海兰察即在阿桂队内行走。彼时参赞大臣既多，伍岱著仍为领队大臣。"

又谕曰："阿桂等奏到攻得凯立叶下截山梁，夺碉杀贼情形一折。据称：官兵连日设法攻剿逊克尔宗，尚未得手。探得日尔巴当噶、荣噶尔博中间有墨格尔一处，因于十六日戌刻，抽派官兵分队进发，于林深磡陡之中，不避冰雪爬越而登。贼人抵死拒守，海兰察等奋力冲杀，所带之兵全上墨格尔山梁，额森特等随亦上梁，将碉卡三座上下合围，砍开碉门，杀贼甚多，余俱滚崖落涧。官兵直据日尔巴当噶西面突起高峰，而海兰察等又向西面密拉噶拉木山头下攻压，并将该处石碉尽行攻克。此次打仗共杀贼一百五六十名，拿获活口五名，割取首级三十七颗，连抢大碉寨房二百余间、炮一尊、马四匹、牛羊、枪矛甚多。现距噶尔丹喇嘛寺十余里，前抵勒乌围亦不过二十里等语。此次将军等用间出奇制胜，调度有方，领队大臣及在事弁兵均奋勉出力，夺碉歼贼，甚属可嘉。阿桂、丰升额、色布腾巴勒珠尔俱著交部议叙。海兰察、额森特尤为超勇出群，已另降清字谕旨授为参赞大臣，仍著交部议叙。其余将领、弁兵并著阿桂等查明咨部，分别议叙奖赏，以示鼓励。"

（高宗朝卷九六九·页三六下~三八上）

○ 乾隆三十九年（甲午）十一月癸丑（1774.12.6）

又谕曰："明亮等奏攻克日旁碉卡寨落杀贼甚多一折。据称：周叟官寨对面贼山，即系日旁分支，有路可绕。随派和隆武等督兵密为攀越，并令奎林等各带兵分两翼并进。据和隆武于十九日四鼓，领兵绕至日旁山后，奋力抢碉杀贼，将战碉十余座、平碉二百余间全行攻夺，歼戮贼番，滚崖落涧，无一得脱者。割献首级三十余颗，活捉数人，抢获枪炮、马骡、牛羊、口粮等物甚多。距阿桂军营止隔一河，直望勒乌围约不过二十里等语。览奏欣悦。此次明亮等探路筹画，均合机宜。而越险攻碉杀贼全系和隆武功绩。伊父和起尽节捐躯，应有是子，深为嘉慰。另降清字谕旨，将和隆武授为都统示奖矣。所有调度有方之将军、参赞及在事出力之将佐、弁兵，著明亮等查明，即行咨部议叙。"

（高宗朝卷九七〇·页三上～下）

○乾隆三十九年（甲午）十一月甲寅（1774.12.7）

谕军机大臣等："昨阿桂奏即日可与伍岱会合，夹击日尔巴当噶。此路一通，自可直抵勒乌围，扫穴擒渠，势如席卷。但思勒乌围与噶喇依同系贼巢，若止攻剿勒乌围一处，则噶喇依之贼势必移聚该处拒守，转予贼人以暇矣。前此阿桂等曾奏称若从达尔图西南山梁直下，则与勒乌围仅隔一河，或在河北循山梁而行，抄出噶喇依对岸，便可至马尔邦之后等语。屡经谕令明亮若能至彼，与富德两面夹攻，将马尔邦攻克，即可同剿噶喇依。贼匪两面受敌，照顾不暇，成功尤可迅速。"

（高宗朝卷九七〇·页五上～六上）

○乾隆三十九年（甲午）十一月乙卯（1774.12.8）

谕军机大臣曰："阿桂等奏攻克日尔巴当噶等处碉寨，并接通凯立叶上截，歼戮贼众。览奏深为欣慰。从此攻取噶尔丹喇嘛寺势俱下压，自属便易。但逊克尔宗尚未攻得，仍恐贼自南而来邀截后路，此时阿桂若能将逊克尔宗一并攻克，自尤妥善。否则荣噶尔博一带山梁，甚关紧要。前此曾于图内用朱笔标记两圈，令阿桂派兵占据，阿桂务当斟酌妥办。若已经占得，始免后路顾虑。又据奏脱出之绰斯甲布番人雍中尔结供称，莎罗奔弟兄现又回勒乌围念经拒守等语。逆酋兄弟聚集一处，其计画自必更甚。若我兵攻破勒乌围，将逆酋一并擒获，则噶喇依并可传檄而定，成功尤为迅速。惟是逆贼狡黠多端，恐见官军势盛难敌，派人在勒乌围抗拒，而索诺木、莎罗奔弟兄仍回噶喇依，为三窟之计，以冀缓死须臾，亦未可定。阿桂统兵抵勒乌围时，一面进兵攻打，一面选派大员带兵千余往截勒乌围至噶喇依之路，使其无从窜回，于剿捕尤为得力。惟当妥酌筹办，毋稍疏懈。"

（高宗朝卷九七〇·页七下～八下）

○乾隆三十九年（甲午）十一月丙辰（1774.12.9）

又谕（军机大臣等）曰："阿桂自用为将军以来，立意进剿，筹度合宜，屡战克捷，现在内外大臣实无出其右者，甚属可嘉。至昨奏欲俟抽撤附近后路官兵合力进取，朕揣其意，似以逆酋兄弟现聚一处，若兵数单弱，恐不敷邀截之用，致逆酋逸去，故欲俟后路之兵抽调充足，进捣勒乌围，使逆酋无从窜逸。著传谕询问阿桂，其所以待兵之意是否如此。若果如朕所料，自当妥速而行。"

又谕曰："富德攻取德木特布咱纳等处碉寨甚为奋勉，此次暂行记功，俟得马尔邦时交部议叙。现今将军阿桂指日可抵勒乌围，与明亮兵会合。当此贼人丧胆之际，富德乘隙前进攻取马尔邦，更易得手。"

（高宗朝卷九七〇·页一五上～下）

○乾隆三十九年（甲午）十一月己未（1774.12.12）

又谕（军机大臣等）曰："明亮等奏续克日旁相接一带碉寨，并称各营实在官兵仅八千五百余名，自应筹画周备，方可统众前驱。如此筹办极是。昨阿桂奏亦欲暂待数日，俟各路抽调之兵一齐进攻。因索诺木、莎罗奔兄弟俱聚于勒乌围，故欲合集兵力，为一举成擒之计，朕实嘉其深合机宜。今明亮所见亦与阿桂相同，尤可望两人合力会剿，速成大功。就图形而论，勒乌围当系北面临河，或略偏东，阿桂统兵到彼，似可攻围三面。其北面若逼近河干，官兵难以屯扎，则明亮一军不必渡河，只在北岸遥为声援，以防截过河窜逸之贼。若勒乌围碉寨相离尚远，可容官军屯驻之地，则通知明亮即统兵渡至南岸，与阿桂四面围剿，尤易得手。阿桂至勒乌围时，若探知逆酋兄弟尚同在勒乌围，即速与明亮商酌，合力进剿，擒渠扫穴，可以一鼓成功，则洗荡勒乌围之后，噶喇依可不烦而定，更为妥捷。若索诺木兄弟有已回噶喇依者，又当两路分攻，使之照顾不暇，则兼令明亮前往马尔邦之后引进富德，同攻噶喇依。著传谕阿桂等妥商速办。"

（高宗朝卷九七〇·页二一上～二二下）

○乾隆三十九年（甲午）十一月壬戌（1774.12.15）

谕军机大臣等："阿桂等奏分路进攻一经得手，即无难进取噶尔丹寺。果尔，则阿桂与明亮可以会剿勒乌围。至所称由勒乌围往噶喇依之路，既系阿桂体访得实，自属可信。但官兵声势甚盛，恐贼众度不能支潜回噶喇依，不可不设法防截。又据奏逊克尔宗为勒乌围紧要隘口，拟令伍岱移驻日则丫口。逊克尔宗原属现在紧要后路，不可无人防守，伍岱带兵驻彼，自可望其得力。"

（高宗朝卷九七〇·页二九下～三〇上）

○乾隆三十九年（甲午）十一月甲子（1774.12.17）

又谕（军机大臣等）曰："颜希深奏酌拨觉木交兵弁巡防，自应如此办理。两路大军正当乘胜深入，克期奏绩之时，后路尤关紧要。阿桂一路正在合力进攻，兵威严整，贼众自不敢潜出滋事。即明亮军营卡隘颇能实力周防，前此贼出窥伺屡被歼戮，谅亦不敢复萌故智。惟周叟为明亮军营后路，且系粮报所经，更当加意防守，设或疏懈，于进兵大局甚有关系。李时扩、颜希深务当不时往来稽查，慎之又慎。明亮等亦当时刻留心照料。"

（高宗朝卷九七〇·页三五上～下）

○乾隆三十九年（甲午）十一月丙寅（1774.12.19）

谕军机大臣等："明亮等奏克日旁东西沿河一带寨落。其所到之地，与阿桂现攻地方相近，渐可会合，务即相机进取，迅奏肤功。至此次攻得碉卡，又系和隆武带兵前往，似此屡次出力，实属可嘉。但近日带兵之事，何以总未派及奎林？似因奎林枪伤尚未全愈之故，甚为廑念。著传谕明亮等即将奎林伤痕曾否平复，速行据实复奏，以慰悬念。但奎林素性勇往，不可因朕有此问，勉强从事，必俟疮口痊好如常，方可带兵行走。又据奏有金川头人阿托带同男妇来降，其小头目亦畏罪投出，则金川人心涣散可知，谅有瓦解之势，自系最好机会。此等投顺之人原可贷死，以诱其余，但须择地安插，勿令仍聚原处，致生事端。又阅索尔甲木供词，称系金川巴朗索寨人，我本寨有二十多人，现俱派在党坝作固顶看守碉卡等语。是党坝一路相距不远，且阅阿桂进到之图，凯立叶东北即达尔扎克，其下即作固顶、格什戎冈，又其下即穆尔津冈，与党坝甚近。今凯立叶经官兵攻克，进攻罗卜克鄂博，再进取格鲁克古格尔提，尤与党坝相距咫尺。五福正当乘此胜势，激励党坝土司选派土兵进剿。五福即亲带官兵，由党坝一同攻进，阿桂并可与之预约，为合力夹击之计。现当大军深入，复添此一路官兵，贼众难于支御，成功更可望迅速。著阿桂速饬五福协力进剿，奋勇自励，以期立功受赏。"

（高宗朝卷九七一·页三下～五上）

○乾隆三十九年（甲午）十一月戊辰（1774.12.21）

谕："据阿桂等奏大兵攻过格鲁古丫口，接通党坝，即日进捣贼巢一折称：派兵从罗博克鄂博沟内令海兰察等直抢格古鲁丫口。贼人滚石放枪，死力支拒。经巴图鲁侍卫萨尔吉岱等首先带兵向上奋力迎击，贼人丧胆逃遁，我兵勇气倍加，进杀余贼，抢占丫口，乘势直上，将陡乌当噶大战碉攻克。海兰察、额森特等一面直压至桑噶斯玛特，一面由陡乌当噶下至山腿，将沟内一带寨落焚烧。是时乌什哈达等于海兰察等过沟后拿起木栅，将达斯札以上各寨贼围截于内。海禄等将沟内碉寨一概攻获，遂将作固顶至穆尔津冈等处沿河各寨悉行剿洗焚烧，接通党坝。官兵现已两路会合，大兵横越过四道山沟、五道山梁，直压至促浸河边。连日继夜，杀贼数百，擒获活口六名，抢获大战碉五十余座、寨落三百余处，平碉夷寨，鸟枪、刀矛、火药不计其数等语。览奏深为欣悦。此次官兵等见距贼巢甚近，均各奋勇直前，逾沟越岭，昼夜鏖战，所至克捷，皆由将军阿桂等审度形势，调度有方，甚属可嘉。所有将军、参赞等以及在事打仗出力将弁，均著交部从优议叙。其奋勇出色各员，俟阿桂等查明奏闻，另加恩奖。现在官兵逼临促浸河岸，即日进捣勒乌围贼巢，伫盼红旗捷奏。阿桂等折并发，俾众知之。"

（高宗朝卷九七一·页一一下～一三上）

○乾隆三十九年（甲午）十一月甲戌（1774.12.27）

又谕（军机大臣等）曰："明亮等奏攻取沙坝山寨落，科玛甚为出力。著加恩赏给副都统衔。此次官兵进攻略觉冒险，幸有降番俄尔甲识路引出，其人颇为诚心效顺，著明亮酌量予赏，以示奖励。至官军奋勇进取，固属努力，但现在功届垂成，一切倍宜慎重，非实有可得便宜之处，切勿轻进。又称惟当将前敌山腿相机攻克，可望达尔图山梁官兵乘胜下压等语。因思达尔图山梁若能相机下压，自较日旁更为得力，但止有马彪在彼，尚不足恃。莫若令舒常前往带兵驻守，审度事势而行。今明亮等在日旁攻围虽力，但贼人拒守颇严，急切恐难得手，似止可为牵缀之用。舒常往达尔图时，当与明亮商酌，于奎林、和隆武、三保三人内酌带一两人前往，遇有可进之机，即速统兵下压，出贼人不意，亦出奇制胜之法。且官军果从达尔图下压，则日旁一带之贼当必不攻自溃。明亮、舒常仍得合而为一，即可与阿桂会兵攻剿勒乌围，似尤便捷。又，斯年木咱尔官寨，其地似关紧要。阅明亮奏脱出降番供词，其西拉木即系斯年木咱尔寨人，于该处路径必当熟习，若令为向导，自应妥协。明亮等当斟酌行之。又据阿桂奏，亦称从日旁攻进，不如从达尔图、木克什等处下攻较为捷便，与朕意正合。君臣意见相符，即此足见迅速成功先兆，伫听捷音。又，阿桂奏到新旧两图，阅其图说，阿桂现在进攻噶尔丹寺之路，与朕朱笔标记相同，自可盼乘胜速进。至所称桑噶斯玛特一路，官军取汲约四十余里，因令其由山腿拿栅直届河沿，取携始便。所办甚是，自当如此筹画。至阅新图内，格尔提寨之北对河西岸有贼卡一处，恐贼人偷渡河东，潜截格尔提一路官军之后，不可不虑。因用朱笔圈记，阿桂当于其处加意防察。又，贼卡西北距明亮军营甚近，若能一体严防，勿令渡河滋扰，自更妥协。至所云须乘贼人张皇之际迅期攻克，庶不致停留长智。所见甚是，朕早以此为念，是以屡催将军等相机速进。今阿桂亦见及此，尤望其乘胜深入，迅奏肤功。至所称官兵攻至勒乌围，则荣噶尔博各峰之贼不攻自溃，即逊克尔宗亦必弃而勿守。就大概情势而论，固属如此。但荣噶尔博、逊克尔宗两处，究系大军后路，万一众兵进攻勒乌围时，贼众在后将台报粮站略为阻梗，大有关系。阿桂等惟当实力严防，切勿稍存大意。"

（高宗朝卷九七一·页二三下～二六上）

○乾隆三十九年（甲午）十二月壬午（1775.1.4）

又谕（军机大臣等）曰："阿桂虽未能直攻克得式梯，然已占据溪水，官兵饮汲有资，且又多歼贼众，于进剿机宜甚为有益。看来贼番因官兵日有深入之势，早已闻风胆寒。得式梯、噶尔丹喇嘛寺两处自亦无难攻取，即可望直逼勒乌围。就各路情形而论，阿桂最为正路，且易得手，伫盼红旗捷奏。又据明亮等奏贼人近日拒守情形及官兵筹办进攻事宜。是明亮处现尚未能即进。然攻剿事关重大，必须觅可乘之机，动出万全。况我八旗劲旅正当勇敢直前倡导，绿营亦皆奋往。惟当养其锐气，以期于事有益。此时功届垂成，尤不可冒昧轻进。倘有小挫，众兵或因而气馁，所关甚大，实不可不加慎重。况明亮等之兵与勒乌围只隔一河，若阿桂统兵一到勒乌围，则达尔图等处之贼不攻自溃，宜喜、日旁一路即可开通，明亮与阿桂会合进剿更为得势。"

（高宗朝卷九七二·页四上～五上）

○乾隆三十九年（甲午）十二月己丑（1775.1.11）

又谕（军机大臣等）曰："阿桂等所攻甲尔纳一处为进剿得式梯、噶尔丹寺路所必经，贼匪自必悉力拒守，攻之颇为不易。其得式梯、噶尔丹寺两处谅亦相同。但形势均属自上压下，尚无难设法攻取，且有大炮轰摧，尤可望其迅行得手。惟是大兵深入，功在垂成，一切倍宜慎重。固不可过于宽缓，使贼匪得以负固稽诛，亦不可冒昧轻进，致有小挫贻误，阿桂等惟当斟酌妥行。又据奏，绰窝斯甲到军营，即令至卡前晓谕众番，似觉心动。是绰窝斯甲尚知顺逆，诚心内向。至其密告亲戚谋将土司擒献之言，虽有赓噶等在旁监视，未识曾否闻其密语。如所言果系如此，尚属意图报效。阿桂或再察其在营举动安妥，不妨赏给蓝翎金顶，以并示奖励。不必复交成都安插。"

（高宗朝卷九七二·页一六下～一七上）

○乾隆三十九年（甲午）十二月庚寅（1775.1.12）

谕军机大臣等："明亮等奏焚烧沙坝山坡寨落情形，甚好。昨据阿桂奏现在攻打甲尔纳贼碉，一经攻得即可进剿得式梯及噶尔丹喇嘛寺。似已操必胜之势。今明亮等奏与得式梯相去不远，是两军指日会合，成功尤当迅速，伫盼捷音。至明亮等奏，投番霍尔甲等四人尚属诚心效力，明亮等当酌量赏赉，以示奖励。所称各土司、土舍等多僭用顶戴，指日大功告竣，应再酌定之处尚未妥协。土司等顶戴久经相沿僭用，若于功成之后，再将已用之顶戴改降，恐不足令其感悦。莫若俟大功告成后，传朕旨晓谕随征各土司以尔等所袭职衔，若照定例，宣慰司系三品，止应用亮蓝顶，安抚司系四品，止应用暗蓝顶。而历来土司等多有越品僭用光红、亮蓝者，本应照所有品级遵改各项顶戴。今大皇帝念尔等诚心出力，甚属可嘉。现在大功告成，即著照尔等现用顶戴赏给，作为加衔荣耀，以示优奖。土司等自当益知踊跃感戴。"

（高宗朝卷九七二·页一八上～一九上）

○乾隆三十九年（甲午）十二月甲午（1775.1.16）

谕军机大臣等："旺保禄等奏：拿获贼番二名，讯系潜放夹坝，并无别情，随即枭示。所办尚未的当。此等贼番固不可留，但亦须讯供明确再行正法，方为妥协。番人偷放夹坝，乃其常技，然或由功噶尔拉贼目派令潜出滋扰，或贼番因看守地方并无粮食接济，为饥饿所逼自出偷劫，其中情节迥不相同。若系该番自出窃掠，则其窘迫无能可知。若系贼目教令外出，则又不可不严为防备。旺保禄等拿获二犯时，自应讯究明确，分别办理，何得仅以讯无别情一语率行具奏。著传谕旺保禄等，嗣后遇有续获贼番，务须悉心详讯确供，勿得仍前草率。"

（高宗朝卷九七二·页二四上～下）

○乾隆三十九年（甲午）十二月丙申（1775.1.18）

谕军机大臣等："旺保禄等奏拿获贼番策奈，所办尚好。现在大兵逼近贼巢，金川势益穷蹙，未必能复有多人四出扰劫，且美诺距军营后路尚远，亦不虑其阻滞。但贼番既有探路偷劫之供，即非紧要地方亦当加意巡防。长清等各处并著一体留意。"

（高宗朝卷九七三·页三上～下）

○乾隆三十九年（甲午）十二月丁酉（1775.1.19）

又谕（军机大臣等）："甲尔纳地方逼近贼巢，自必悉力拒守。但其地无险可恃，贼众不过为护死支撑之计，其势断难久延。若众兵相机攻取，当不至十分费力，阿桂等当实力妥为之。又阅脱出番人阿桑供，听见头人山塔尔萨木坦说官兵取水艰难，我们欲到陡乌当噶去截断后路等语。阿桂折称贼于前月三十及本月初二、初三等日在格布则美第及达斯扎沟等处潜出滋扰，其地与陡乌当噶一带相近，所供不妄。但贼人滋扰四次，俱经官兵知觉，极力御击，歼贼颇多，并未能稍逞伎俩，自可不致疏虞。惟是功逮垂成，倍宜加意防守。阿桂等当严饬各将领弁兵等小心守御，慎之又慎。又称若西路官兵据住河沿，可移炮轰打对河之路。所办甚好。阿桂等即当尽力轰催对河碉卡，使贼难以存留。明亮等亦当探听阿桂一路隔河攻击稍有得手，即领兵前赴斯年木咱尔奋勇攻剿，与阿桂对河官兵遥为夹击之势，贼必望风溃散。即由彼顺取茹寨，便可与阿桂夹攻得式梯，自更为得力。至另折所奏穆塔尔密禀金川投出之布薄，看来穆塔尔系诚心投顺之人，见诡诈情节即向将军实告，甚属可嘉。著加恩赏授二等侍卫，以示奖励。"

（高宗朝卷九七三·页五上～六下）

○乾隆三十九年（甲午）十二月甲辰（1775.1.26）

谕军机大臣等："阿桂等奏进攻桑噶斯玛特山腿下碉栅，并攻扑康萨尔、逊克尔宗等处贼碉。此次官兵攻剿颇为奋勉，乃以贼人防拒甚力，官兵尚未能得手。盖贼众因其地逼近巢穴，故并力坚守，以冀缓死须臾，亦情事所应有。但将军等业已乘胜深入，此时功逮垂成，自不肯因一时剿击稍难，致稽进取，而轻率扑碉亦不免稍有挫损，于事无益。看来贼人明知官军必由此路进攻，遂聚集于此拒守，自不宜专以力争。昨因检阅地图，见桑噶斯玛特往南一带并无山峦阻隔，地形亦觉稍平。若过此河前往，可不由甲尔纳寨，径攻得式梯碉卡。因用朱笔标记图内，谕交阿桂酌量妥办。若甲尔纳一带尚未攻得，似当由朱笔标记之路进攻，或可望出其不意，迅能克捷。阿桂等务须努力为之。又所奏令穆塔尔出名作为与莎罗奔之字系于杆，插在贼人卡外。此事尚无关碍，或稍有机会，亦未可知。但此等究如治病偏方，有无皆不足恃，总以奋力进攻，勿稍疏懈为要。"

（高宗朝卷九七三·页一七上～一八上）

○乾隆三十九年（甲午）十二月乙巳（1775.1.27）

谕军机大臣等："阿桂等所派官兵等奋勇直前，可期迅奏肤功。惟是贼人当此护巢卫死之时守拒倍力，攻剿自不免稍难。但不可因此稍生迟待之计，亦不可不筹度利害，令官兵轻率扑碉，致稍挫损，惟在阿桂等妥酌行之。至阅脱出之金川番人达谷等供称，贼人将勒乌围、纳木迪等处粮食各俱用皮船搬往噶喇依等语。看来贼酋等虽同在勒乌围，若见官兵攻打势盛，自必仍遁回噶喇依为负隅之计。阿桂等若能攻围严紧，使贼众无从窜逸，方为妥善。设或贼酋等竟窜往噶喇依，务即统兵追蹑，尽力攻剿，期速扫穴擒渠，断不可稍懈缓。官兵若攻克勒乌围，已得金川要地有十之八九，所存惟噶喇依一隅，贼众谅亦不能久抗，即稍羁延，不过正、二月间可以蒇事。今所拨军需两次又有九百万两，约计可用至来年四五月。阿桂等当与富勒浑、文绶预为询商，如军需各项尚觉不敷，即可据实奏闻，以便及早拨往，总在克日成功，即再多费数百万金亦断不惜。"

（高宗朝卷九七三·页一八下～一九下）

○乾隆三十九年（甲午）十二月丁未（1775.1.29）

谕军机大臣等："军营后路均关紧要。现在明亮一路，贼至即经剿杀。昨阿桂奏荣噶尔博寨旁潜来之贼，亦经官兵等知觉击退。兹富德亦奏将后路要隘营卡，派英泰专司防范等语。是各处军营防守尚俱严密，目下正当大兵深入，尤应加意防御，不可稍有疏虞。至达尔图一带久未进攻，贼人屡次侵扰，未尝不思乘我之隙，今既吃亏而去，未必复敢自投罗网。但我军不于此路进攻情形，贼匪亦未尝不窥及，或竟将达尔图一路之贼撤往他处，并力堵御，自属情理所有。明亮等当留心侦探，如达尔图之贼有潜撤形迹，仍当令舒常星速统兵潜往进攻。但贼人狡诡异常，官兵若有移动，贼众易于窥察。舒常如欲移兵前往，务须不动声色，出其不意，庶望得手，断不可稍露端倪，致贼人得以预为准备。明亮、舒常均宜慎密妥办。"

（高宗朝卷九七三·页二三下～二四下）

○乾隆四十年（乙未）正月庚戌（1775.2.1）

定边右副将军广州将军明亮、参赞大臣副都统舒常奏："带石、达尔图等处贼番负隅固守，屡询投出番人，供称贼番以正地一路官兵业经撤出，即将番众调往绰斯甲布严防等语。臣等密谕土司雍中旺尔结等抽派土兵一千名，拟于正地一带觅间进攻，掩其不备。"

谕军机大臣等："觅路进攻，分掣贼势，固属出奇制胜之一法，但奇正并用则可；若专恃正地一路为得计，而于达尔图、宜喜等处概置不办，则断不可。虽贼番护巢自卫，守抗益坚，我兵未能直进，若用炮轰其碉卡，使日就倾颓，贼众自难久聚，谅非力所难及，明亮等何竟不筹办及此？看来各路之兵，惟阿桂一路最为可望。朕前日用朱笔标记之路，似应得手。岁内晴霁月余，为番境从来未有之事，自系迅扫贼巢佳兆。但番地气候春间每多雨雪，今已立春，尤宜上紧筹办，不可羁延坐待。将军等统兵剿贼，冒险扑碉，或致稍有挫误，自非所宜。若过于慎重，不能制胜乘时，亦非良策。著传谕阿桂等，当妥速行之。"

（高宗朝卷九七四·页四下～六上）

○乾隆四十年（乙未）正月乙卯（1775.2.6）

定西将军尚书阿桂、定边右副将军尚书公丰升额、参赞大臣领侍卫内大臣色布腾巴勒珠尔、都统海兰察、副都统额森特奏："贼番于荣噶尔博山梁及沿河各处竭力死守，自宜于近贼处所乘间进攻，随于十二月二十三日抽拨汉、土官兵，由萨斯嘉赤沟绕路前进，二十四日抵菖则大海向南山腿之下，两路官兵同时进扑，攻克中间一栅。贼番出碉冲突，被枪箭歼毙十余人，余悉入碉坚守。其康萨尔山腿上第一碉，于二十四日派乌什哈达等从正面山脊仰攻，贼用枪炮、石块于寨墙内堵御。臣等督率官兵，施放大炮，墙内贼番伤毙者甚多，势极穷迫。"

谕军机大臣等："此次官兵进攻杀贼颇为不少，贼众自必胆寒。若能攻克得式梯寨，则进剿勒乌围自然势如破竹。阿桂等及此天晴雪少之时，务须上紧筹办，勿迟至二三月间雨雪甚时，致有稽阻，但亦不可不审度利害，冒险扑碉，惟当妥酌行之。至于官兵分路进攻，均距贼巢不远，而阿桂一路尤为得力。现在贼番虽间有潜出滋扰之事，我兵各处严为防范，可不致有疏虞。即或贼番死守，官兵未能迅入，谅贼势不过延挨数月，自必灭亡。今事届垂成，万无中止之理。国家帑藏充盈，军需之用宽然有余。计两次拨银九百万两，现已陆续到川，约可用至四五月内。设再需用五六百万方能蒇事，亦所不惜。想阿桂等必能深体朕心，断不稍存畏难作辍之见。但应将此意令满、汉官兵及土司、土练等一体闻知，俾坚其心，于事更为有益。"

（高宗朝卷九七四·页一四上～一六上）

○乾隆四十年（乙未）正月己未（1775.2.10）

谕军机大臣等："连日盼望各路军报甚切。至明亮等前奏分路剿贼之说，虽非正办，若果乘间得手，亦足稍分贼势。乃今日奏到尚系发土兵前往正地起程日期，而带石军营作何筹备之处，未据提及，殊不可解。明亮等前此虽奏称贼番将山冈刨断？以阻官兵进路，亦只带石一处为然，岂能将各处山冈尽行刨断。且金川番众屡有投出之人，伊等有路可来，官兵岂无路可往，明亮等何竟不设法进攻，几同守株待兔。倘贼番因我攻击稍懈，仍然偷暇耕作，又可积粮持久，殊为非计。至土兵前往正地，不过如治病偏方，未可专恃。明亮等若仅驻兵此处，观望不前，何由得进？岂有已近贼巢复欲坐待经年之理！虽冒险扑碉非行军所宜，然亦岂可因噎废食，不思急图进取。明亮等惟当鼓励官兵，激其勇敢之气，以期觅间得胜，断不可稍涉迁延，坐失机会。各路将军等均当一体努力为之。"

（高宗朝卷九七四·页一九上～二〇上）

○乾隆四十年（乙未）正月乙丑（1775.2.16）

谕军机大臣等："现在官兵进攻，距贼巢不远，急盼捷音。而各路进兵，惟阿桂一路更为吃紧。自谷噶进兵以来，处处仰攻，屡获大胜。今自攻得日尔巴当噶等处后，兵皆从上压下，其势更顺，理应乘胜速成，何转至于棘手？虽贼人因离巢益近，死守益坚，攻打原不甚易，阿桂等自当设法速攻，不应顿兵坐待。此时若能添兵分进，使贼人应接不暇，自属有济。但功逮垂成，无庸再为调发，而京兵相距尤远，更属鞭长莫及。因念贼势已极窘迫，未必复能逸出扰我后路，今计各处守兵尚多，除大板昭一处，地关紧要难于抽动，其旺保禄、长清两处所属守兵内，择其无关紧要者，自可抽出千余，换至阿桂处守卡，即于现在守卡兵内换出可用战兵千余，令丰升额带领，另行觅路进攻，以掣贼势。或竟从功噶尔拉、当噶尔拉择路前进。其地虽有零星贼匪，然防守不甚著意。若由此直进，攻其无备，亦是出奇之法。但丰升额既进之后，又当为声援之策。须计能入能出，不可瞻前而不顾后，方为妥协。著即传谕阿桂，悉心妥酌，能否如此办理，于事果否得力，一面筹办，一面奏闻。"

（高宗朝卷九七五·页一下～二下）

○乾隆四十年（乙未）正月己巳（1775.2.20）

谕军机大臣等："明亮等奏土兵进攻正地情形，虽亦歼贼十余，但系路遇夹坝之贼，为数无多，而于正地一带贼寨，并未能攻得尺寸。此路原止可为牵缀贼势之用，并非实有可进之机，今贼众既已知觉防范，尤不可复致力于此，徒劳无益。明亮等自当就现驻之处觅间进剿，不应株守坐待。看来各路军营光景，惟阿桂一路较可设法进取，朕亦惟阿桂一路是恃。著传谕阿桂，务须实力上紧筹办，以副朕怀。"

（高宗朝卷九七五·页六下～七上）

○乾隆四十年（乙未）正月庚午（1775.2.21）

定西将军尚书阿桂、定边右副将军尚书公丰升额、参赞大臣领侍卫内大臣色布腾巴勒珠尔、都统海兰察、副都统额森特奏："康萨尔第一碉屡经大炮轰摧，自应乘此进攻。随于初五日，派乌什哈达、海禄带兵直扑碉根，贼番藏空穴中施放箭石，死力拒守。据投出番人供称，是日碉内伤毙三十余人。至此数日内贼番屡来侵扰，俱被歼戮。且一经官兵冲击即行败逃，其非齐心抗拒已可概见。"

谕军机大臣等："此次攻打康萨尔第一碉座，官兵等颇属奋勉。至番地气候冬令多晴，入春即多雨雪，朕屡促将军等上紧筹办，原虑因此或有阻滞耳。今甫交春令即已大雪，恐愈迟愈多，不可不早为之计。况雨雪虽云冻滑，前此攻剿各处碉卡，于雪中、雪后得胜者甚多，可见事在人为。阿桂等不宜以雨雪为辞，稍存自画之见。至康萨尔及沿河一带地方，贼番因逼近窠巢舍死坚守，实堪切齿。但阅投出番人克思嘉等供词，称贼人粮食只有苦荞、圆根，其窘可知，并称火药将次用完，土司分付头人，每家要交一斤硝、二两磺等语。如此岂能经久？著传谕阿桂等，即当上紧筹度，设法竭力进攻，以期迅速藏事。"

（高宗朝卷九七五·页九下～一一上）

○乾隆四十年（乙未）正月壬申（1775.2.23）

参赞大臣副都统富德奏："据驻守穆谷总兵刘辉祖及派往穆当噶尔设伏之护军参领德克登额等报称，该处皆有贼番前来窥窃，俱被击败窜走等语。贼番奸诡，现饬后路严为防范，俟有可乘之隙即图洗剿。"

谕军机大臣等："阅富德此奏，并未深入，尚在坐守，未免过于慎重。据现在情形，成功在即，一切虽当筹画万全，亦应奋力前进，以图迅速藏事，岂但云谨守即有灭贼之理乎？况时届春令，番地雨雪方多，倘长此坐待，即再守数月亦不过如是耳，富德独不计及乎？目下贼番情势窘迫已极，尚数次潜出侵扰营卡，我有大兵数千在彼，不能相机设法歼戮贼众，岂不为贼众所笑？著传谕富德，但觅得路径，即速进攻，不宜坐待。"

又奏："据投出番人甲札供称，贼众粮食缺少，欲投天朝者甚多，因贼目查察严密未能逸出。索诺木又复传知百姓，称说绰窝斯甲遣回，必系招降我等。众百姓闻此，无不欢欣盼信等语。臣思将计就计，即缮写番字谕帖，饬令先后投出番民前往各处传播，使贼众互生疑忌。"

谕军机大臣等："富德所奏相机离间之法止不过如治病偏方，贼番狡诡异常，未必肯为我反间所惑，断不可恃有此策，转致稍缓进攻。且贼番鬼蜮伎俩无所不至，恐其因此将计就计，诈为杀酋乞降之说，暗藏叵测。切不宜轻率出营受降，万一误堕术中，实属不成事体。将军等当共知此意。现在各路官军俱逼近贼巢，只须一处得进，则他处自皆溃散。若仅驻兵看守，不使贼人逸出，而我兵亦无由得其尺寸之地，似此何时可以藏事乎？看来各路进攻官兵，自当以阿桂一路最为可望。至昨谕令明亮统兵应往何路协剿有益，及令抽拨长清等各处兵丁如何妥善之处，亦惟阿桂实心筹酌。著传谕阿桂，妥协办理，速行奏闻。"

（高宗朝卷九七五·页一二上～一四上）

○乾隆四十年（乙未）正月癸酉（1775.2.24）

谕："据明亮等奏，促浸贼人差头人斯丹增具禀，将所留汉、土官兵及鸟枪送至营门乞降，即给与回檄，将送来之兵丁、鸟枪俱交斯丹增带回等语。贼匪当此攻围紧急之时，指日即当殄灭，尚敢巧计尝试，殊堪切齿！明亮等自应即将献出兵丁、鸟枪等俱行存留，并拘其头人斯丹增，严加刑讯，究出实情，方为正办。乃率行给与回檄，又不留兵丁、鸟枪，并将斯丹增擅行纵归，所办甚属错谬。明亮、舒常前此办理军务尚能实心妥协，屡经奖谕优叙。今办理此事错谬甚大，不可轻恕，俱著交部严加议处。"

（高宗朝卷九七五·页一四上～下）

○乾隆四十年（乙未）正月甲戌（1775.2.25）

定西将军尚书阿桂、定边右副将军尚书公丰升额、参赞大臣领侍卫内大臣色布腾巴勒珠尔、都统海兰察、副都统额森特奏："此次攻克康萨尔山梁，官兵各加奋勉，而头等侍卫扎勒丹巴图鲁佛伦泰、吉林佐领委署参领奇兰保、黑龙江副总管委署参领僧保、防御委署参领森保、吉林领催博布善等尤为出力，可否酌量加恩。"

谕曰："佛伦泰著加恩赏给副都统职衔；奇兰保著赏给札爵木巴图鲁名号；僧保著赏给札舒木巴图鲁名号；森保著赏给衮爵木巴图鲁名号。并照例每人各赏银一百两。博布善等著加恩俱升一等用。"

又谕："据阿桂等奏到攻克康萨尔山梁，占获碉寨、木城、石卡并痛歼贼番情形一折。据称：贼番于康萨尔守御不遗余力，因于本月十二日分派将弁，带兵夤夜前进，拽开拦木，拔起鹿角，跃过重濠，抛掷火弹。贼人抵死距守，官兵一呼涌上，直登碉顶，杀死碉内外各贼，并将地窖石板踏塌，压毙多贼，随将地穴填塞。继又分两翼冲下，连夺大碉、石卡、木城。至山脊两旁，见系密箐，黑夜难以进攻，连夜拿栅，运炮轰摧。连日各兵勇气倍增，四面环攻，贼人无路可逃，俱从悬崖跳下，跌毙者又复甚众。所有山沟内水碉寨落一齐抢占。三日内共攻克大碉十座、木城四座、大石卡二十座、寨落七处，活拿二贼，歼毙二百余贼，夺获铜铁炮二尊、刀矛、鸟枪、毛毯、糌粑甚多。再，此处系进攻噶尔丹寺及噶朗噶、勒乌围正路。现在察看情形，于两三日内攻取勒吉尔博，以期迅抵贼巢等语。此次将弁兵丁夺卡歼贼，勇往出力，甚属可嘉。所有出众超群之将领，经将军等另折保奏者，业经分别加恩，赏给巴图鲁名号，及超擢升等赏翎，以示鼓励。其在事出力兵丁，并著查明，各赏一月钱粮。"

又谕曰："桂林奏：按察使经历张鉴自进剿金川以来，委管西、南两路随营粮务，一切支放事宜经理妥协，上年冬间，达尔图军粮因长运乌拉迟缓，该员亦能实力催趱无误；又，新捐从九品徐鼎在军营缮办奏折，兼管文案，实心经理，颇属勤劳，请旨加恩等语。张鉴著以府属知州升用；徐鼎著以县丞盐大使升用。交富勒浑、文绶遇有相当缺出题补，并令先换顶戴，以示奖励。"

谕军机大臣等："迩日盼望军报甚切，而各路将军连次所奏俱未得手，烦闷实甚，览此深为欣慰。康萨尔为贼番第一要隘，今既将该处山梁尽行攻克，是官兵已得胜势，更可乘锐深入。此实仰赖上苍嘉佑，阿桂等尤当努力奋勉，速成大功。将军等此次调度有方，幸获大胜，甚为可嘉。俟攻得勒乌围时再行优叙。所有阵亡之巴西萨甚为可惜，著与受伤之侍卫库尔德等及阵亡弁兵一并查明咨部，照例恤赏。其库尔德等所受各伤，俱曾全愈否，亦著阿桂遇便复奏。"

（高宗朝卷九七五·页一六下～一九下）

○ 乾隆四十年（乙未）二月己卯（1775.3.2）

定西将军尚书阿桂、定边右副将军尚书公丰升额、参赞大臣领侍卫内大臣色布腾巴勒珠尔、都统海兰察、副都统额森特奏："正月十六日官兵进攻堪布卓寨，分为两翼潜进合围。比及贼番知觉，我兵已竖梯而上，据碉房之顶。贼众窜走无路，皆为刀箭所毙。十七日复进攻甲尔纳寨。该处贼番已被官兵截断，正用皮船偷渡，我兵追击，均经落水淹毙，其前后寨碉及沿河崖洞同时攻克。"

又奏："盘获奸细朗木太，供称贼番欲于康萨尔等处偷截官兵后路。以伊本系沃克什人，官兵必不动疑，使之侦探大兵信息等语。种种诡谲，实堪痛恨。"

谕军机大臣等："阿桂等奏攻克甲尔纳、堪布卓沿河各碉寨情形，甚属奋勉可嘉。据称竖梯而上，想系所带云梯，即此可见平时演习之效。其先登者为谁？著即查明据实具奏，以便加恩示奖。此两处攻得，已至河沿一带，兵官汲饮有资，即可乘胜直取得式梯，进剿勒乌围。其勒吉尔博山梁碉卡，若能相机攻得，于进取更为有益。至已攻得甲尔纳对河，即系斯年木咱尔，与明亮军营更近。阿桂等固可隔河用炮轰摧，明亮等亦可约会就近设法夹攻。若能并力攻得斯年木咱尔，于进攻勒乌围尤为得力。至所称攻碉时索伦佐领伊尔赛因攻扑伤亡，甚为可惜。其都司梁朝桂等先登受伤，亦属可悯。并交阿桂等将阵亡、受伤弁兵一并查明，咨部议恤。至盘获奸细朗木太，必系阿桂窥破其狡谲情形，逐一严讯，方能得实，他人并不能如此用心。阿桂既办及此，则各处投出之人，将军、参赞等不可不留心体察。如有形迹可疑者，即当严诘得实，勿为贼番所愚。至阿桂另折所奏，议调南路等处兵七千名，会攻宜喜山梁，所见甚是，与朕前次所降谕旨适合。绒布一带现虽驻兵牵缀贼势，但明亮西路之兵若能攻进，即可由马尔邦一路夹攻取胜，引进南路之兵同剿噶喇依。惟其地甚关紧要，亦须勇干大员统兵驻守，富德自不便轻离该处。著传谕富德，即速酌量抽拨。"

（高宗朝卷九七六·页四上～六下）

○乾隆四十年（乙未）二月壬午（1775.3.5）

谕军机大臣等："今日富德折到，不过将所放夹坝之贼歼戮数人。据此看来，富德所领之兵断不能前进。与其将一万数千人为牵缀贼番之用，何若分助明亮之为得济乎？富德若以兵少不敷派拨，致有贻误，则获罪重大矣。著传谕富德，速派兵六千名前往明亮军营，仍带余兵用心驻守，如遇窥探贼番，尽行剿杀。倘有疏虞，或令贼番少得便宜，亦惟伊是问。"

（高宗朝卷九七六·页八上～下）

○乾隆四十年（乙未）二月甲申（1775.3.7）

谕军机大臣等："明亮等奏，由南路至宜喜计十二日行程，所调之兵自不能甚速。著再传谕富德，令其即速抽拨遄赴宜喜备用，勿稍迟误，致干重戾。"

（高宗朝卷九七六·页一一下～一二上）

○乾隆四十年（乙未）二月丙戌（1775.3.9）

谕军机大臣等："阿桂等奏攻克沿河斯莫思达碉寨，乘胜深入，自属更便。阿桂等尤当设法妥速办理，伫听捷音。又，富德奏南路现在情形，防范亦属紧要，自不便过于多撤，或致兵力太单。且所请抽拨三千，兼之章谷抽派一千，合以宜喜、日旁原有之兵可得七千余人，足敷进剿之用。即著照富德所请，准其拨兵三千，前往宜喜协剿。至绒布一带，甚关紧要，富德未可轻离。即兴兆、舒亮均系南路得力之员，该处将领无多，亦不宜再行分派。著富德仍在绒布寨驻守，其派往宜喜之兵，只须选派章京等率领。并著明亮于奎林、和隆武、三保内酌留一员，同舒常驻扎带石，以缀贼势。仍于此内酌派二员，星驰前往南路一带，迎见抽拨之三千兵，带领遄行。明亮亦即选战兵数千迅赴宜喜，部署一切。俟南路之兵一到，相机设法进攻，以期必得。"

又谕曰："阿桂、富勒浑等奏：据叨乌站员王石渠报称，兵役李友、赵得富盘获偷放夹坝之胡荣，严刑审讯，据供实名张元，系逆犯张坤忠之侄，于三十八年随同张坤忠逃往促浸，贼酋配以妻室，曾为贼刨挖磺斤，制造火药，并经两次至叨乌等处盗窃毛牛等物，此次贼人欲放夹坝，复令潜来探路，假作民夫，混入夫棚，潜被盘获等语。张坤忠以内地兵丁胆敢窜逃贼境，为其所用，本属罪大恶极，虽寸磔不足以蔽辜。该犯张元随同从逆，供贼使令，实为同恶相济，罪不容诛。阿桂、富勒浑等将该犯在营严讯，备极诸刑，仍即凌迟处死，所办甚是。至站员王石渠督饬兵役细心盘获，洵为奋勉出力。且伊系革职效力之微员，能如此查拿要犯，更属可嘉。王石渠著加恩以县丞即用。其兵役李友、赵得富等，即饬该站员查明重赏。至叨乌一站系富勒浑管辖之地，逆犯张元即于彼处拿获，富勒浑著免其交部，其余应行议处各职名，仍著该督等查明送部，分别议处。"

（高宗朝卷九七六·页一三上～一五上）

○乾隆四十年（乙未）二月戊子（1775.3.11）

谕军机大臣曰："富德奏攻打喀咱普、得娄情形，所办亦好。自当相机进取，以期深入。阅富德前次所奏地图，其现攻之喀咱普，及由德木特进攻之得娄，均距马尔邦不远。若能攻得，则马尔邦一带乘胜直进，非多兵不可。若拨去三千恐不敷用，此又今昔情形不同，非可执一而论者，军营之事原属移步换形，朕于此从无成见。若富德能留此兵攻进马尔邦，与明亮添兵由达尔图攻进何异，又何必往来仆仆乎？著富德自行酌量。若将应行抽拨之三千兵留住，可以攻进马尔邦，即毋庸复为拨往。惟期于事有益，当善体朕意，妥酌行之。又，富德奏内有'贼番枪石如雨'之语，未免可疑。凡自贼中投出番众及拿获生口俱供贼番火药日渐缺少，似非虚妄，安得尚有宽余之药放枪不绝乎？著传谕各路将军、参赞，嗣后奏报贼情、贼数，止应据实核奏，不得稍有丝毫捏饰。又据明亮等奏进攻喀尔西情形，炮位轰击贼碉，更可望摧坚克捷，明亮等当努力为之。"

（高宗朝卷九七六·页一八上～一九上）

○乾隆四十年（乙未）二月己丑（1775.3.12）

又谕（军机大臣等）："阿桂等奏攻打沿河寨落及勒吉尔博、逊克尔宗情形，颇属认真，但俱未能得利，甚为焦急。所有两处攻打阵亡、受伤官员、兵丁，并著查明照例咨部恤赏。至另折所称各省绿营应行补缺兵额共万余名，请川省调拨三千，并于陕、甘、贵州挑补六千，赴川备用等语。已飞谕各督、抚迅速挑办，派员带领，遄程前往。现在征剿金川，一切调度惟阿桂是恃，是以有所陈恳，悉如所请允行。今既准添此项兵丁，则官兵声势倍盛。凡在营士卒应益知鼓舞奋兴，而土兵见添兵攻剿，尤为灭金川之验，更可坚其效顺之忱。即贼众闻知，自必更加惊恐，溃散尤速。今大功已届垂成，凡有益于进攻之事，朕不肯稍为惮烦惜费。阿桂不可坐待此兵，务宜速筹胜算，迅奏肤功，以纾朕宵旰悬念。至三路攻剿之兵，惟阿桂一路屡经攻夺险要，逼近贼巢。其明亮、舒常一路，自攻克达尔图山梁后，总未能筹剿得利，及驻兵带石以来，又将数月。此路既不可进，自应绕往达尔图一路，或宜喜一路，另筹进攻，似此迁延株守何时可望成功？而富德一路拥兵不为不多，乃自上年四五月后半载有余，不过攻得寻常碉卡数座，其于河之南北如庚额特等处紧要地方均未能摧破。若俱如此攻剿则贼境何由得进？且同系贼番碉卡，何以阿桂统兵所至，不论仰攻旁击到处摧坚，明亮、舒常、富德均著传旨申饬。阿桂前奏明亮一路约计需兵七千，著富德处拨兵三千前往，其吉地、章谷亦可拨兵一千。又，阿桂商令富勒浑等酌拨川省兵三千，亦可令先赴明亮处应用。明亮得此七千兵，合伊所统兵内再挑数千，即可满万，岂有如此力量尚不能进攻之理？明亮即当仍遵前旨，令舒常驻守带石，自行驰赴宜喜，迅速进攻。仍各将筹办得胜情形，迅速复奏，伫盼捷音。"

又谕："川省各路大兵现在乘胜深入，所有攻得碉卡要隘均须节节留兵防守，若再加添兵力，一鼓直前，贼众闻之，自必更加慌乱，藏事尤为迅速。据阿桂奏称，酌调甘、陕、川、黔省兵丁，著即传谕富勒浑、文绶迅速妥办，一面遣赴军营，一面奏闻。并著勒尔谨、毕沅、韦谦恒会同各该提督，于甘肃、陕西、贵州每省各挑精兵二千名，选派勇往晓事之镇将备弁，星速带领前赴川省军营应用。如提督相隔稍远者，该督、抚径行选派，再行知会，勿因会办致羁时日。其一切军装器械料理起程，并沿途行走各事宜，著各督、抚等查照前例迅速妥办。其何省兵丁，应派何路军营，并著阿桂先期檄知带兵人员分路驰往。并著富勒浑、文绶速饬所属于陕、甘、黔三省赴川路径，沿途妥为料理，俾各兵随到随行，勿稍阻滞。"

（高宗朝卷九七六·页二一上～二四上）

○乾隆四十年（乙未）二月庚寅（1775.3.13）

谕军机大臣等："昨据阿桂奏请调拨陕、甘、贵州兵丁六千名，赴川备用，已照所请，谕令各督、抚即速照数拨遣矣。今思此项添调之兵未必果有实济。即如陕、甘二省，昨岁曾据勒尔谨奏称，此后难以再敷调遣。今阿桂虽称各省在营兵丁均有缺额，已行知该本省募补，并有各营受伤兵丁仍拨回本营养伤者。在阿桂之意，似以现在拟调之兵仍系军营原缺之额，非另添新兵可比。但各营缺额虽经咨回本处，其曾否募补足数，及新募之兵果否得力，或仍以旧兵拨川，募兵留营抵数，及发回养伤之兵曾否痊愈可用，均须妥为筹办。该督、抚若欲核实筹拨，恐难于额数适敷。若随意挑补充数发往，仍属有名无实。此事昨经阿桂奏到，朕以其身任征剿专责，所筹自应不误，随即允行。竟夕踌躇，通盘详计，实有未能悉妥协者。除四川本省所调三千尚可及时应用，其余传谕陕甘、贵州督、抚，令其实心筹酌，将能否照办之处一面办理，一面奏闻。是此项兵丁果能赴川与否，尚难遽定。即该省竟加数调发，而核计行程亦须五月初间方抵军营。阿桂现统大兵直入，距勒乌围贼巢不远，捣穴擒渠计日而办，岂可尚存迁延之见，待至五月新兵到后始期成事乎？即以善后驻兵而论，各省绿营兵调集川省者已不为少，以备挑选驻守兵数尽自有余，何必更借此三省新兵凑补？即三省之兵业已调发，阿桂亦当酌量其入川后如已属功成，即速檄令领兵之员仍行带回，勿致徒劳往返。细阅阿桂昨奏调兵之意，以明亮一路宜喜山梁正值西路大营对面，若添兵数千，不必攻扑大碉，竟从山沟绕越直截贼后，断无不破之理。明亮一路果须添兵连进，亦不宜俟远省调兵再办。昨已谕令富德酌量拨兵，又于吉地、章谷抽拨，合计可得兵七千。若如阿桂所言，宜喜一路得此多兵，自可迅速直进。如明亮一路虽系添兵，仍不能进步，即留舒常在带石，并于奎林、和隆武、三保三人内酌派一人，同其领兵驻守，明亮等即带所添兵，归并阿桂军营，合力筹剿，以期迅速集事，较之调兵远省多延时日者，自更直捷，阿桂何不计及此乎？著传谕阿桂等，迅速妥筹办理，毋为缓不济急之见。又昨据阿桂奏准明亮札称，革布什咱土兵惟愿在本地攻打等语。殊属非是。现在各路军营随征土兵自各处调集者多，若如革布什咱土兵之言，则各土兵皆惮于远离，何由得随营效用之力？况土兵等既随征到营，自应听将军调度，何得任其自逞己私？此等兵丁，自当查明，予以惩治。即不然亦当立时严饬，使知儆畏。明亮何竟视为当然之事，转向阿桂代述其言？即此可见明亮之不善办事。著传谕明亮，此时且不必提起，但查明此等兵丁记档，俟功成应予议叙时，将功抵折。并饬谕众土兵，嗣后不许再存此见，致干咎戾。"

又谕曰："明亮等奏添建木城，夺获水泉。虽亦设法进攻，总未能得其要领。如所称用炮击打贼碉，自应昼夜不辍，使贼番无暇修补。若贼果夜间潜出，尤当乘其外出，用枪炮极力轰击，既可毁其碉卡，兼可歼毙贼番，方为正理。乃听其潜出补碉，毫无措置，明亮等太觉无用。如此安能望其有成？至土司雍中旺尔结告称回寨添派土兵，固属诚心出力，亦未免借派兵为名暂欲回寨。明亮等准令回寨催兵，所办亦是。但俟到营后，即须善为驾驭，令其上紧效力，勿使观望迟延为要。"

（高宗朝卷九七六·页二四上～二七下）

○ 乾隆四十年（乙未）二月乙未（1775.3.18）

谕军机大臣等："富德自到绒布以来为日已久，乃每次奏称杀贼，而仍然株守，其所奏痛歼贼众，特不过虚张粉饰之词，敷衍塞责，于军事全然无益。而阿桂调兵，又不肯如数发往，是诚何心？富德乃获重罪之人，朕曲加宽宥，复畀以参赞大臣重任，伊自当感激朕恩，协力同心，不存私意，以冀成功，乃只为一身之计，殊属不堪。富德著传旨严行申饬。"

定西将军尚书阿桂、定边右副将军尚书公丰升额、参赞大臣领侍卫内大臣色布腾巴勒珠尔、都统海兰察、副都统额森特奏："官兵于二月初七日分路进攻勒吉尔博山梁及群尼擦庸各碉寨，抛掷火弹，并用木梯直扑碉顶。贼番施放枪炮，竭力抵御，我兵暂撤。贼复逸出数百人，分路来攻喇穆喇穆等营卡，均被官兵击败，歼毙甚众。"

谕军机大臣等："阿桂等奏分攻勒吉尔博等处碉寨并痛歼喇穆喇穆偷劫营卡贼番情形，将领官兵等可谓实力奋勉。再能如此认真攻剿数次，贼番歼戮愈多，贼众必惶惧难支，败亡尤速。阅所擒活口供词，贼中火药无多，粮食亦乏，并选妇人穿男衣假允兵数，其窘迫可知。即所云对众人言，图劫官兵后路营盘，抢些口粮、火药之语，亦非捏饰。并述其土司言，官兵一到勒乌围，我们只好走到噶喇依官寨，自已放火烧死，这官寨就是我们坟墓等语。固属激励番众之词，而其穷蹙恐怖之情亦可概见。贼番狡诡，惟以遮截后路为长技，今护军校德克精额、都司马定鼐、游击明安图、副将丰盛阿、游击巴达玛图等各营卡，均有贼众潜来滋扰，经官兵尽力剿杀，不但不能得手，且大吃亏。其伎俩已无可施，愈觉势穷计竭，功取尤为易易，更宜及早图之。此五人均应奖赏。至闻逆酋索诺木凑集番众，亲带至拉枯喇嘛寺等处，以希图侥幸于万一，固属可恨。但索诺木此时同其助恶头人丹巴沃咱尔等前至勒乌围一路，即充其力量亦何能为？自系逆酋等罪恶贯盈，上天隐夺其魄，驱摄聚于一处，以供官兵擒缚。其来实系极好机会，阿桂等即当设法掩捕，将逆酋及其兄弟头人一并俘获，则成事尤为迅速全完。就各路情形而论，惟阿桂一路专为可恃，朕亦惟于阿桂是赖。阿桂务当努力筹办，速成大功，以膺懋赏。同日据富德奏到之折，不过敷衍塞责，断不能复有寸进，徒拥一万三千余兵在彼，实属无益。竟当照阿桂原奏，令其即于一万三千兵内抽拨健兵六千，速派领队人员带往明亮军营应用。明亮俟兵一到，即将带石一路交舒常驻守，并于奎林、和隆武、三保内酌派一人同其统兵防守，以辍贼势。明亮统领南路拨到之六千兵，并于带石现有兵内酌选数千，带同遄赴宜喜一路，速图进取，自可望其得力。若虑官兵拨去六千，南路未免空虚，贼酋窘迫之时或从此逸出。果尔，亦不过逃往革布什咱及绰斯甲布等处。现在绰斯甲布土司雍中旺尔结等随营效顺，方冀成功受赏，设索诺木等果窜其境，自必立时擒献，断不敢藏匿逆酋，自干重戾。至革布什咱土司经金川残害之余势已孱弱，即或逆酋遁至彼处，该土司亦必不敢容留。万一逆酋等强行占据，其地无险可凭，官兵合力追擒，无难立时缚系。此等情节，俱无可虞。仍著传谕阿桂，即速悉心熟筹，一面札催富德办理，一面奏闻。"

（高宗朝卷九七七·页二下～六上）

○乾隆四十年（乙未）二月丙申（1775.3.19）

谕军机大臣等："南路调兵一事，昨已详晰饬谕富德，并令阿桂一面妥酌办理，一面奏闻矣。阿桂请调南路兵六千之折于二月初一日奏到，随即传谕富德遵办，乃于二月十四日据富德奏，南路只能抽兵三千名，若令其自行带往，止须兵二千，已隐然有不愿抽拨之意。同日复据奏攻碉杀贼情形，尚冀其或可由马尔邦深入，若竟能得手，原不必拘定何路，因谕令再行酌量。如自度能从马尔邦直进，即三千兵亦不必拨，否则速行如数拨往宜喜应用。计此数次奏折与谕旨往来辗转已一月矣，行军势悬呼吸，岂容如此羁延？计富德初接阿桂调兵之札，不过在正月二十以外，彼时即不能照依所调全数拨往，亦应一面迅速具奏，一面抽兵三千即行发往。若果如此，则是以国事为重，不存畛域，朕必嘉许之。乃富德不但不即奏办，且于三千、二千双请之时，似欲候朕批答，再行照办。似此延误匝月，富德已咎无可辞矣。参赞大臣遇应办军务，原不妨与将军彼此商酌，若参赞有观望误公之处，将军亦应随时劾奏。乃阿桂奏止言富德混拨兵数之非，而于此一节转不查参，实属非是。著传谕阿桂，将富德不即发兵前后迟误缘由迅速查明，据实参奏。现在各路进攻，实惟阿桂一路最为可恃。且阿桂所攻之西路，碉非不多，路非不险，而阿桂节节仰攻，层层越险，所至克捷，今距噶尔丹庙及勒乌围不过七八里，实非明亮、富德等所能及。伊等返衷自思，亦当各知愧恧。设使阿桂此时顿兵不前，并罗博瓦、格鲁瓦觉尚未能过，亦如富德之阻于庚额特而不进，朕必治阿桂之罪。功过具在，难掩众人耳目，并非朕偏向阿桂，过于奖誉之也。朕此时所盼，实惟阿桂一路统兵速进，捣穴擒渠。著传谕阿桂，即速妥筹进剿，迅成大功，以膺懋赏。"

（高宗朝卷九七七·页七上～九上）

○ 乾隆四十年（乙未）二月丁酉（1775.3.20）

谕军机大臣等："前因阿桂等奏请于邻近川省之陕、甘、贵州三省挑兵六千名应用，虽经降旨允行，继思阿桂所称现调之兵仍系各省咨回空缺，未必能募补足数。至旧兵伤病回营者，亦未必即能就痊充用。今据富勒浑奏请，于各省挑兵五六千名，迅往川省军营应用，其言未当于理，固不足信。但前日阿桂既请调兵，今富勒浑复有此奏，或各该省果有堪调之兵，即料理发往亦无不可。著传谕勒尔谨、毕沅、韦谦恒等，务令就该省实情迅速熟筹。如尚有可拨之兵，赶紧选派起程。仍咨阿桂，听其派赴何路备用。"

四川总督富勒浑奏："二月初六日夜，贼番数百人来扑格鲁瓦觉粮台，官兵奋击奔窜。臣查后路一带，山径延长，处处与贼毗连，应请酌调官兵数千，分布驻守。"

谕军机大臣等："富勒浑所奏殊不可解。昨岁阿桂自谷噶一路进攻，业将各后路应行防守之兵分拨周妥。且阿桂屡次克捷，深入贼境，止须扼要堵御。向者所虑贼匪潜逸分歧之路，自应渐减于前，何转欲添兵分守？况现在功届垂成，复于后路添调防兵，殊非情理。若因初六夜贼番数百潜扑格鲁瓦觉粮台，遂筹及加添兵力，尤为可笑。贼番偷劫台卡乃其长技，各路军营皆有之。今势当穷蹙，不过为铤而走险之计，亦类于穷兽反噬，更无足怪。昨阿桂一路即有五处同时滋扰，俱经官兵剿击歼毙。今格鲁瓦觉之贼复经官兵奋击，生擒其二，杀伤者亦多，贼众自益计穷胆落，富勒浑惟当严密防守，勿稍疏懈。若因此遽议添兵，几成风声鹤唳，不且为贼番所窃笑乎？富勒浑本系拘谨之人，未谙军旅，此等调兵奏牍岂竟未商之阿桂耶？前日阿桂请调兵六千，系备宜喜进攻之用。今富勒浑复请调兵五千分布后路，又在阿桂所调六千之外，各省安得如许兵丁供川省调派乎？设使后路果欲添兵，昨岁即当筹议，不应迟至大功将成之际复计及此，总觉不成事体。著传谕阿桂，即速查明富勒浑因何忽有此奏，并查后路有无另须抽减增并之处，悉心熟筹，妥办具奏。"

（高宗朝卷九七七·页一一下～一四上）

○乾隆四十年（乙未）二月庚子（1775.3.23）

办理粮饷三等侍卫桂林奏："二月十三日接富德札称，南路抽兵三千名交兴兆带领前赴宜喜，军行必须粮随。查自绒布启行往章谷之格藏桥等处以达吉地、丹东均有粮站，应令按站支领，以免长途携带，不碍趱行。"

谕军机大臣等："桂林奏，沿途备给军粮，所办甚好。此项抽拨之三千兵想已自绒布起行。又据文绶奏，川省存营兵三千亦已如数挑足。并据毕沅奏，西安挑兵二千现已足数起程。看来甘肃、贵州两省之兵谅已挑派发往。通计添兵又有九千，阿桂惟当妥速筹办，以副厪念。至明亮等一路，既有南路兵三千，再添川兵三千，合之宜喜、日旁原有兵内抽拨数千，得兵约可满万。如阿桂前日所筹绕越截攻之计自非难事，明亮等惟当竭力速办，克日集勋。"

（高宗朝卷九七七·页一六上～一七上）

○乾隆四十年（乙未）二月乙巳（1775.3.28）

谕军机大臣曰："据富德究出假诈细作贼番讯供奏闻，所办甚好。各路投出番人颇多，惟阿桂前日盘获奸细一名。今富德又盘获二名。此等贼番踪迹诡秘，甚难辨别。富德于降番到营，察其词色可疑，即详悉根究，果得实情，甚属可嘉。富德著赏给小荷包四枚，以示优奖。至前此因富德不即拨兵前往宜喜，曾传旨申饬。今据奏已抽兵三千，派员带领陆续起程，是南路之兵已经抽拨三千，富德于此事尚无过误。至南路抽拨兵三千，计可渐次到明亮处。其丹东、吉地、章谷等处，亦得兵七百五十余名。若将所派川兵三千一并调往，约可得兵七千。再将带石等处之兵抽选数千带往，几可满万，岂尚不能由宜喜进攻？明亮自应及早筹画，令舒常统兵留驻带石，亲身遄往宜喜，速图进取。又阅僧格等供词，称逆酋等遣令来营，密嘱觇看虚实，及堆放米粮、铅弹之处，以备偷劫、放火，其情已属可恶。并称逆酋嘱以若将汝交给巴旺、布拉克底，即向土司、土妇处叩头。并令向土妇说我两家原是亲戚，因何随天朝大人各处散给字帖将我百姓扰乱？此时若不回顾我们，将来大兵撤去便来剿灭等语。其意意欲恐吓巴旺、布拉克底之人，暗怀疑虑，不肯认真出力。贼计险毒，实堪切齿。幸而早经破露，未能隐售其奸，否则大有关系。可见金川贼众必当速灭，断不可稍存姑息。将军、参赞等宜共知此意，努力速办。所有盘获之僧格、舍邦二名现无可质讯之处，著富德将二犯即在营外凌迟处死示众，令贼知奸细被获正法，以破其胆。又讯供有派撒尔里寨番人一名得木通普鲁，一名实格里让绷，又派布拉克底寨番人一名扎木则普鲁，一名格什古木尔甲，现在欲往西路、北路探听事情等语。阿桂一路，如果有奸细前往，自能立时盘获。惟明亮、舒常处从未曾盘获一人，总由素未阅历，不能察见奸宄，恐果有奸细往彼，明亮等为其所愚，关系非小。此等奸细到营投降，其诚伪情节在微芒之间，然与其过信无宁过疑。若见有形踪可疑者，细诘不吐实情，即当加以刑讯。设或虑降番闻而畏阻，亦属无妨。大兵既已逼近贼巢，即日扫穴擒渠，所有逆党诸番更不虑其他窜，又何必争一时之急于降附乎？著传谕明亮、舒常，加倍留心盘诘，毋稍疏忽。"

（高宗朝卷九七七·页一八下～二一上）

○乾隆四十年（乙未）三月癸丑（1775.4.5）

谕军机大臣等："明亮等奏进攻喀尔西科拉木达一折，虽亦歼贼十余，究未得有寸进。看来此一带进攻徒劳无益，不如径赴宜喜为是。通计所调之兵，及带石挑用数千，合之宜喜原有之兵，可得万余，兵数已不为少。就图中形势而论，若从达尔图山梁下压，可得斯达爱卡寨，并可旁攻特朗贼碉，即至噶尔丹寺对河，与阿桂夹攻，似觉直捷。其带石一路，仍留舒常在彼，并于奎林、和隆武，三保三人内酌派一人同驻防守，牵缀贼势。至于宜喜进兵，虽亦可备出奇制胜，但究如治病偏方，不能专恃。其实在可望进攻得手，仍仗阿桂一路。所有现调之陕、甘、贵州官兵，据各该督、抚奏称均系拣派精锐可用者，令其遄程赴川。此六千新兵，谕令全数前往阿桂军营应用，阿桂接奉前旨，自应飞饬各省带兵之员遵照迅往。营中添此六千新锐之兵，即可多添一两路进攻，自更易于集事。但阿桂现在仍须随时设法进取，不可俟新兵到齐再办。又据明亮奏称投出金川番众有可随征出力者，即留营差遣等语，所办甚谬。此等贼番狡诈叵测，留之营中实无益而有损。若欲借其留营号召番众，更可不必。昨岁贼番势整，或须设法以溃散其心，今既纷纷投出，何借复为号召？即或观望不来，我兵攻破贼巢之后，无难悉行擒戮，更无庸预为招致。如以此辈悔罪来投，姑贷其死，亦只应交绰斯甲布等土司处安插，不宜留在营中。况阿桂、富德两路来投之番，俱经盘获奸细，惟明亮一路独无，安知现在所留番人不即有奸细在内？万一勾连滋事，所关非小，现在功届垂成，尤当详慎。此皆明亮、舒常未曾阅历所致，朕深为悬念。况据富德处盘获奸番僧格等供，土司派人分往西路、北路探听事情，曾谕令明亮等留心体察，切勿为其所惑，误堕贼人术中。著谕明亮等将所有留营降番，除霍尔甲、阿咱拉二人外，余悉分派各土司安插，勿令存留贻患。如有续行投降形迹稍可疑者，即当严加刑讯，务得确情，毋使贼番逞其鬼蜮伎俩。至各路军营或亦有似明亮处将降番留营随征者，并著分遣各土司处，妥为安插。"

（高宗朝卷九七八·页八下～一一上）

○乾隆四十年（乙未）三月庚申（1775.4.12）

定西将军尚书阿桂、定边右副将军尚书公丰升额、参赞大臣领侍卫内大臣色布腾巴勒珠尔、都统海兰察、副都统额森特奏："官兵前于沿河群尼等处连拿木栅三十余座，并设炮台竭力攒轰，碉寨渐次坍塌，因派副都统瑚尼勒图等分路进攻，并令总兵达色等攻打向南来珠寨落，以缀贼势。得式梯等处贼番及沿河各卡之贼悉来策应，碉内贼众守御益力，因复派官兵运炮轰击大战碉及拉尔甲碉卡，相机进攻，以期深入。"

谕军机大臣曰："阿桂等奏攻打沿河碉寨并现在筹办相机深入情形，所筹甚好。又复奏所以请调陕、甘、贵州三省官兵之故，惟恐将来大兵攻破勒乌围，贼人尚为退守噶喇依之计，则于功噶尔拉等处另添一路兵丁，可期速即蒇事等语。此计殊可不必。前已屡次传谕阿桂，令将新调之六千兵概行调赴西路军营，分派合剿，阿桂处添此兵力，自更有益。若功噶尔拉等处山险路长，虽派五六千兵前往，亦恐未必得济。即官兵攻破勒乌围之后，贼果退守噶喇依，阿桂亦惟当与明亮通计所有兵众，设法分路攻剿，或派兵于马尔邦一带夹攻，引进富德并力剿击噶喇依，或派丰升额带兵径赴喀尔萨尔一路共筹合剿，均属直捷隐妥，且俱易于照料，何必自外绕赴功噶尔拉，转置新兵于无可把握之地乎？阿桂自当斟酌妥办，勿再拘泥前说。又据称令南路挑拨之兵，于相近日旁处所暂为存驻，俟新调川兵全至，突然统领进攻。并称札致明亮即日来营，面筹一切等语。筹画可谓尽心，明亮亦奏及此事，自应如此办理。至川兵于三月初旬可以全赴宜喜，其时明亮亦当由阿桂处面商回营，自应即速相机进攻，以期合力集事。"

（高宗朝卷九七八·页二一下～二三上）

○乾隆四十年（乙未）三月丙寅（1775.4.18）

谕军机大臣等："前据文绶奏，川省现调之三千兵于二月二十七八至初一等日起程。著传谕文绶，此项川兵用之攻剿或未能得力，但与富德，令其同旧有之兵看守营卡，似属力所能为。若此时尚未至宜喜，或可令其就近前往南路备用，即或全至宜喜，亦著明亮于此内酌拨二千速往南路，听富德遣派守卡。再，甘肃兵二千五百、陕西兵二千现俱赴川。若于过成都省城时酌留千余，令其驰赴南路军营，较为便捷。著传谕文绶，即速妥办。仍将拨往陕、甘兵若干，迅速通知明亮。其余仍著明亮于新调川兵内拨往，以足三千之数。"

（高宗朝卷九七九·页四下～五下）

○乾隆四十年（乙未）三月丁卯（1775.4.19）

又谕（军机大臣等）："阿桂等奏明亮于初三日至西路军营会筹攻压宜喜，明亮已于初六日驰回日旁。约计二十日左右各兵齐集，即可统率进攻。此时正当明亮等进兵之期，伫盼捷音。至阿桂一路，拟于安吉寨、达佳布两处派兵分路攻剿，所筹甚好。阿桂惟当努力迅办，以副朕怀。至于陕、甘、贵州所调之六千兵，自应令其全赴西路合力助剿，业已屡次传谕。今阿桂奏如其克日捣巢，三省之兵即当飞檄停止等语。不应如此办理。现在大兵尚未直抵贼巢，即于日内攻克勒乌围，仍须进剿噶喇依，将逆酋贼目全行擒捕，方能蒇事。且阿桂、明亮各后路，如逊克尔宗、荣噶尔博及喀尔西、甲索等处，未经溃散之贼必当留兵搜洗净尽，然后可进剿噶喇依。而马尔邦一带必须分兵夹击，引进富德共捣贼巢。其喀尔萨尔一路，临时亦应酌量派兵截击。是勒乌围得胜以后，需兵处尚多，此六千兵正可资其用。俟大功告成，再令回营未晚，何必于此时遽行遣回乎？又，另折奏：小金川头人僧格太带妻子、家人投出，讯明父子情罪均无可宥，但若即行正法，恐适以坚番人死守之力等语。所见非是。此时官兵将抵贼巢，番众已纷纷投出，与去冬情形不同，无庸复为招诱，即或疑畏不出亦有何碍。况此等助逆贼匪敢于抗拒官兵，若至我师直捣贼巢时，虽出降亦不可宥，又何在此时必欲其来。且僧格太、阿济二犯其罪恶既已讯明，不得因其自行投出稍为宽宥。著传谕阿桂，将阿济即于军营正法，并申其前次从逆谋害巴图等之罪，使共知儆戒。至僧格太现在安置何处，即著文绶派员往彼，拿至省城正法。其家属仍分赏内地土司为奴。"

（高宗朝卷九七九·页六上～八上）

○乾隆四十年（乙未）三月戊辰（1775.4.20）

谕（军机大臣等）曰："富德奏：游击田蓝玉因太约山梁第七卡屯兵营盘失火，毁烧更棚四座，田蓝玉不行禀报，擅用双条合并将该土弁目兵丁重责，致土目库思尔结因伤重身死，殊属乖张专擅，当将该员责罚示众，并请将田蓝玉削去巴图鲁名号，革职作为马兵，效力赎罪等语。所办是。田蓝玉著革职，削去巴图鲁名号，作为马兵，仍留军营效力赎罪，以示惩儆。"

谕军机大臣等："前因富德续派兵三千往宜喜，恐南路存兵太单，或致贼人窥伺滋扰，深为廑念。随谕令明亮于新调川兵到营后，酌拨一二千速赴南路，并令文绶于陕甘调兵过成都时，量拨千余迅往绒布军营，补足续拨三千之额。今富德既将该处续派之兵留住二千，是防守已足敷用，所有已到明亮处之川兵，及过成都之陕甘兵，俱可无庸拨往绒布。"

（高宗朝卷九七九·页九下～一三上）

○乾隆四十年（乙未）三月甲戌（1775.4.26）

又谕（军机大臣等）曰："阿桂等奏攻打达佳布、安吉等处碉寨歼戮贼番情形。此次虽歼贼二百余，生擒贼番六名，而攻得之碉因难以驻守复行拆毁，仍与未得无异，殊觉可惜。自是兵数不多，未能分路袭击之故。今陕、甘、贵州所调兵六千，据各督、抚奏均系拣派勇壮者，令其遄赴军营前往西路，约计陆续可到。阿桂处添此生力精兵，声势更盛，于功剿尤为有益，自应分路派兵进攻，必更易于得手。且攻剿之外，可派吉林、索伦兵预伏中途，截杀应援之贼。此等贼众一出碉外，已自失其险，尤可尽力多歼，使之胆落。阿桂当努力为之。至明亮处，所调南路兵四千，又吉地等处兵七百五十名，计将及五千。今川兵三千，又俱全赴宜喜，若再于宜喜现有兵内抽选数千，约可满万，自当急筹攻取。明亮现于何时进兵，著即速复奏，以慰悬注。但明亮此路进兵，系攻其无备，果能得胜，自属甚善。但究如治病偏方，难于实有把握，仍当以阿桂处为正路。朕亦惟阿桂是恃，不可稍有疏懈。"

（高宗朝卷九七九·页二一上～二二上）

○乾隆四十年（乙未）四月戊寅（1775.4.30）

谕军机大臣等："阿桂派令海兰察前往宜喜，会同察看进兵路径，约期会攻，深合行军机要。而海兰察往来相度实为出力，著将营中所有大缎赏给二匹，以示奖励。至舒常请同赴宜喜进攻，亦属甚好。其日旁一带，据奏留舒景安、都尔嘉驻彼照应，虽系牵缀贼势，但亦须熟悉地利之人方于事有益。因思永平、马彪二人在宜喜驻兵已久，于防范情形必能熟悉，著明亮于此二人内酌派一人，同舒景安、都尔嘉在彼防守，似更妥协。仍将派出何人之处，附便奏闻。"

（高宗朝卷九八〇·页二上～三上）

○乾隆四十年（乙未）四月辛巳（1775.5.3）

谕军机大臣曰："阿桂奏挑选吉林、索伦等劲锐兵千名，令海兰察、福康安等带领前往宜喜，以资分头督率。阿桂不分畛域，派兵往助明亮，所见极是。但西路兵数亦不甚多，今复分减千名，兵力似觉稍单。又，海兰察、福康安均系阿桂处得力之人，今将伊等派往宜喜，必见及宜喜情形紧要，故如此派调。若果能从宜喜压至濑河，自以设法渡河抄截为要。明亮等久经奏及筹备渡河之事，临时谅必应手。诚能抄出得式梯之后，与阿桂会兵夹攻，则勒乌围已在掌握之中，此举实为事半功倍。至另折所奏筹办降番之法，以留数人在营，使共知其不杀，似更可速涣贼众之心，亦不无所见。但此辈情性叵测，即或留其在营不可不严防密察，而明亮处从未盘获奸细一人，深恐其为黠贼朦混，明亮倍宜留意慎防，毋稍疏忽贻误。至小金川头人僧格太及伊子阿济二犯罪恶昭著，法所不贷。但据阿桂奏，阿济从前虽随贼抢占地方，兹同其父母兄弟投出，即请随征自效打仗杀贼，因手腕中枪，被贼抢去，仍从碉跳下逃出等语，有此一节尚可贷死，且暂留营中，阿桂仍留心防察，并观其向后出力与否再行定夺。其僧格太一犯亦可无庸办及，并其家属且不必分赏土司为奴，统俟将来再办不迟。将此并谕文绶知之。"

（高宗朝卷九八〇·页四上～五上）

○乾隆四十年（乙未）四月癸未（1775.5.5）

谕军机大臣等："前因富德奏续派之兵业经阿桂停调二千，则马尼仅多派一千，余存之兵尚足敷用，所有陕、甘及川兵均可无庸拨补南路，随即谕知明亮、文绶等矣。此旨文绶处不过二十七八日间可以接到。若陕、甘兵彼时尚未过省，自可停其拨赴马尼。若已经派拨起程，即听其前往，亦无不可。现据富德奏有相机进剿之事，即添此一千兵，亦属有益，不必令仆仆道途，转疲兵力。"

（高宗朝卷九八〇·页六上～下）

○乾隆四十年（乙未）四月乙酉（1775.5.7）

谕："据毕沅奏陕省赴川官兵三月二十七八日已全数出境。甘省兵亦陆续入川。其贵州兵丁先经该抚奏报已入川境，此次续调三省兵丁赴川助剿，以期克日蒇功。勒尔谨、毕沅、韦谦恒同各该提督及承办兵差之地方官，办理皆妥速可嘉，俱著交部查明议叙。"

（高宗朝卷九八〇·页八下）

○乾隆四十年（乙未）四月甲午（1775.5.16）

　　定西将军尚书阿桂、定边右副将军尚书公丰升额、参赞大臣副都统额森特奏："自三月至四月，宜喜沿河一带大雪，臣等冒雪攻打，不使贼人得以休息。臣额森特率同侍卫伊里布等直取群尼碉寨，并令翼长六十七等攻其左，游击袁敏循田磡而进攻其右。来珠碉寨则令侍卫彰霭、总兵仁和等攻打。又派副都统额尔特、侍卫那木扎等从碉寨中间前进，以断贼彼此往来之路，并截杀各处来援之贼。其章京纳亨保等带兵为各路接续，于初五日同时并进，带板片、木梯度沟上碉。碉寨上贼人合力抵御，得式梯以及各处贼又复合力来援，官兵施放枪炮，打中皮船，贼俱堕水。余贼入群尼寨内据守，复于噶喇依等处，两路悉心守御，急切难以取胜。臣等公议，为此时计，须多方以误之。因令长清、旺保禄、王进泰抽出官兵，于簾拉角克、察尔觉两路前进，相度贼人望见之地，多燃烟火作为进攻之状。其南路纳木觉尔宗一带计有防兵三千余，并令侍卫哈清阿于当噶尔拉等处酌量前进，一同牵缀贼势。再，渡河船料前此早经预备，因对岸崖陡道窄，是以未能办理。今宜喜官兵来至河边，即当来往过渡，需渡必急，因将预备船料越过格鲁克古山梁抬至河滨成造，使贼人望见，又疑官兵或将过河截日旁之后，或将顺流直下，相机抢杀，更可乱其心目。臣等逆料贼人必来侵扰，饬令官兵预为设伏，初四日夜半果有二三十贼用船过渡前来，伏兵出击，贼人大半淹毙，土兵止有受伤二名。"

　　得旨："勉力速成功，实盼望不安寝食矣。"

（高宗朝卷九八一·页一下～三上）

○乾隆四十年（乙未）四月壬寅（1775.5.24）

　　定西将军尚书阿桂、定边右副将军尚书公丰升额、参赞大臣副都统额森特奏："宜喜进攻一局为此时紧要关键，必须木思工噶克及得式梯两处同日攻打，贼人必难接应。勒吉尔博山梁自上而下过木思工噶克丫口突起一峰，上有木城一座、大碉三座，互为犄角，一得此处，则其下山脊之各碉即可顺梁下压。臣等于十三日派书麟、格勒尔德等攻木思工噶克丫口碉卡，又派副都统额尔特、侍卫那木扎等攻群尼正面碉座，侍卫巴三泰等从旁攻打。贼人悉力抵御，而勒吉尔博山梁及沿河一带之贼齐来救援。官兵攻至辰刻，始行酌撤。是日，臣阿桂即将攻打木思工噶克丫口官兵部署，派乌什哈达、瑚尼尔图等攻抢丫口山峰木城、碉座，副将曹顺等攻取山右碉座，侍卫穆哈纳等攻取山左碉座，副都统福珠里、倭升额、书麟、总兵特成额、海禄等带兵各路接应，总兵官达色、刘国梁、乌尔纳等截杀各处来援贼众，富兴、保宁等攻打勒吉尔博山梁中间塞古罗木碉寨，以为牵缀，并预备木植，一俟官兵得手，赶拿木栅。臣丰升额、额森特亦于是日将沿河官兵部署。臣额森特同侍卫那木扎等攻抢群尼碉寨，副都统额尔特、侍卫彰霭等从左合攻，总兵仁和攻打来珠寨落，副将西德布等从旁攻打，游击灵山等攻打沿河各寨，均于十四日子刻前进。臣阿桂、丰升额分路督率调度。其攻打木思工噶克山峰各官兵，乌什哈达等潜越攀登，枪石齐发，游击梁朝桂等先抢东北隅大战碉，一齐拥入，参将国兴等冲入剿杀，亦将木城攻获，穆哈纳等又将山峰左碉座，曹顺等将山峰右碉座同时攻克，歼贼甚众。其余官兵即从康萨尔直至丫口山峰一带，连拿木栅占据。至攻打沿河碉寨之兵，均携带木柴，堆积群尼寨下。放火延烧，贼人多被烧毙。至北路官兵先于十二日进攻甲索，抢获大碉九座、石卡一座。至丫口正路上，虽有贼人碉卡，将大炮运往轰摧，不难克取。一得此数处碉寨，竟可直压勒乌围。"

谕曰："阿桂等奏分攻荣噶尔博下面木城，又攻克木思工噶克丫口碉座，官兵即从康萨尔直至丫口一带山峰连拿木栅占据。至北路明亮之兵，先于十二日进攻甲索，抢获碉座，一日而收三年未竟之功。将军等调度有方，将领、弁兵亦俱实心奋勇，甚属可嘉。所有阿桂、丰升额等及在事出力之将弁、兵丁，俱著交部查明议叙。其尤为出力之三等侍卫穆哈纳、参将国兴、游击梁朝桂俱著加一等即行升用。"

（高宗朝卷九八一·页一二下～一五下）

○乾隆四十年（乙未）四月癸卯（1775.5.25）

定边右副将军广州将军明亮、参赞大臣内大臣都统海兰察、副都统舒常奏："自初九日天气放晴，酌派敖成带汉、土兵二千五百名，于十二日先攻甲索，一面即派参领噶塔布带兵接应。旋据敖成禀称：五更时将到山顶，督同副将常泰，参将瑚图礼、哈芬布，游击衔马应诏，都司彭承尧等，分作三路直逼碉根，将要隘三碉立时攻破，又抢占左右两山贼碉七座。巳刻以后将接连俄坡之东山贼碉四座亦经占据。统计前后夺取战碉一十四座等语。甲索既经得手，则宜喜一路更觉勇气倍增。臣等查达尔图以下得楞一带，山冈绵延二十余里，其上碉卡甚多，随派科玛、进财保分攻得楞大碉，三保、和隆武、奎林、珠尔格德等分队取路上攻，乌尔图那逊带兵在后接续。其向东山腿下临河之处，尚有贼碉联络其间，派令福康安、佛伦泰、泰斐英阿带兵攻取，至十三日子刻陆续进发。臣海兰察带兵策应得楞各队，臣明亮、舒常于达尔图、木克什等处分头督率。旋见三保、和隆武等官兵各将所指之碉先后攻克，并夺获附近石卡数座，而福康安等抢夺石卡二座之后即乘势压下，复抢夺石卡一座。各处贼人纷纷奔溃，被我兵击毙约有二百余人，生擒贼番七名。现在官兵各将所得地方严为守御，及从沟内前去之路，当即共拿木城九座，以便运送火药、口粮。惟达尔图前厂以至得楞实因濠深地险俱难克取，然得楞以下各碉卡全被我兵抢占，贼人失势，臣等一面将末后两起新调川兵，于十三日已到桥头，催集上山，克日直下河沿。非惟达尔图等处贼人立见窜散，即沙坝山、喀尔西等处皆已拦截在内，自可不攻而得。"

谕曰："明亮等奏攻克甲索、宜喜并统众下压各情形。将军、参赞等调度有方，将领、弁兵俱能奋勇出力，甚属可嘉，著交部查明议叙。总兵敖成统兵攻克甲索，尤属勇往超群，著赏给僧格巴图鲁号，以示奖励。"

谕军机大臣曰："明亮北路情形与阿桂西路不同，西路虽逊克尔宗等寨未经攻得，然其地尚隔一峰即得式梯，群尼等寨亦在河沿，并居丫口之下。今阿桂从丫口山梁下压，贼人自无由在后抄袭。至北路之达尔图、喀尔西等处，现为官兵截住，其贼谅可不攻而溃。但各处贼众尚多，设或乘我下压之时从后路潜出滋扰，不可不虑。此等机宜，明亮自能见及，但恐伊等锐于进取，防范或不免稍疏，所关匪细。著传谕明亮等，将达尔图等处后路留心防护，勿使贼人得以窥我之隙稍滋事端。"

（高宗朝卷九八一·页一五下～一八上）

○乾隆四十年（乙未）四月乙巳（1775.5.27）

定边右副将军广州将军明亮、参赞大臣内大臣都统海兰察奏："十四日臣海兰察及奎林、和隆武、福康安等率同侍卫、章京及绿营将弁，分路从萨克萨谷同时并进，我兵跃入贼卡，所向无前，将萨克萨谷山梁全行攻获；复于各要隘分布埋伏，番众乘夜上山抢夺新立营盘，俱为我兵击退。至十五日，达尔图、得楞、沙坝山各处贼人俱弃碉潜窜，我兵追杀、歼毙无算。是日辰刻，阿桂将预备船只运至河干，往来渡载，当经福康安、佛伦泰等带兵，将斯年木咱尔及斯聂斯布罗两处寨落悉皆攻克。自东至西环山五十余里各处寨落，搜检无遗。现又飞调日旁留守旧兵，以便并力前进。"

谕军机大臣等："此次攻剿得胜，明亮调度有方，海兰察、福康安尤为出力，均属可嘉。明亮、福康安俱著授为内大臣，海兰察前此已授内大臣，著赏给御用荷包，以示鼓励。俟大功成时，自有殊恩懋赏。现据明亮等搜查该处五十里内所有数百余寨落，并无粮石存贮，贼众之乏食可知。今两路大兵会合，自即乘胜深入，扫穴擒渠，仁听捷音。"

（高宗朝卷九八一·页一九下～二〇下）

○乾隆四十年（乙未）五月壬子（1775.6.3）

定边右副将军广州将军明亮奏："本月十六日由基木斯丹当噶下压东南，因连日大雪暂停进兵。于二十一日派奎林等分路进发，我兵奋勇争先，贼人歼毙逃散甚众，各处山腿寨落焚烧一空。至敖成现在甲索带兵下压，将俄坡木克什一带碉卡占据。海兰察等复带兵赴西路协剿，从此可以迅捣勒乌围。"

谕军机大臣曰："明亮等奏攻克基木斯丹当噶山腿贼碉，所办甚好。奎林等攻碉出力，均属可嘉。统俟攻得勒乌围，一并交部优叙。现在阿桂等统兵自木思工噶克下压，计日可得噶尔丹寺。明亮进至临河，自必于勒乌围对面搭桥过河，两路会合夹攻，勒乌围自可克期攻克，仁听捷音。"

（高宗朝卷九八二·页五下～六上）

○乾隆四十年（乙未）五月甲寅（1775.6.5）

谕："据阿桂等奏：官兵攻克下巴木通碉栅，将勒吉尔博一道山梁上下碉卡扫清，及乘胜占夺得式梯官寨，并分兵攻克荣噶尔博山梁碉卡，焚抢噶郎噶、勒赤尔等处寨落，共计攻克大碉一百数十处、木城数十座、寨落二百余处、寨房一千数百间，杀贼三四百名，生擒贼十名，夺获炮四位及牛羊、鸟枪等物，现在连拿木栅，用炮轰摧，自可即日扫巢等语。阿桂等督率将士奋勇进攻，所至克捷，甚属可嘉。所有将军、参赞及领队大臣等，统俟攻得勒乌围时一并交部优叙。其在事出力之将领、弁兵等，即著阿桂查明，分别等第，咨部议叙。"

（高宗朝卷九八二·页七下～八下）

○乾隆四十年（乙未）五月丁巳（1775.6.8）

谕："前以促浸贼番党助逆竖，抗拒王师，均属罪大恶极，曾屡谕将军、参赞，若我军业已乘胜深入，贼番穷蹙难支，出而乞命，虽投降亦不可轻宥。今阿桂、明亮两路官兵计日可以合力会剿，迅扫勒乌围，兼可直捣噶喇依，鼠党狐群自必立就骈戮。但为数究不免稍多，朕仰体上天好生之心，有所不忍，且此辈番人势穷食乏，尚为其酋舍命固守，亦颇足取。是用网开一面，施法外之仁，著将军等于进兵时预行宣谕贼众，如有能畏罪出降者，仍从宽免死。倘或怙终不悛，于扫荡贼巢时玉石俱焚，难以复道。并将此通谕知之。"

定边右副将军广州将军明亮、参赞大臣副都统舒常奏："本月二十三日，派令奎林等带兵分为左右两翼，攻破沿河贼碉，副将图钦保又带兵攻克茹寨，纵火焚烧沿河各寨，贼番死者甚众，麦田十余里尽为我得。至甲索碉卡三十余座，均经敖成逐渐攻克。该处守兵不敷。臣等在大营抽拨四百余名前往协守，不日即可蒇事。"

谕曰："明亮等奏茹寨以前一带平坝寨落全行攻克，官兵现已截出临河等语。明亮等董率劲旅所向克捷，甚属可嘉。总兵敖成、副将图钦保尤为奋勇出力。敖成前已赏给巴图鲁名号，著俟攻得勒乌围时，同将军、参赞、领队大臣等一并交部优叙。图钦保著交将军等记名，遇有军营总兵缺出，即行奏补。其在事出力之将领、弁兵等，著明亮查明，分别等第，交部议叙。"

（高宗朝卷九八二·页一五上～一七上）

○乾隆四十年（乙未）五月戊午（1775.6.9）

又谕（军机大臣等）："现在阿桂、明亮两路屡次克捷，计日合兵进剿，自可迅扫勒乌围，即乘胜攻围噶喇依，谅逆酋等不能久为支拒。但贼番狡诈百出，恐其势当穷蹙，别施鬼蜮伎俩，或假装逆酋兄弟，诣军门捏称投降，暗藏叵测，将军等不察虚实轻率出营相见，设或误堕术中，所关匪细。此时务期扫穴擒渠，所有逆酋兄弟及济恶之头人，虽降亦断不可恕。但彼既称来降，即可诱而擒之，以蒇斯役。惟当慎之又慎，勿稍大意，所谓受降如受敌也。"

（高宗朝卷九八二·页一九上～下）

○乾隆四十年（乙未）五月辛酉（1775.6.12）

定西将军尚书阿桂、定边右副将军尚书公丰升额奏："荣噶尔博之第八、九峰下即系勒乌围，中隔噶尔丹寺及噶朗噶两处，形陡地险。若于第三条山腿连拿木栅而下，一到河边，则噶朗噶及噶尔丹寺不攻自破。遂于二十九日一面督兵砍木植，接拿木栅，一面分兵击贼，歼毙甚多。我兵连拿木栅十七座，已至山腿中间，焚烧余剩碉寨十余座。复派伍岱等带兵由噶尔丹寺上面分路攻噶朗噶。官兵所至，腾跃而登，进至噶尔丹寺。初二日，复接拿木栅九座，至沿河平坝，痛剿贼众，一两日内即可扫净噶尔丹寺、噶朗噶二处。从此攻克荣噶尔博第八、九峰，顺下直逼勒乌围贼巢矣。"

谕军机大臣曰："阿桂等奏官兵接拿木栅，直趋河沿，截断噶朗噶、噶尔丹寺，以期迅捣贼巢，所办甚好。官兵屡次克捷，勇气倍增，攻剿自非难事。惟是贼人势处穷蹙，正如困兽之斗以攫噬自卫其死，此时功逮垂成，诸宜谨慎，遇有贼寨枪石密施之处，均勿冒险轻进，然亦不可过于持重，致涉因循。将此传谕知之。"

（高宗朝卷九八二·页二五上～二六上）

○乾隆四十年（乙未）五月甲子（1775.6.15）

定边右副将军广州将军明亮奏："初三日派奎林、和隆武等带兵由达尔图山梁绕行，分路进攻，随密札敖成即在甲索挑派壮勇数百同时夹攻。

据敫成禀称，初五日统兵直抵巴布里山脊碉卡，雪大作，我兵冒雪攻打，抢占卡隘四座，碉内贼人四散。再查宜喜克捷以来，得地甚广，现将后路各要隘分段派员专管。自觉木交至宜喜山梁，李时扩专管；得楞以上至达尔图山梁并木克什、巴舍什等处，董果专管；得楞以下至前敌各营盘，马彪专管。"

谕军机大臣曰："明亮等奏攻获巴布里地方碉卡杀贼情形。敫成于大雪中奋勇攻克贼碉，追杀贼众，甚属可嘉。著明亮等查明出力之弁兵，一并咨部议叙。又所奏自觉木交起至宜喜山梁，派令李时扩专管，恐尚不足恃。宜喜军营原留马彪、都尔嘉带兵驻防，应令马彪、都尔嘉妥协严防，毋稍疏懈。"

（高宗朝卷九八三·页九下～一〇下）

○乾隆四十年（乙未）五月丁卯（1775.6.18）

谕军机大臣等："富德奏抽拨官兵二三百名前往马尼、骆驼沟一带协防。富德一路现兵甚少，只可俟阿桂、明亮等攻克勒乌围时，分兵往会夹攻马尔邦，引进南路之兵，会攻噶喇依，自更得力。又所奏，逆酋索诺木弟兄遣贼番在卡外喊叫投禀，译出禀词进呈。今阅其禀内所称，恳求大皇帝在我们地方上，也照西藏一带安大人、官兵等语。金川番众微若虫蚁，乃妄思比之西藏佛地乎？况逆酋兄弟罪大恶极，断难轻宥。今复敢如此措词狂诞，将来荡平噶喇依，不但其大小头人不可宽减，即散番中之稍觉桀骜者，亦当察明正法，以靖凶孽。著将此传谕阿桂等知之。"

（高宗朝卷九八三·页一一下～一二下）

○乾隆四十年（乙未）五月戊辰（1775.6.19）

定西将军尚书阿桂、参赞大臣副都统额森特奏："查第三条山腿将至平坝为赤布寨，有战碉七座，回环互守，必须攻克此寨，直下河干始无阻碍。顺沟下至濒河，则噶朗噶及噶尔丹寺俱拦截在内。初七日派兵沿沟潜进，分头抢入，将得思古各寨占住。由得思古寨迤而西北有寨落数处，初九日乘势攻获。五福等亦从安吉山腿迤逦下攻，克取大寨二座。因思赤布寨在山腿尽处，形势其陡，今官兵既克得思古，可以抄出其后，因于初十日前后合攻，将赤布寨即行攻获。是日各领队等又带兵将噶尔丹寺南面寨落三处相继攻克，伍岱等又将噶尔丹寺东西寨落并水碉一并攻得。至戌刻于风雪中官兵设伏防范，枪箭毙贼甚多，比至天明，即将其寺焚烧，以绝奔布尔邪教。查噶尔丹寺本系金川著名地方，而噶朗噶尤为贼人最大聚落。今统计官兵竭三日四夜之力，将噶朗噶一带寨落一百十余处、战碉三十余座、寨房二千余间尽行夺获扫除，而噶尔丹寺亦不攻自溃，前至勒乌围不过数里。现在赶紧添拿木栅，直至河沿，即与明亮基木斯丹当噶新营隔河相对。其荣噶尔博第八、九峰贼虽死力拒守，然山上山下皆可觅路进兵，臣等相度机宜，惟期迅速集事，先扫勒乌围巢穴。"

谕曰："阿桂等此次攻克噶尔丹、噶朗噶等碉寨，将军、参赞调度有方，领队大臣奋勉出力，甚属可嘉。俟即日攻得勒乌围后，一并优叙。至在事之将佐、弁兵，并著阿桂等查明咨部，分别议叙。"

谕军机大臣等："官兵全克噶尔丹寺及噶朗噶各寨，现距勒乌围不过数里，两路夹攻不能久拒，但贼人平日业将各处粮食、什物运往噶喇依，尚恐欲恃为负隅固守之计。今官兵乘势进攻，一得勒乌围，贼众必相率窜回噶喇依巢窟。现在明亮带兵进驻河干，若望见隔河贼众陆续溃窜，即当酌用枪炮在对河截击，使贼众无所免脱。至该处所有喇嘛党助逆酋，念经逞术，情甚可恶，除临战歼殪外，其余大小喇嘛均不应稍存姑息。并著将军等查明，应正法者正法，其余概行锁押解京，听候讯明办理。"

（高宗朝卷九八三·页一三上～一五上）

○ 乾隆四十年（乙未）五月壬申（1775.6.23）

定边右副将军广州将军明亮奏："本月初七日，臣等由基木斯丹当噶迤西山腿进攻巴舍什，下扫曲硕木一带碉寨，同时奎林督兵将大战碉两处攻克，和隆武所攻碉寨贼人冲围逃逸。两路官兵会同珠尔格德直下沟底，歼贼甚多。贼人复扰荆州营盘及茹寨街上，我兵击杀数十人，余俱窜走。臣等于隔河用枪炮击打来往贼人。今阿桂等已将噶尔丹寺及左右寨落剿洗，则茹寨对河亦已肃清。现因雨阻，少晴即当整兵速进。"

谕军机大臣曰："明亮等奏由巴舍什分路进攻，夺取贼碉，所办尚好。贼人当穷蹙之时，仍敢贪夜潜出连扰营卡，此时功逮垂成，诸宜倍加谨慎，勿稍疏懈。至所称派都司众神保在对岸赶筑炮台，昼夜轰催，并派屯土兵用鸟枪击打，筹办甚是。前曾计及官兵攻打勒乌围时，谕令明亮于隔河用枪炮截击，以断贼人归路。今明亮等所奏情形与朕前旨恰合，惟当努力妥为之。至平定金川以后，一切善后事宜亦需经费，今谕户部再拨库帑五百万两。此事办成，实属一劳永逸，虽多费亦所不靳。"

（高宗朝卷九八三·页一八上～一九上）

○乾隆四十年（乙未）五月乙亥（1775.6.26）

定西将军尚书阿桂、定边右副将军尚书公丰升额奏："十四日早，臣等分兵两队，派总兵成德、游击普吉保等分路进攻，冲雾越险，潜抵丫口，立将石碉八座、木城四座悉行攻克。查逊克尔宗在荣噶尔博山阳第七峰后，随派曹顺领土兵循山阳而下，与丰升额之兵合力并进，贼众由墙后窜逸，遂将石寨六处、石碉十二座、平房七处亦皆克取。臣等复督兵将第三条山腿上之栅尽行架起，并将伍岱等勒吉尔博之兵撤至第三条山腿，换出臣海兰察、额森特之兵并力进攻。至荣噶尔博之第八、九峰地势更险，臣等公商，若从半山拿栅，逾沟而进，用炮攻摧，即可斜上八、九峰攻抢巴占，从此前抵勒乌围可无阻碍。现在应用木植砍伐运往，以备应用。"

谕："逊克尔宗一带，我兵攻取年余尚未得手。若不将此处攻克，后路究未扫净。今丰升额全行夺取，实为奋勉出众。丰升额乃巴图鲁额宜都之孙，其果毅公爵即系额宜都传袭。前将军兆惠因平定准噶尔回部，曾于公爵上加封四字，今丰升额能继其祖，著于'果毅'字下再加'继勇'二字，以示优奖。"

又谕曰："阿桂等奏攻得逊克尔宗碉寨甚多，现筹从荣噶尔博进兵直捣勒乌围贼巢，所办甚好。逊克尔宗为阿桂紧要后路，今将所有碉卡尽行攻克，则西路官兵后路更觉清肃，深为欣悦。此次攻碉得胜，系丰升额带兵奋勇所致，甚属可嘉，已另降谕旨优奖。总兵成德、游击普吉保亦俱勇往超群，各立功绩，统俟攻得勒乌围时，交部一并优叙。游击普吉保，著加恩以副将用，遇缺即补。其余在事出力之将佐、弁兵，并著阿桂查明，交部议叙。"

谕军机大臣曰："阿桂等奏自荣噶尔博由直古脑一带拿栅下压，固属得势，但阅图内情形，若由赤布寨至冷角寺沿河直进，径抵勒乌围，似较直捷。著询问阿桂此旨到时如勒乌围尚未攻克，或照此筹办如何？又，曹顺屡次出力，自应格外加恩，除交军机处以总兵记名外，著传谕阿桂如军营遇有总兵缺，奏请升补。"

（高宗朝卷九八三·页二二上～二四上）

○乾隆四十年（乙未）五月丙子（1775.6.27）

谕军机大臣曰："窦琳复奏弹压苗疆各事宜一折，已于折内批示。据称：今春添派赴川兵丁，所有苗疆各营均系分别地方紧要、次要酌量办理。其次要者，兵虽多亦令减派；紧要者，并未派及。仍严饬各协营，遵照部行演习进步连环枪法，而于苗疆尤令勤练，总以不动声色，密为弹压，并严禁兵丁入寨滋扰，以期宁谧各等语。所办深得窾要，惟当实力行之。至韦谦恒复奏防范苗疆一折，请将黔省停补名粮四百余名全数赏给古州一带标营均匀募补，以资防守等语。此事可以姑缓。现在征剿金川大功指日告藏，众兵凯还在迩，其苗疆各营兵丁有曾经挑派者，彼时即可补还，设或尚有缺额，亦可至期再行补足，毋庸预为筹及。若以通省停募之额全数增给苗疆，无故添兵，恐苗人闻之转生疑畏，非所以示镇静。将此谕令韦谦恒知之。"

又谕："噶尔丹寺为金川第一大庙，喇嘛众多，莎罗奔在彼聚集念经已久，意在诅咒官兵。其地必有镇压之物，阿桂等留心察验，于寺基内外及附近方园地面，如有可疑形迹，即行刨挖，刨得镇物，即速投之水火，以破其法。此等原属邪不胜正，本无能为，今若掘发而尽除之，自足使人心畅快。设或无实迹可凭，即将寺内外地皮刨起数尺，遇有木石等物形迹可疑者，悉行取出焚烧，亦足以释众人之疑而壮其胆，于进军自更有益。"

（高宗朝卷九八三·页二四上～二五下）

军糈挽运、银饷筹拨、将弁调遣、台站设置、军报驿递等

○乾隆三十八年（癸巳）八月戊子（1773.9.17）

直隶总督周元理奏："现值军兴之际，调拨军站及应付官兵过境差使

较繁，应多养余马，喂养备用。请于司库节年地粮项下，预行借给一季工料银九万六千二百余两，分拨各驿，预买草豆，并酌买余马，先为喂养。仍于乾隆三十九年分作四季扣解归款。"

得旨："如所请行。"

（高宗朝卷九四〇·页二上～下）

○乾隆三十八年（癸巳）八月庚寅（1773.9.19）

陕西按察使刘墉奏："大兵进剿金川，陕省军台前奉派布政使毕沅稽查，今毕沅护理抚篆，总办军需，事务较繁。臣办理秋审已竣，现在刑名事件尚不为多，此次京兵过境，抚臣派臣在省东一带照料，臣拟即便道查验通省台站。"

得旨："好，自应如此。"

（高宗朝卷九四〇·页九下～一〇上）

○乾隆三十八年（癸巳）八月癸巳（1773.9.22）

署四川总督湖广总督文绶奏："京兵入川，自成都至军营，原拟在桃关、雅州两处折与马价，令其步行。第自成都至桃关程站无多，而自灌县以西道路即多陡仄，难以骑驶，应令即在省城折给马价，听其自便。其大小官员亦并于省城照例分别支给骑马，并折支余马。"报闻。

（高宗朝卷九四〇·页一五下）

○乾隆三十八年（癸巳）八月丙申（1773.9.25）

河南巡抚何煟奏："京兵于七月初七日按起行走，将次抵境。臣于十一日自省起程至安阳一带，随路查看各台站事务，并就近访察。如有不肖官吏家丁及差保人等借端派累需索，并短价抑勒情弊，立即严参请旨治罪，不敢少有姑容。"

得旨："知道了。仍应时刻留心查察。"

（高宗朝卷九四〇·页一八上）

○乾隆三十八年（癸巳）八月壬寅（1773.10.1）

四川总督富勒浑奏："此次添调满、汉官兵为数甚多，翁古尔垄、绰斯甲布两路将来添兵有限，惟西路须厚集兵力。臣已将三路军需先期预备，而粮运尤关紧要。西路之米截至七月底止已计有一万二千余石。但现值大兵过境，需夫较多，各站滚运之米难免停滞，商民长运之米亦多寡不齐，已委知府李永祺运米一万石，由木坪运至达木巴宗，知县牛兆鼎、王宓运米一万石，由桃关运至日隆。俟大兵到齐，再催商米滚运，源源接济。至军火器械，现亦严催督办，迅速解营。"

得旨："嘉奖。"

（高宗朝卷九四一·页四上～五上）

○乾隆三十八年（癸巳）八月甲辰（1773.10.3）

护陕西巡抚布政使毕沅奏："陕省自七月以后雨水连绵，道涂泥泞。大兵过境，车行颇难。臣已饬令京兵到时，改用四套大车装载行走。并檄地方官按站备办驮鞍二百副，如遇雨大泥深，车辙塌陷难行，即将驾车骡头改作驮骡，仍按站倒换，以期赶赴正站。"

得旨："嘉奖。"

（高宗朝卷九四一·页一四上～下）

○乾隆三十八年（癸巳）八月戊申（1773.10.7）

谕："据陈辉祖奏：此次沿站居民，闻官兵经过、运送军械等项，咸争先来站受雇，如宜昌巴东一路，人烟稀少，其旁近之恩施、宣恩、建始等县民夫，亦多自行趋集，军行偶有遗失行装，随路赶送交收等语。此诚佳事。该省上年过兵地方，本年新正曾经加恩缓征。今沿站旁近各县民夫俱能踊跃急公，各效予来之谊，自宜并沛恩膏，用昭奖劝。著该署督查明恩施、宣恩、建始三县量予缓征十分之几，奏闻请旨。再，直隶、河南、陕、甘、云、贵等省兵行经过各州、县，节经降旨加恩分别缓征。其沿站旁近之州、县民夫，如有协助办差出力者，并著该督、抚一体查明具奏，候朕酌量加恩，以普一视同仁之意，该部即遵谕行。"

寻陈辉祖奏："此次沿站民夫，除恩施、宣恩、建始三县协助巴东一路外，又有鹤峰、长阳、长乐、兴山四州、县民夫，协助东湖归州一路。内宣恩、兴山二县，本非过兵之地，本年钱粮业已全完，应将次年钱粮酌缓十分之五。其恩施、建始、鹤峰、长阳、长乐五州、县，因前次施南、卫昌二协营兵经由，本年钱粮业予缓征，但各民夫于本处出力，复能协助邻封，其次年钱粮应再缓十分之三。"

得旨："如所议行。"

四川总督富勒浑奏："各路口外台站马匹，自用兵以来，原设续添每处自十余匹至五六十匹不等。如遇往来钦差大臣行走迅速需马协济之时，向系雇募民马及派拨营马分段应付。但南、北两路各站差务较简，业经酌拨马照旧安设。至西路即日大兵云集，需马较多，拟于桃关、根达桥、卧龙关、向阳坪、日隆军营五处各加添马四十，即在川省存营马内抽拨安设。所有应支草乾银两，仍令查照前项酌拨军营之例，在台支给。"报闻。

（高宗朝卷九四一·页二二上～二七上）

○乾隆三十八年（癸巳）八月庚戌（1773.10.9）

四川总督富勒浑、署四川总督湖广总督文绶奏："向例绿营征兵，每百名应有余丁三十，以供樵汲。前西路黔兵未得余丁，曾经奏准照余丁之数给与长夫。嗣后议得南路各省征兵未带余丁者，将余丁应得盐菜口粮折价分给，听其自便。但官兵分派各路军营不宜彼此互异，而长夫工价较余丁费逾一倍。此次西路滇、黔二省官兵，应请照南路之例，折给余丁盐菜口粮，无庸给与长夫。其西路旧存兵并绰斯甲布一路，一例以九月为始，照此折给。"从之。

（高宗朝卷九四一·页三四上～下）

○乾隆三十八年（癸巳）九月庚申（1773.10.19）

四川总督富勒浑奏："京兵将次抵省，月底即可出口，沿途各站应妥协料理。拟自桃关出口起，由草坡、根达桥、硕塘、卧龙关、隆拉、向阳坪、日隆定为七站，每站相距约计不过六七十里。饬令各站该管站员多为预备饭菜，俾京兵随到买食。其站夫原定额数每站四百，令每站酌添二百，并将原设两站之夫归并一处，背运军装直送下站，轮流应用，俟京兵过竣再撤。其南、北两路，现亦据台站各员禀称，预备停妥。至将来进兵时，后路如何分设台站、添设人夫之处，已饬总理道白瀛将所需员弁夫役酌定数目，先期预备。"

得旨："嘉奖。"

督理粮饷山西巡抚鄂宝奏："宜喜一路现贮军粮约四万余石，足敷十月供支，无庸急为赶运，惟南路翁古尔垄等处不日添兵进剿，军粮急需预筹。且南路山险途长，天寒雪早，转运尤为吃紧。俟官兵将次到齐，臣即驰赴南路往返督催。至后路官兵仅臣一人带领，如遇催粮公出，不可无大员弹压，拟令现驻木池之副将董果调赴觉木交驻守。俟臣催办就绪回营后，仍令该副将回驻木池。"报闻。

（高宗朝卷九四二·页七上～八下）

○乾隆三十八年（癸巳）九月壬戌（1773.10.21）

（定西将军尚书阿桂）又会同参赞大臣领侍卫内大臣色布腾巴勒珠尔、都统海兰察奏："此次攻剿小金川，贼番出碉抗拒时畏惧弓箭较鸟枪尤甚。今添派健锐、火器二营及吉林、黑龙江索伦等兵均系素娴弓箭，又由武备院拨给箭枝携带来营，贼番自无难歼擒。但军装不妨多备，请将前存滇省永昌等处箭三十余万枝内挑选十万，解至成都收贮，遇有需用就近调取。"报闻。

（高宗朝卷九四二·页一四下）

○乾隆三十八年（癸巳）九月戊辰（1773.10.27）

谕（军机大臣等）曰："原任江西布政使颜希深现因服阕来行在陛见。朕深知其平日尚属明白能事，著即驰驿前赴四川觉木交一路，帮同鄂宝办理粮务。"

（高宗朝卷九四二·页二五下）

○乾隆三十八年（癸巳）九月庚午（1773.10.29）

谕："据鄂宝奏，户部主事裕善、工部主事祥鼐自赴军营以来，随同办理粮运台站，俱能奋勉出力。请遇有本部员外郎缺出，升补以示鼓励等语。著照所请，裕善、祥鼐俱准其遇有本部员外郎缺出即行升补。"

（高宗朝卷九四二·页三二下）

○乾隆三十八年（癸巳）九月辛未（1773.10.30）

督理粮饷山西巡抚鄂宝奏："宜喜军营后路地阔路长，粮站军台紧要，因就现有之兵分布防护。至格江一站粮台设在东岸，已拨党坝兵一百驻守。其西岸，若更添设官兵，形势益为联络，已于丰升额等拨来宜喜旧兵三百内抽拨一百五十，添设格江西岸。又，桥头一处仅设塘兵五十，该处系宜喜、日旁、木池三路总汇，应将余剩兵一百五十添设桥头防守。"

得旨："嘉奖。"

（高宗朝卷九四二·页三四下～三五上）

○乾隆三十八年（癸巳）九月壬申（1773.10.31）

又谕："征剿两金川之役势难中止，而军营止有绿旗兵众，殊不足恃。因拣派健锐、火器二营劲旅及吉林、索伦精锐并西安、荆州驻防兵分起前往备用，以期迅奏肤功。昨据文绶奏头起京兵已抵成都，其西安头起满兵已赴宜喜，其余俱可接续到川。并据经由省分各督、抚先后奏到，满洲兵过境极为安静整肃，踊跃先驱。此皆带兵各员实力约束所致，著将此次各处带兵之大臣、侍卫、章京等交部议叙。至经过地方，应付妥善，兵行迅速，所有各该督、抚及派出专管之藩、臬等，俱著交部议叙。其承办之道、府、州、县等官，并著该督、抚查明咨部，一并议叙。再，现在直隶、山西、陕西、四川等省，于军营文报往来均无遗误，所有前此专派管理台站之藩、臬等，亦著交部议叙，以示奖励。"

（高宗朝卷九四三·页一下～二下）

○乾隆三十八年（癸巳）九月癸酉（1773.11.1）

谕军机大臣等："据周元理奏：南石槽军站接递军营山西巡抚鄂宝夹板并广西巡抚熊学鹏报匣，因兵书将夹板、报匣与火票互错发往，至涿州驿将鄂宝夹板查出驳回，仍由驿飞递军营，而熊学鹏之报已误由军站驰送，所有管站之员，现在严查报参等语。军营文报往来，各该站理宜小心检点，以免歧误，何得但凭书吏经手，致有舛错？其将夹板、报匣错互发往之首站，固属咎无可逭，至鄂宝夹板既经涿州驿查对火牌驳回更正，而熊学鹏报匣误发军营，沿途各站员接到时何以未能查出，亦难辞咎。著交周元理一并查明参奏,交部分别议处。"

户部议复:"四川总督富勒浑、署四川总督湖广总督文绶奏称:'遵旨筹议赴川运粮商民予以议叙。除晋省殷富之家已移咨巴延三办理外,其余各省士民应准其一体办运,不必由原省领咨。其所办之粮,军需局查明应运何路,即指定站所,给与照票,定限运交。并令军需局预设连三仓收,分发各站,于收米后裁给本人,缴局查对,换给总收,令其自赍投部,听候议叙。'均应如所请。至议叙等差,应按粮数、站数,统合粮价、运价,核实办理。川省西、南两路,道里远近不同,每石运赴军营价脚亦多寡不等,自应定以银数,以合所交之粮。站远价多则交粮之数减,站近价少则交粮之数增。其铨叙班次,应仿照十三年川运军粮之例,从优录用,分别条款,酌核办理。"从之。

(高宗朝卷九四三・页四下~七下)

○乾隆三十八年(癸巳)九月丙子(1773.11.4)

谕:"昨经降旨,将此次京兵经过,应付妥速之直隶等省地方官交部议叙。其吉林、索伦兵丁到京,在德胜门外驻宿、起程,办理均属妥协。所有承办之地方官并派出经理之侍郎英廉及侍郎蒋赐棨、府尹刘纯炜,俱著交部议叙。"

(高宗朝卷九四三・页一七上)

○乾隆三十八年(癸巳)九月丁丑(1773.11.5)

又谕(军机大臣等):"现在办理收复小金川,计各省所调官兵已足敷用。所有湖南、湖北预备兵丁,原为将来进剿金川时后路或须策应之用,今恐一时赶调不及,先行拣派齐赴总路听调,自应如此办理。但进剿金川时,是否后路必须接济,及此项兵应于何时调往之处,均著阿桂斟酌妥办,一面飞调,一面奏闻。"

又谕:"昨据阿桂奏称彰宝处现又挑备兵三千,如进剿金川时再须增添兵力,即奏闻檄调等语。前筹及进剿金川事宜,以阿桂等将来分路进剿,其后路尚须留兵策应,是以谕将湖广所备之三千兵飞调前往,已足应用。至滇省兵丁前后共调过五千,该省为近边要地,未便再为调拨。将此谕令阿桂并彰宝知之。"

明亮又奏："新调满、汉各官兵，经将军阿桂派拨云南兵一千、陕甘兵一千、荆州驻防兵一千、京兵五百及黑龙江、吉林兵各五百，共四千五百名以次到川。内陕甘兵一千，因绰斯甲布需兵接济更为紧要，经阿桂奏明，将先到陕甘兵一千迅赴该处。嗣督臣等设法趣催，已据报全数出口。臣拟将现到各兵留营备用。并飞饬将备等遵照前议，所有新到官兵暂在茂纽、功噶等处存驻，略为休息，以备进攻。再，滇兵一千现亦陆续抵打箭炉，而茂纽各站存粮无多，惟章谷积米尚有数千，滇兵到时应令径赴章谷听调。"

得旨："嘉奖。"

（高宗朝卷九四三·页二四下～二七上）

○乾隆三十八年（癸巳）九月甲申（1773.11.12）

前任四川总督刘秉恬奏："前因大兵即日云集米石未甚充裕，臣自日隆起程沿途催趣粮运，先抵卧龙关，次至桃关，挨站查回。兹截至九月初十日止，日隆军营存米五千五百余石，达林巴宗存米二千余石。从此逐日加运，可无缺乏。至由桃关至日隆中有巴朗拉、纳瓦、天敖山，气候恶劣，山势险峻，登陟颇艰。而此次新来满洲劲旅，以习惯乘骑之人经过诸山，行走从容毫无疲乏，指日振师进剿，定能鼓舞争先，直犁巢穴。"报闻。

（高宗朝卷九四三·页四二下～四三上）

○乾隆三十八年（癸巳）十月戊子（1773.11.16）

谕军机大臣等："此次征剿金川，筹办银、粮各项只图宽于储备，遂至存积太多，实非长策。即如温福军营遗失之米至一万七千余石，银五万余两，火药至七万余斤，因由温福庸劣乖张，漫无调度，遂至借寇兵而赍盗粮。但攻剿之兵务在乘势深入，非驻扎军营不须动移者可比，自应筹为可进可退，迅速遄行。虽军食宜使充裕，亦当计及得胜再进时裹带利便，不可转以粮多成累。至火药固攻战要需，只须略为宽备，足供十日半月之用，仍筹陆续接济，则攻具既常有盈余，而进兵亦易于携带，方为妥协。至于军营银两，计每月所需官兵盐菜之项为数无多，自应按月解送营中，支给众兵，令其各自存用。即所备临时赏需之项，亦只可酌存数千，以备缓急。设有特旨加赏之事，原可由该督处按数解营。除此数项，军营又有何事别需银两？且积存银米过多，不能不派兵看守，少则于事无裨，多则徒分兵力。此等皆犯行军之忌，伊等何竟未见及此？现在添兵另筹进剿，所有前此办理未协之处，均当速为更张。著传谕阿桂、丰升额、明亮及富勒浑、文绶等，彼此妥协酌商，将应支官兵盐菜、口粮银米按月解营散给。火药每半月约计若干斤，由各军营知照该督如数运送备用。其银两酌存数千，缎匹更无庸多积。该督等仍计西路、南路及宜喜三处军营相近之内地，将银米等项宽余存贮，以备随时续运。其铸炮铜、铁各项，固为利用要资，但攻得一处，移营进剿尚需将铸成大炮凿为碎铜，携往另铸，则约计敷铸之外亦不必多为堆贮。以上并著该将军等同该督立定章程，办理奏复。其鄂宝所驻之觉木交现贮银米，并著妥议具奏。"

（高宗朝卷九四四·页一一上～一三上）

○乾隆三十八年（癸巳）十月癸巳（1773.11.21）

办理粮饷浙江按察使郝硕奏："抵军营后，查官商办运各路兵粮均陆续到营。惟叙州府李永祺办米八万石尚未交清，下欠运脚银二十余万两，请饬交督臣清查。并请严定限期，一万石上者限以五月，五千石上者三月，迟则查参。"

谕军机大臣等："从前招商领运原以佐官运之有所不及，但运费既多，自应核计程站粮数之多寡，或先酌给一半，俟到站交清后随时找足。若众商分头领运，并须逐名酌给，俾其清交转运，核实稽查，庶不致拖欠滋弊。岂有将应运八万余石之运脚尽数给商，迄今已逾一载，竟至拖欠二十余万两之多？是前此所办漫无头绪，已可概见，不可不彻底查办，妥定章程。著传谕富勒浑、文绶，即照郝硕所奏情节，查明承办贻误各员，据实严参。所有未交粮石运价银两，亦即上紧勒追。如竟查无著落，即于办理不善各员名下著追，并将各路新旧派运粮石，分别已完未完及有无已领未运等项情弊，迅速催追查办。并将何人任内承办，查明分别参奏。至所称嗣后运办军米定限清交之处，自应如此办理。寻常案件尚有限期，况紧要军糈，岂可漫无定限一任拖延之理？并著该督将此后如何定数发交银两，及如何定限催运,一并详议速奏。又据文绶等奏,京兵陆续出口,预饬各台站将滚运之米乘时赶运,俾夫力不致空闲等语。所办亦属妥协。惟昨据阿桂奏,日隆旧存兵丁,本省所办军装器械尚未全到,黔兵所解衣履,亦因川省转递迟滞,未抵军营。现在即需进兵收复小金川,所有军装器械等项甚关紧要,并著文绶速饬各站,严催速解以供应用,并将饬催抵营日期,先行复奏。"

寻富勒浑、文绶奏:"查叙州府李永祺承办八万石米内未交三万石,即在臣富勒浑前奏三十七年未完仓收数中。虽陆续呈缴又有一万余石,余系实欠在商,未便勒令离任,转易生手。现在定限五月,按照各员名下勒追。如无力完缴,即查封家产,并著落保人及该府赔偿。其余各员,设法稽查。此后所派之粮,正在分拨赶运,按期定限,加紧催趱,务期年清年款。至承办军装器械,臣文绶加紧赶造,陆续运送军营。其贵州军装,亦准阿桂咨复全到。"报闻。

署四川总督湖广总督文绶奏:"军营火药硝斤必须设法采办,以资接济。请于石砫之川洞子、琵琶洞、广元之博子麻湾、筠连、高珙等县之乌云、穿山、黄昌、雪花,合江之月亮、清凉、梁山,酆都之仙女、昌雄等处招商采煎。工本每百斤以五两为率,较邻省拨运费用节省。"报闻。

(高宗朝卷九四四·页二五上~二八上)

○乾隆三十八年(癸巳)十月乙未(1773.11.23)

谕:"前岁进剿金川以来,皆系檄调各省绿营,未经简派满洲劲旅,是以兵丁等月支盐菜、口粮均照从前办理金川成例。现在添派健锐、火器两营及吉林、索伦、西安、荆州满兵前往川省,计皆陆续到营。因思满兵成例,日给米八合三勺,足资饱饫,而绿营例给一升,日食之外尚有盈余,若遇乘胜进攻之时,负载转不免费力,且满汉同在一营,米数多寡参差,支放亦恐致舛错。嗣后绿营兵口粮均照满洲兵例,概以八合三勺关给。至盐菜银两一项,满洲兵每月例给银一两五钱,而绿营兵每月例给银九钱,较满兵所支为数略少。绿营非满兵可比,而同为国家出力,亦当量为体恤。著加恩于例给九钱之外,每兵月加给银四钱,俾其日用更得宽余,士气自倍加鼓舞。所有各处土兵应支银米向照绿营之例,此后并著照此一体加恩，统以十一月初一日为始。该督等即传饬各处粮员，遵照妥办。并令各路将军等宣谕随征兵众，使之感激奋勉，迅奏肤功。该部即遵谕行。"

（高宗朝卷九四四·页三〇上～三一上）

○乾隆三十八年（癸巳）十月壬寅（1773.11.30）

又谕："据文绶参奏，剑州知州胡成承办军需及一切差务，均未妥协。虽屡加训饬，该牧惟图安逸，不知奋勉，请旨将胡成革职，俟查明该牧任内经办军需报销清楚，准其回籍等语。胡成承办军务不知出力奋勉，甚属不堪。若查明经办诸事即令回籍，转得遂其偷安之志，胡成著革职留于军营，自备资斧效力，以示惩儆。"

（高宗朝卷九四五·页四上～下）

○乾隆三十八年（癸巳）十月壬子（1773.12.10）

督理粮饷山西巡抚鄂宝奏："现存大营并分贮章谷等站及资隆改运之米共二万三千余石，虽计算可供至十一月之粮，但天冷站长挽输不易，或有缺乏所关匪细。查省城运米至章谷计三十八站，即雅州至章谷亦三十一站，各属派运之米自应严立限期上紧催趱。拟由省城者，限以十一月二十日，由雅州者，十一月十五日，其余办运炉城者，亦统以十一月内全数运完，逾限参处。"

谕军机大臣等："粮糈关系军行，自当源源接运。著传谕富勒浑、文绶通盘筹画，将每月应运军营之米实需若干，其留贮章谷以备续运者约需若干，妥为酌定程限，使站夫不致繁杂难行，粮运不致稽迟贻误，方能两得其益。其如何妥立章程，仍著该督等会折复奏。"

（高宗朝卷九四五·页二七上～二八上）

○乾隆三十八年（癸巳）十月癸丑（1773.12.11）

谕："据富勒浑等奏：署永宁道苏勒通阿、署松茂道查礼、驿盐道杜玉林分驻桃关、卧龙关、打箭炉等处，督催赶运西、南两路粮米及军火、军装，并经理过兵各事宜，一切不辞劳瘁，均不致稍有阻滞，洵属监司中急公能事之员，所有该员等降级调用及革职留任各案，可否准其实授、开复等语。著加恩苏勒通阿、查礼准其实授，杜玉林准其开复，以示鼓励。"

（高宗朝卷九四五·页二八下～二九上）

○乾隆三十八年（癸巳）十一月辛酉（1773.12.19）

户部议复："四川总督富勒浑等奏称：川省运送军粮，多系本地富民办米雇夫，本属近便，犹以路险站长，难于速达，若外省士民，人地生疏，办理更为竭蹶。请在部收捐折色，随时解川济用等语。开捐日期，此际远省难以周知，统以明年二月为始。臣部酌拟章程具奏。"从之。

（高宗朝卷九四六·页一〇下～一一上）

○乾隆三十八年（癸巳）十一月乙丑（1773.12.23）

又谕（军机大臣等）："据文绥奏，九月分支用军需银二百十五万九千余两，不应如此之多。查阅单内支放米脚价银一百五万四千余两，折内声明因时近冬令，恐冰雪阻滞，必须赶办多备等语。是此次并非每月定数，其拨解备用银九十八万余两，亦系预为拨补，非尽九月分应用之项，列款殊未明晰。应令文绥将官兵到齐后实每月需银若干，现存军需银四百余万及两淮、浙江、长芦、山西解到银四百六十余万两，约可敷几月之用，详悉计算，确实具奏。"

寻奏："军营每月费用总共约需银一百万。此后大兵到齐，所增亦按数可计。九月内西、南两路旧粮无存，加数赶办，领价实多。至拨解备用银两，又因七、八两月均未拨往，旧饷支尽，除供本月外并备下月之需，是九月拨解之数并非九月实用之数。至司库所存各项银两，约可支至明年六月。"

得旨："览。前奏殊属不明。"

（高宗朝卷九四六·页一四上～一五上）

○乾隆三十八年（癸巳）十一月己巳（1773.12.27）

办理粮饷浙江按察使郝硕、前任四川总督刘秉恬奏："大兵分路进剿，惟北山梁道路较远，业令粮员运送米二百余石。而中路由沃克什长驱直入，急需添站安夫，当即催取邓仍、隆拉、岩洞、卧龙关等站人夫应用。现收复美诺，行走迅速，军粮尤为紧要。达木巴宗现存米一万余石，该处距美诺较远，中间应安三站，俟抽调之夫到齐，照旧安设，以资滚运。"

又，四川总督富勒浑奏："大兵乘胜长驱，随饬站员先行背米七八百石，分头赶送。并督同建昌道白瀛派拨站员夫役，务使粮台接续大兵，一切军需转输迅速。"

谕军机大臣等："郝硕等奏粮运情形，自应如此办理。但此次安设粮台必须每站拨兵护守，严密巡防，并应多添护粮夫役，小心递运，不可仅委之背粮人夫，以致稍有疏虞。其应如何酌派兵夫护粮之处，著郝硕、刘秉恬留心妥办，并著阿桂、富勒浑将应派兵夫事宜筹酌办理。至现在收复美诺、帛噶尔角克等处，官兵声势壮盛，贼番谅不敢潜出滋扰。第兵行贵于乘胜直进，而各处可通金川路径甚多，则后路最关紧要，屡谕富勒浑、王进泰二人带兵驻守。此事即系该督、提等专责，其一应防守事宜，总须与阿桂随时声息相通，严密防范，不可稍存大意。再，富勒浑奏兵进粮随，军需迅速转运一折。所办甚好，即著妥为经理。所有各处护粮防后等要务，富勒浑务宜督率妥办。"

（高宗朝卷九四六·页二五下～二七上）

○乾隆三十八年（癸巳）十一月甲戌（1774.1.1）

四川总督富勒浑奏："大兵乘胜深入，各路军粮自应一体赶运。查达木巴宗距美诺百余里，中间急需设立台站、马夫。其资哩、沃克什、明郭宗、美诺均系旧站，三处各安夫六百、马十六。美诺为西南总汇之地，且须分运粮米，应增夫一千二百、马三十。前桃关、日隆各站预备过兵人夫，今兵行已竣，尽可抽撤。或有不敷，将原派西路未到之夫催趱添补。马匹一项，查西路之卧龙关、向阳坪每站四十内，饬各站员先调拨二十应用，庶免迟误。"

谕军机大臣等："富勒浑奏筹设台站，抽拨马夫。所办甚好。大兵攻克美诺之后，布朗郭宗等处现又全行收复，即日乘胜深入，粮运防护最关紧要。前经传谕富勒浑等加拨兵夫严密巡防，因思运粮夫役为数甚多，自不乏年力精壮之人，若于其中拣选强壮夫役练习器械护行，如州、县之设立民壮，亦足以资捍卫。著传谕富勒浑，除各台派兵防护外，仍饬各站员于派拨粮夫时慎加选择，并晓谕各夫现在官兵声势壮盛，克日扫荡贼巢，贼匪断不敢复出滋扰，即遇有小贼，正可合力击杀，转可得功受赏，切勿惊惶退怯致干罪戾。如此明切剀谕，各夫役自能气壮，弗致疏虞。"

（高宗朝卷九四七·页一二下～一四上）

○乾隆三十八年（癸巳）十一月甲申（1774.1.11）

升任陕西巡抚毕沅奏："川省需用火药甚多，现趁各路差务稍闲，将西安清军厅局积贮之山西协济火药十五万斤，运送成都就近备用。"

得旨："甚好。可谓留心。"

署四川总督湖广总督文绶奏各属十月、十一月先后得雪各情形。得旨："知道了。在内地为瑞，正恐番地雪多阻格矣！"

（高宗朝卷九四七·页二八上～下）

○乾隆三十八年（癸巳）十二月丙申（1774.1.23）

又谕（军机大臣等）："据郝硕、刘秉恬奏，风闻沃克什有焚烧粮石之事，节次差人查访，并据日隆前来之知县蒋兆奎称，路过沃克什，闻得该处焚烧粮四五百石，而该处粮员始终隐匿不报，实出情理之外，请旨将管理沃克什粮台之绵竹县知县张世渌革职等语。张世渌著革职，交与该督富勒浑严行查讯，并将此项焚烧粮石，即著落该员赔补，以示炯戒。"

又谕："据阿桂奏，建昌道白瀛，自赴军营办事两载有余，一切筹办军粮并料理接济事宜，均属黾勉，不辞劳瘁，实系军需得力之人等语。白瀛著加恩赏给按察使衔，仍令督办随营粮饷诸务，以示鼓励。"

又谕曰："郝硕、刘秉恬奏省局雇派人夫二千名前赴美诺，无庸停止一折。所办甚是。已于折内批示，并降旨传谕富勒浑遵照办理矣。军营需夫甚急，则已经雇拨在途者，自不当复为停止。郝硕等所见固属妥协，第朕察其词气，亦露有与富勒浑不甚相和之意。诸臣同办一事，总期和衷商榷，以期有济。朕亦惟择其言之是者行之，从不稍有偏向。若伊等彼此稍存意见，于要务即难保其无误，殊非所以体朕委任之意。著传谕郝硕、刘秉恬，遇公事有应与富勒浑商办者，仍须互相虚心筹酌，期于办公有益。

不得因此次之事稍存私见，以致办理参差，致滋贻误。"

又谕："据郝硕、刘秉恬奏：先准文绶札称因西路粮石虽裕夫力不敷，饬令军需局赶雇夫二千名前往美诺，并经白瀛告称现已有一百名到营者。近又见富勒浑折稿内称，此项雇派人夫徒滋纷扰糜费，已移咨文绶饬令停止，但后路人夫尚虑不能敷用，若将二千名停止，保无贻误，且已俱领过雇价，日给口粮，一时亦难追出。现复行知文绶、富勒浑无庸停止等语。所奏甚是。军营后路旧存之夫既多抽拨各处，则正资续雇以济急需。况既已接踵在途，岂可又令中道遣散。而雇价、口粮并皆领给，即令停止，其势亦断无从追缴。若以上年所雇之夫到站多不齐全，是以恐蹈前辙。不知事在人为，岂得因前此办理不善，此次遂因噎废食，置之不办乎！看来富勒浑与郝硕、刘秉恬意见不能相合，朕已洞鉴及之。但就此事而论，则郝硕等不令停止之说实为妥协。而富勒浑未免过于拘泥，自应照郝硕等所奏办理。大臣等承办军营重务，期在和衷商榷，有裨国是，不可稍涉偏见。此次富勒浑所办，不但与郝硕、刘秉恬显有参差，并恐与文绶亦未能和协。若率是以往，必致有误军储，殊非朕委任之意。富勒浑著传旨申饬。嗣后务须事事平心和气，彼此熟筹，以期妥善。倘再稍存意见，致误要务，恐该督不能任其咎也。至富勒浑于军旅之事原所未娴，朕以其身任总督，内外诸事皆所综理，是以令同王进泰防守后路，以资接应。今又另降谕旨，添派长清在彼协同驻守。富勒浑诸事与之虚心商酌，协力妥办，不得稍存畛域，及略涉推诿。亦不得因此次之事稍存私见。将此谕令富勒浑知之。"

又谕："据郝硕、刘秉恬参奏闻沃克什焚烧粮四五百石，该处粮员张世渌隐匿不报，请革职著落赔补等因一折。已明降谕旨，将该员革职，交富勒浑严讯矣。至沃克什系富勒浑驻扎之所，现在官兵收复美诺，筹剿金川，沃克什乃粮石贮备转运之地，自应小心防范，何至焚烧粮数百石之多？该督即应迅速查明失火缘由，据实严参，因何并未奏办？著富勒浑即速明白回奏。"

寻奏："粮台失火，断难隐匿。诚恐胥役人等搬运挪移，自当详细盘查。于十二月初八日查明确数，已将该粮员张世渌参奏，著落赔补。"

得旨："这所奏情节，该部严察议奏。"

（高宗朝卷九四八·页二〇上～二六下）

○乾隆三十八年（癸巳）十二月己亥（1774.1.26）

定西将军尚书阿桂、定边右副将军尚书公丰升额、定边右副将军广州将军明亮、督理粮饷山西巡抚鄂宝、四川总督富勒浑、署四川总督湖广总督文绶会同复奏："酌议军营备储粮饷等项。查军米关系紧要，必须宽裕积贮。大率日逐支放外，常余一月之粮，银五六千两，火药三万斤，铜铁等项止计足用。今大兵克复美诺，迅速前进，西路之日隆宗、达木巴宗、沃克什等处，南路之打箭炉、节木郭、绰斯甲布之梭木、松冈、周叟，均当酌量分路转输，则接济既便，亦不致积多成累。"

谕军机大臣等："阿桂等酌议军营备储粮饷等项，亦只可如此办理。现在筹定分路克日进剿，以期迅速深入，则粮运各项愈进愈远，护粮夫役最关紧要。前经传谕富勒浑等妥选强壮夫役练习器械护行，如州县之设立民壮，亦足以资捍卫。昨已据富勒浑等奏称，遵旨通饬选派。惟在该督等董率粮站各员酌量缓急，随时妥办。"

（高宗朝卷九四八·页三二上～三三上）

○乾隆三十八年（癸巳）十二月甲辰（1774.1.31）

又谕："据富勒浑奏沃克什收贮粮石，因站夫失火烧去米五十余石，请将站员张世渌察议，并著落赔交一折。所奏已迟，此事早经郝硕等参奏，已降旨将张世渌革职，交富勒浑查讯，并令明白回奏矣。军营粮运，富勒浑有总统稽查之责，贮备米石理宜小心防护，何竟任站夫等失火焚烧？且沃克什系伊驻扎之所，即有此事，自应即时据实参奏，何以具折转在郝硕等之后？此或富勒浑知郝硕等已经参劾，始为此奏，更属非是。富勒浑著传旨严行申饬。仍将因何不即奏闻缘由，明白回奏。"

寻奏："彼时具折稍迟，恐有别情，必将站米逐一清查，始得烧毁实数，而郝硕等遂先行参劾。"

得旨："如今正以办理军需为急，岂暇问及尔等口舌是非。此奏知道了。"

（高宗朝卷九四九·页一五上～一六上）

○乾隆三十八年（癸巳）十二月己酉（1774.2.5）

谕："前据富勒浑奏：查米商田济国一案，原系刘组曾招商。若无分肥情事，何至一任奸商等辗转包揽，逐层剥削，竟不查究，反代奸商捏词具禀，显有官商串通，层层克扣侵渔情弊。况刘组曾经手军需银两至二百四十余万之多，屡经饬催，并不逐款分晰造册，恐其中浮冒侵肥之处尚不止此，自应彻底根查，尽法惩治等语。因谕该督严切查审。若刘组曾实有扣冒情弊，即当立行正法。今据文绶查奏：审明该员任内经手军需银多至二百二十八万余两，收支军米一十八万余石。不但查无侵扣情事，并有该员因军米紧急，自向茶商借银二万四千余两，垫发脚价，并无串通分肥等语。所查各商供词众口如一，并皆确有证据。是刘组曾以同知微员承办军需，竟能出纳无弊，尚属奉公守法，与富勒浑原参情节迥不相同。至其经手一切款项，将来或有例应核减追赔之处，亦属事所常有。恐现在川省办理军需各员均所不免，何独罪刘组曾一人？朕于大小官员功罪从不肯稍涉颠顶，致有屈抑。此案刘组曾既查无情弊，其从前招商运米之处咎止办理不善，革职已足当其罪。刘组曾著革职，仍留同知之任，所有原籍及任所家产资财俱著加恩赏还。将来该员或有核减应赔之项，另行照例办理。至富勒浑前此因何并不确查，遽将刘组曾严切劾参之处，著即明白回奏。"

（高宗朝卷九四九·页一九上～二〇下）

○乾隆三十八年（癸巳）十二月甲寅（1774.2.10）

又谕（军机大臣等）："据阿桂奏，令鄂宝迅赴党坝一带督办台站事宜。所筹甚是。前据阿桂奏请，令丰升额带兵进攻凯立叶，俾贼人不能堵截谷噶后路。因即传谕丰升额，令其遵办。是此一路军台粮运关系紧要，著再传谕鄂宝，即在党坝一带往来照料，随机妥办，俾军储充裕，后路严密，毋致稍有疏虞。"

（高宗朝卷九四九·页三〇上～下）

○乾隆三十九年（甲午）正月壬戌（1774.2.18）

谕："据富勒浑、文绶参奏：酉阳州知州王承爔委办宜喜军营粮务，有长夫应找领工银一千七百余两，因众夫需用绵衣，据知府王立柱将甲角等处旧存绵衣请发给用，扣银归款，乃王承爔以各夫已买有旧衣，情愿领银具禀。查阅该牧收支折内，开有找给站夫绵衣价银一款，实未给领，又不将案卷移交明白，显系捏饰。请将王承燨革职严审等语。王承燨承办军需，敢于冒销站夫衣价至一千七百余两，情罪实为可恶。王承燨著革职，交与文绶速即严审，从重定拟具奏。"

（高宗朝卷九五〇·页一七上～下）

○乾隆三十九年（甲午）正月丙寅（1774.2.22）

四川总督富勒浑、三等侍卫桂林、浙江按察使郝硕、前任四川总督刘秉恬奏："查西路美诺等处，均已派兵防驻，粮石现由帛噶尔角克碉一路运供，而布朗郭宗以外，新添台站皆借人夫输挽，除美诺站夫仍需随营应用，其日隆及喇嘛寺等站均有夫一千余名，应酌留一半滚运军米，一半拨置布朗郭宗以外各台接递挽运。又查明郭宗至布朗郭宗五站，现贮米面虽敷裹带，尤须赶运接济。臣已饬日隆、达木巴宗粮员，将现存米加紧滚运，并将木坪、卧龙关二处存贮米各长运二三千石，以资储备。俟楸砥道路开通，即将此路夫马酌撤。其大板昭以外应安台站，请俟大兵前进后，臣即督同官员夫役逐站安设。至南路现分兵攻取马奈、马尔邦，章谷为粮运正路，应仍由打箭炉运往。自章谷至马尔邦计八大站，臣桂林亦即同李世杰将现在各站人夫抽调安设。再查后路驻兵各处多近贼境，不宜另立粮台，应约计一两月之粮运赴该处，委员看守支放。"

谕军机大臣等："富勒浑等奏安台设站事宜，所办甚妥。今已派富勒浑驻守僧格宗，令汪腾龙随其办事，所有大板昭一带军粮，已谕令郝硕、刘秉恬前往办理。其催粮事宜，仍令富勒浑实力调度，毋稍歧视贻误。"

（高宗朝卷九五〇·页二四下～二五下）

○乾隆三十九年（甲午）正月辛未（1774.2.27）

又谕（军机大臣等）曰："鄂宝奏丰升额现由卓克采统兵赴凯立叶，现将梭磨存米飞饬赶运等语。卓克采一路所需军粮，或由西路运往，或由党坝供支，孰为近便？著鄂宝就该处情形据实核办，务使军储后路接济无虞。并酌计由西路及党坝运赴凯立叶，何处较为省便，即从其最妥者办理。如应由西路关支，并知会郝硕等上紧妥办，不可稍存推诿，亦不得略涉拘泥，期于军营实有裨益。"

（高宗朝卷九五一·页二上～下）

○乾隆三十九年（甲午）正月丁丑（1774.3.5）

谕军机大臣等："前因僧格宗为南路军营后路，曾谕令富勒浑驻彼防守，并令汪腾龙随其办事。本日据明亮、阿桂等先后奏到，于初十日同时分剿，俱已占据险要。现统胜兵深入，声势最为壮盛，贼匪惊惶丧胆，更无暇扰我后路。看来僧格宗一路，此时竟可无庸复留大员驻扎。著传谕富勒浑，不必复赴僧格宗驻守，惟于阿桂军营后路粮站同郝硕、刘秉恬等督办粮运、火药等项，毋稍贻误。"

（高宗朝卷九五一·页一三下～一四上）

○乾隆三十九年（甲午）正月壬午（1774.3.10）

四川总督富勒浑、浙江按察使郝硕、前任四川总督刘秉恬奏："谷噶一路粮运，自底木达至大板昭计一百三四十里，共安五站，自大板昭至谷噶军营计一百余里，现安三站。业于十二日将新设台站安齐，飞饬台员将随带长运米并沿途滚运之粮星夜前进。其楸砥一路，现饬查礼上紧开修，一经开通，道路既属近便，挽运更觉从容。指日两军会合，并可以余粮接济凯立叶一路。再，查谷噶沟口至谷噶军营一路，树木丛杂，道路险仄，冰凌难行，臣等特派员弁，带领人夫加紧修理。"

办理粮饷三等侍卫桂林奏："河北马奈、绒布寨及河南博堵官兵均已深入，但添派运粮夫尚未到站，抽调之夫更不敷用，兼运送军装及山卡兵粮，需夫更多。且奎林所攻深嘉布一路，距临卡约八九十里，山高路仄，背夫往返需时，自应设法变通。臣与李世杰议将炉城商运米石令其直运临卡，按站加给脚价。俟添站及换班人夫到齐，仍将商米归入章谷收纳。"

得旨："嘉奖。"

（高宗朝卷九五一·页二〇下～二二下）

○乾隆三十九年（甲午）二月丁亥（1774.3.15）

又谕（军机大臣等）："前因明亮奏奎林一路军粮不能接续，已传谕桂林加紧筹办。今据奏请催解人夫，自为现在最要之事，著文绶即严檄承办各员上紧妥办，勿稍贻误。再，运粮固借内地人夫，而从前办理金川军务，闻松潘一带兼用茂州番民妇女背负甚为得济，虽其间形迹不免混杂，惟期于公务有益。著传谕富勒浑、文绶熟筹妥办，仍即复奏。"

（高宗朝卷九五二·页七上～下）

○乾隆三十九年（甲午）二月己丑（1774.3.17）

办理粮饷三等侍卫桂林奏："南路军粮，现据粮员禀报，除运供奎林一路及各山梁官兵支食外，已积有二千三四百石，人夫约有一千三四百名，足敷分运。其换班人夫陆续解到者，约五百余名，俱尽数先拨大营应用。其续到之夫，照数截留，以补从前拨调之数。再，查自章谷至军营路径多有应用渡船之处，所需工匠、物料及应添水手，臣已核明数目，径行承办州、县赶解应用。俟物料到齐，即饬上紧修造。"

得旨："嘉奖。"

（高宗朝卷九五二·页一二下～一三上）

○乾隆三十九年（甲午）二月癸巳（1774.3.21）

又谕曰："刘秉恬奏，楸砥运道已经修理工竣，较别路自属捷近。昨富勒浑亦将各路程站开单比较，并于新路设法招商转运，使众皆喜近争先。此路一通，于粮务甚为有益，两路军营皆资其利。著传谕富勒浑，一面查核，即飞札鄂宝照办。"

（高宗朝卷九五二·页一八上）

○乾隆三十九年（甲午）二月乙未（1774.3.23）

又谕（军机大臣等）："楸砥新路既已赶修完竣，其台站人夫自宜急为安设，以利转输。前据文绶奏称，已于正月二十八日前赴楸砥，会同刘秉恬查办新路夫粮事宜，何以此时尚无运到？且截留在站之夫亦只有查礼所雇番夫千名，其何以供两路军粮之用？前已有旨令文绶即回省城办事，著传谕该署督即速督饬所属上紧赶运，俾得源源接济，毋稍迟误。"

（高宗朝卷九五二·页二二上～下）

○乾隆三十九年（甲午）二月辛丑（1774.3.29）

又谕（军机大臣等）："现在大兵分路进攻，粮运最关紧要。今桂林、富勒浑所奏两路粮运情形，此时虽未至贻误，但内地米石、人夫不能源源接济，设稍有迟缓，所系非轻。著传谕文绶，即饬属上紧赶运。至于人夫亦务严催早到，俾积贮充裕，以利军行。"

（高宗朝卷九五三·页七上～下）

○乾隆三十九年（甲午）二月癸丑（1774.4.10）

署四川总督湖广总督文绶、前任四川总督刘秉恬奏："楸砥至大板昭运道现已开通。惟中间翻过日尔拉山，气候阴寒，上下数十里雪深数尺，土蛮金称三月望间冰雪方可渐融。是路虽便捷，而目前挽输有待，臣等酌议已派由西路起运之米且毋庸停止，卓克采一路现办米一万石前进，应再加办米一万石，接续趱运。此路米有多余，即可转供宜喜，或备协济西路之用。至新路之粮，已饬办米一万石，运到即存贮楸砥。俟富勒浑将西路换班人夫酌拨到站，并就近雇添，令其先行滚运。如春深后挽输通畅，即并归此路赶运。"

得旨："好。知道了。"

刘秉恬奏："新路粮站附近楸砥之三道坪及大板昭之沙坝等处，气候尚属和暖，且临近柴水，人夫易于安顿。惟逼临日尔拉之大岩窝、山脚二站，地多泥淖，气候阴寒。山脚系日尔拉阴坡，积雪尤多，各夫松棚均在雪上搭盖。现与查礼酌择向阳稍平之地，将站基下移三四里。又于周围三面挖濠一道，即以取出之土培垫站基，庶雪融时水有宣泄，而贮米亦不至霉黰。其大岩窝，亦照此办理。"

得旨："好。知道了。"

（高宗朝卷九五三·页二一上～二二下）

○乾隆三十九年（甲午）四月丁亥（1774.5.14）

督理粮饷四川总督富勒浑、浙江布政使郝硕奏："楸砥新路开通，长运、滚运之粮渐次到站，所有玛尔当至明郭宗各站即应裁撤。其防驻明郭宗、帛噶尔角克碉一带官兵，由美诺及沃克什支领，防驻布朗郭宗至玛尔当一带官兵，由萨拉支领，均属省便。"

又，富勒浑、山西巡抚鄂宝奏："副将军丰升额既带兵赴谷噶会剿，所需粮石应即由梭洛柏古一路供运。其留驻凯立叶官兵已减，需米较少，所有自卓克采至达尔扎克各站人夫均应裁减。俟楸砥粮运充盈，再将凯立叶军粮并入西路，由梭洛柏古分运色木多，而腊觉沟、孟拜拉等站均可裁撤，以归节省。"

谕军机大臣等："富勒浑等奏酌停粮运，所办可嘉。军粮既由楸砥新路转运，其玛尔当至明郭宗各站自不应复设粮台。前已降旨，令富勒浑等即筹裁撤，今富勒浑所奏与朕前旨适合。盖其地既非粮运正道所经，即不须多有官兵防护。若仍安设粮台，徒予贼匪以窥伺劫窃之隙，于事转无益而有损。昨冬阿桂不欲于此处安兵设站，想亦是此意。至阿桂会同丰升额现在统兵深入，攻取勒乌围，贼酋等自应合力拒守，未必能复在小金川地方滋事，但富勒浑、长清不可因此稍涉大意。凡关系军营后路，总须严密固防。设间有零星夹坝，亦必须上紧追剿，方为妥善。"

（高宗朝卷九五六·页七上～八下）

○乾隆三十九年（甲午）四月壬辰（1774.5.19）

兵部议复："办理粮饷河南布政使颜希深奏称：军营台站私拆公文，向无处分明例，请严定处分示惩。又，文武各员文移，凡遇本省寻常事件，不得混注五六百里限期，致滋纷扰。均应如所请。嗣后台站官兵如有将报匣、夹板及兵部加封事件拆动，以致泄漏者，该管大员立即查明，按军法从事。其专管台站之员革职拿问，该管大员降四级调用。至军营往来文稟，应令于发递时俱用钉封钤印。如有私行拆动者，究明问拟流罪。该管员弁知情不举者降三级调用，失察者降三级留任，该管大员降二级留任。若下站接递上站见有拆动形迹不行呈报者，降一级留任。如该管官及该管大臣自行查出报明究治者，本员应得处分准免议。至文武各员寻常文稟，原不得概填五六百里驰递，应著各该督、抚实力严饬。如有仍前混填，查出将该管各员严行参奏。"从之。

（高宗朝卷九五六·页一七上～下）

○乾隆三十九年（甲午）四月甲午（1774.5.21）

谕曰："鄂宝参奏：卓克采粮员禀报，于三月十八日失去饷银一鞘，查系由站滚运，并未派有解员，而卓克采护粮弁兵，经副将佛逊全数撤去，无兵护送，以致中途失事，请将佛逊严加议处等语。卓克采护粮兵丁，既经丰升额留交该站护送差遣，并不在应撤防兵数内，乃该副将并未禀报擅自调撤，实属率妄。佛逊著交部严加议处。至管理粮员叶体仁并不金派妥役小心护送，至有疏虞，亦难辞咎。虽所失银两业经该员如数赔补解交，但赃贼未获，不便宽其处分。叶体仁著交部议处，以示惩儆。"

谕军机大臣等："据鄂宝奏，卓克采站于三月十八日失去饷银一鞘。查系由站滚运，并未派有解员、兵役护送，以致中途失事等语。已将擅撤护粮弁兵之副将佛逊及该站粮员叶体仁交部分别议处矣。至背夫张上学失事之处距松冈站仅三四里，其饷鞘遗失，即应就近赴站禀请追捕，乃迟至次日始回卓克采禀报，其中情节可疑，著交富勒浑严行查讯。如究明饷鞘实系贼匪夹坝所掠，即讯明踪迹，迅速派兵搜捕追赃，一面将张上学照所拟流罪发遣。设或讯出偷匿别情，即便严追赃据，将窃犯立行正法。至所称运送军营粮饷最关紧要，各站员逐日收发米石稽核难周，若止交站夫滚运，仍恐不免疏虞。嗣后内地拨解粮饷等项，俱应派委专员解送。现已移咨文绶办理等语。所见亦是。并著传谕文绶务即筹办妥协，毋致再有疏失，仍将如何筹办之处复奏。将此随报发往，一并谕令知之。"

寻富勒浑奏："讯据张上学等供称，是日因病落后，遇贼推落崖坎，将饷银抢去。因恐还有夹坝，遂在坎下躲避一夜。以系卓克采站夫所失，又系卓克采银鞘，是以仍回本站具报，实无偷匿别情。"报闻。

文绶奏："嗣后解送饷银如为数无多，应仍令护台弁兵押送，交各台员点验转解。倘多至数万，该总理即派委专员管解，并饬沿途弁兵协同拨护。如该处实在乏员，即于请拨饷银时声明，以便于内地派员管解。"报闻。

（高宗朝卷九五六·页一八上～二〇上）

○乾隆三十九年（甲午）四月甲辰（1774.5.31）

督理粮饷四川总督富勒浑、浙江布政使郝硕奏："前准署督臣文绶酌定夫数，应增应减令臣等复定。查萨拉、大板昭、黄草坪、梭洛柏古、谷噶、拉穆、登古七站，自梭洛柏古外山势陡险，多有不能按站安台之处。统计西、北两路军粮，每日约需四百余石。自汶川至萨拉各站，米石本系长短兼行。除楸砥一路供运西、北两路军粮，应安夫八百名外，余站只须六百名足用。惟商米俱系长运大板昭交收，而大板昭以前各站均仗滚运之米。每日粮运及军火等项杂差，每站应安夫千名，庶足资挽运。再自萨拉至登古各站在在与贼境相通，应于原定额夫内各选精壮民夫一百名，演习器械，护守巡逻，益征严密。其玛尔当至明郭宗八站，军粮、军火并经运完裁撤。内惟布朗郭宗一站，为提臣长清驻扎之处，需留站官一员、长夫二百名，分送防兵口粮。美诺为提臣王进泰驻扎之所，需留站官一员、长夫二百名，分送防兵口粮，并转运僧格宗军粮。其自大邑坪至美诺各站，每站旧设夫一百名，应将两站并一站，派站官一员兼管。再如大兵攻克勒乌围，尚须于登古之外酌量添站。若再直抵噶拉依贼巢，计程又须加增三四站，业经备有人夫，即可随时添设。目下楸砥粮运畅行，即使三路官兵合集，足供支发。而所余马匹留养大板昭，将来添设马台亦无庸另行调拨。"

得旨："嘉奖。"

（高宗朝卷九五七·页一八上～一九上）

○乾隆三十九年（甲午）五月甲寅（1774.6.10）

谕："据李湖奏：调拨滇兵三千名，于四月十二、三等日分拨起程，尾随黔兵前赴威宁，至十九日已全数发竣，并因广南营分稍远，其原备兵三百名往返调拨，恐致后期，即将经过之曲寻、寻沾等协营各兵酌挑足数，赴站归队等语。此次滇省办理兵差甚属妥速，李湖著交部议叙。其办差各员内有实在出力奋勉者，并著该抚查明咨部议叙。"

谕军机大臣等："此时正地一路既不需多用兵丁，其粮饷即可无庸专办。且阿桂现在进兵，其西路一带需人办事之处较多。刘秉恬不必前往南路办粮，仍留西路将应办之事酌量妥办。至正地用兵无几，需粮有限。李本现驻吉地，况有桂林为之统率，足资经理。约计正地一路不过土兵三四千，绿营兵二千，只须核此兵数，应用之粮若干，陆续筹运，即可接济。著传谕桂林，即就近饬知李本，妥为筹办，勿致贻误。"

（高宗朝卷九五八·页二下～三下）

○乾隆三十九年（甲午）五月丁巳（1774.6.13）

　　四川总督富勒浑奏："本月初九日，粮夫运米五十斛，行至日古噜沟遇见夹坝，将米遗失三十三斛。查该处为科多赴僧格宗必由之地，屡有贼番出没，自应及早变通，以免滋扰。兹据桂林咨寄请将僧格宗粮运改由南路折稿，所办自为妥当，已分饬总理司道等查照办理。"

（高宗朝卷九五八·页四下～五上）

○乾隆三十九年（甲午）五月己未（1774.6.15）

　　又谕："川省军需银两节经由部拨发，及各省协拨捐解者，通计三千四百余万，据文绶奏报月费存库银数尚属宽余。但筹办粮运等项，应行先事预备者多，自须宽裕储备。即现在进剿金川将次荡平，而善后事宜亦当预为筹计。著户部再于各省存留协拨银内，动拨银五百万两，令各该督、抚派委妥员，陆续解川，存贮备用。"

（高宗朝卷九五八·页一〇上）

○乾隆三十九年（甲午）五月甲子（1774.6.20）

　　办理粮饷河南布政使颜希深奏："查绰斯甲布地方处处与贼境相通，粮运最关紧要，臣令粮夫演习技勇，持械防护。今各夫与护粮兵丁操演日久，其中颇有勇干之人，现在粮运俱系令壮夫结队护送，使贼人无从窥伺。再，绰斯甲布后路一带官兵逐日勤操，渐为娴熟，前次宜喜进攻，该兵等多肯奋勇。嗣后一遇大营进攻，仍当酌选精锐前往，听候参赞舒常调遣。且往返尚易，于防守亦不致有疏虞。"

　　谕军机大臣等："颜希深奏，所办甚好。粮夫如果能演习技勇，自能兼资防护，著鄂宝、富勒浑等实力行之。又据奏绰斯甲布后路官兵如此踊跃，自属极好。著舒常留心酌量，若此等防兵于征剿实为得济，而于防守亦不至相妨，自可听其奋勉自效。中有勇往出众者，仍当量予奖赏。设或防守汛地之兵不便轻为调拨，虽伊等奋勉恳请，不便曲从，舒常当妥为筹办。"

（高宗朝卷九五八·页一八下～一九下）

○乾隆三十九年（甲午）五月戊辰（1774.6.24）

又谕："前以鄂宝参奏副将佛逊将卓克采护粮弁兵擅自撤回，致有失饷之事，因降旨将该员交部严加议处。经部议以革职，留营效力。今据阿桂等奏佛逊所撤之兵系奉文调赴谷噶军营，并非专擅。鄂宝未知前后原委，因而参奏。且该员平日在营尚为得力，可否免其议处等语。著照所请，所有佛逊此案部议革职之处，著加恩宽免。"

（高宗朝卷九五九·页一下～二上）

○乾隆三十九年（甲午）六月壬辰（1774.7.18）

办理粮饷浙江布政使郝硕奏："查各站限满应换长夫，多有仍留本站谋生，临时应募充当客夫者。臣思此项人夫供役既久，道路熟悉，一切均为得力。若于更换时逐一查询，如有情愿留站者，即行知该州、县给发安家银两，于本籍换班夫内按数扣除，不特免雇募之烦，亦可省口粮之费，而内地解换夫数既减，到站自更迅速。"

得旨："嘉奖。"

（高宗朝卷九六〇·页一五下～一六上）

○乾隆三十九年（甲午）六月己亥（1774.7.25）

办理粮饷河南布政使颜希深奏："后路粮运，臣现在操练兵丁日夜防护。迩来夹坝亦颇敛迹，惟查觉木交一带林深箐密，贼每借以藏身。臣已饬站员带兵砍伐，使无遮蔽。而夫役所住棚房，即以此项木植周围安棚。其呀喏、周叟一带亦令仿此办理。"

得旨："嘉奖。"

（高宗朝卷九六一·页四下）

○乾隆三十九年（甲午）六月甲辰（1774.7.30）

督理粮饷四川总督富勒浑、浙江布政使郝硕奏："接文绶咨称，借动成都所属社仓谷六万石，碾米由灌汶一路滚运西、北两路军营。又于嘉、眉二属动碾常平监谷四万石，由雅州转运打箭炉，以资接济。自是通融之法。但查西路及凯立叶官兵，并沿途夫役，每日需米五百余石。计军营现存米，尚可供三月之用。若此时将新添之六万石一齐赶运，恐夫价、米价乘势居奇，不如仍照旧以每日五百石按月轮输，则米石不致昂贵，脚价亦可节省。其南、北两路，亦应照此办理。"

得旨："嘉奖。"

（高宗朝卷九六一·页一八上～下）

○乾隆三十九年（甲午）七月甲寅（1774.8.9）

又谕（军机大臣等）曰："刘秉恬前因正地进兵是以调赴南路督办粮务，昨明亮奏移兵前赴凯立叶，即经传谕刘秉恬遄回。其南路粮运等事，仍交桂林专办矣。又西路既添明亮兵七千名，其军粮亦应宽为预备，著传谕富勒浑等即行酌量添运。务须妥协经理，以裕军食而襄大功。"

（高宗朝卷九六二·页七上～下）

○乾隆三十九年（甲午）七月丙寅（1774.8.21）

办理粮饷浙江布政使郝硕奏："各路台站马匹原备驰送廷寄并一切军报要件，臣商同督臣富勒浑通饬各站，务将马匹加意喂养。照十三年金川口内准倒三成口外四成之例办理，如例外倒毙照数勒赔，仍将各该员参处。"

得旨："诸凡留心。好。"

（高宗朝卷九六二·页三一下）

○乾隆三十九年（甲午）七月辛未（1774.8.26）

又谕（军机大臣等）："昨据富勒浑等奏，大板昭站粮员陈玉麟禀称，商米每石加耗约余一升，通饬量收商米各站员，均以一半缴出充公。并查从前收过商米，如已无存，亦令如数完交。今思粮员责任綦重，稍有迟误缺少获罪非轻。此次各站粮员俱能黾勉办公，趱运无误。而所有耗余米石，据该督等称，凡修理桥道一切零星公用，以及人役口粮，皆于此内支发，是所余原属无多，第向无报案考核，办理本未妥协。今大板昭站员既经报出，此后到站商米所有余存之数，令各站员一体开报，尚属可行。至从前收过商米之处，事皆已往，若复纷纷查核，未免琐屑滋扰。现在大功克日告成，各粮员等俱应在议叙之列，正当令其互相鼓舞，上紧供运，以期指顾集勋，岂可追咎从前，责令赔缴，致粮员等各怀疑惧，转恐于运务无裨。况此次军需拨解内外帑银已三千九百余万，岂在此区区升斗而为之较及锱铢耶！所有已前收过商米之案，俱无庸查办。即此后商运解到余米，亦只令该站各按实存报。若必照陈玉麟所报之数为准，恐不肖人员因余米不足派累商人，额外加增，殊属不成事体。该督等当实力稽查，或粮员内有借端累商之人，即严参重治其罪。并通饬各粮员，共知朕体恤微员之意，俾其益加感奋。"

（高宗朝卷九六三·页一二下～一四上）

○乾隆三十九年（甲午）七月辛巳（1774.9.5）

谕军机大臣等："据明亮等奏，各山梁需用大小炮子日以数百计，而存营生铁已尽，所余炮子将次用完，已飞咨该督赶运等语。明亮等现在用炮轰击达尔图东北四碉，全仗炮力轰击，所需炮子自不宜刻缓。昨据富勒浑奏，接准明亮咨取生铁、炮子甚急，已咨桂林将南路存留生铁赶运五六万斤，先为济用。当恐不敷，又于北路之松冈、梭磨等站所存生铁通融拨解等语。该督等从此筹拨，自当及期应用。但所筹解者尚系生铁，解到后成造炮子，不能不略需一两日之功。因思前日刘秉恬奏，噶达旧存大小炮子二万四千余颗，已行知李世杰等，如南路军营需用，即就近拨用等语。噶达距宜喜不远，既有旧存大小炮子，若能迅速运往，即可供用，较之仅运铁斤尤为得力。著传谕桂林、李世杰即将噶达存贮炮子，星飞派委妥员迤程趱运明亮军营，以资接济。仍令富勒浑、文绶将各处现有生铁源源赶解应用，毋得稍有迟误。将此各谕令知之。"

（高宗朝卷九六三·页四六上～四七上）

○乾隆三十九年（甲午）八月丁亥（1774.9.11）

四川总督富勒浑等奏："查喇穆喇穆山沟本系运粮正路，前因贼人据守山梁，是以由登古一带绕道运供。今山梁既全占据，直抵逊克尔宗，应即于喇穆喇穆、逊克尔宗适中之牛厂地方安设一站，以利转输。惟现在官兵尚由色朋普一路夹攻，势不得不分头接济，所有登古一带台站未便遽裁。此时应暂以喇穆喇穆站为总汇之所，一由南山梁、新安牛厂运供，一仍由北山梁、登古等处运供。俟攻得逊克尔宗，大兵合并，即可均由牛厂运行。"

得旨："嘉奖。"

办理粮饷浙江布政使郝硕奏："查西路官兵盐菜及各站夫役工食每月需银二十万两，今宜喜军营副将军明亮带兵七千名，每月又需银十万两。自内地解至楸砥，分为两路，一由卓克采运赴北路，一由大板昭运赴西路。而自楸砥至桃关尚有十站，为两路必经之区。向来内地解送饷银每日或十万、十五万、二十万不等，各站均须用夫数百名。口外山高路险难于照应，且饷鞘需夫既多，则逐日滚运米石自少。嗣后内地解运饷银酌定每起以五万为率，按日陆续运行，则各站运夫不至一时拥挤，即可将所余夫力多运米石。"

得旨："嘉奖。"

（高宗朝卷九六四·页一三下～一四下）

○乾隆三十九年（甲午）八月壬辰（1774.9.16）

又谕："前据颜希深、李时扩奏，六月初六日木池站失火，轰烧存贮火药五万一千余斤，请与川北道吕元亮等分摊赔补，并自请严加议处。并据舒常奏查明失火缘由，分别定罪各折。因颜希深等所拟分赔之处尚未允协，随谕令文绶会同舒常另行核定，分别情罪轻重，察议分赔之处具奏到日，再降谕旨。今据文绶等会同酌定分赔复奏，已批准允行，令其咨部办理。所有专管火药局之郧阳协右营把总杨耀先，据舒常奏请照军法从事，但查明失火时，该弁出外操兵，尚非在营玩视，著从宽改为应斩监候。其疏于防范之陕西汉凤营参将金应安、湖广九溪营守备王发第俱著革职，留于军营，自备资斧，效力赎罪。颜希深、李时扩均著交部严加议处，舒常并著交部察议。"

（高宗朝卷九六四·页二二下～二三下）

○乾隆三十九年（甲午）八月丙申（1774.9.20）

办理粮饷浙江布政使郝硕奏："查梭洛柏古站为西北两路总汇之区，该站所存米石陆续运供西北官吏支放，为数稍减。且我兵一得勒乌围，其宜喜、凯立叶两路官兵均可会合，军声愈壮，则需粮愈多，应宽为预备。臣同督臣富勒浑即将所派大板昭商米酌拨三分之一，直运至梭洛柏古站收存。并将从前未完商米，亦令其直运该站交收，不但脚价可省，即将来趱运勒乌围亦较大板昭便捷。"

得旨："嘉奖。"

（高宗朝卷九六四·页二七下～二八上）

○ 乾隆三十九年（甲午）八月庚子（1774.9.24）

署四川总督文绶奏："川省各属新谷登场，价值平减，再请买米三十万石，以备各路供支。至大兵凯旋时，回省官兵、丁役及善后驻防兵粮需米浩繁，且节年借动常社监谷，均可将此补还。"从之。

（高宗朝卷九六五·页五下～六上）

○ 乾隆三十九年（甲午）八月丙午（1774.9.30）

四川布政使钱錞奏："近奉督臣富勒浑饬办米四千石，分运桃关、杂谷、楸砥各站，以资转输。第入秋以来，雨水较多，桥道间有坍损，又农夫正当收割，是以长运之粮稍觉短少。各站人夫又缘赶运炮子生铁等项，滚运米数亦因之稍减。臣随禀商署督臣文绶，于七月初七日驰赴灌县一带，督属赶办。又于成都府及资、绵等属赶催骡马赴灌，将社米发领驮运。初十日运米七百余石，十一日一千余石，似此源源接济，军粮日见充盈。"

得旨："此奏似有粉饰卸过之意，余事可误，军需若误是何罪？尔等岂不知？与文绶看。"

（高宗朝卷九六五·页一二下～一三上）

○ 乾隆三十九年（甲午）八月丁未（1774.10.1）

四川总督富勒浑等奏："查楸砥一带积米无多，复饬雅安、天全、芦山等州、县办米由木坪赶运。其灌县出口之米，现饬藩司等督同各属，星夜赴灌济运。"

谕军机大臣等："据富勒浑所奏粮运情节，实不免于迟误。此次粮运之不能接济，其故自在楸砥。而楸砥之所以玩延，则由派刘秉恬前往正地，其专办之道员查礼又往郭罗克查办劫窃案件，遂致该处粮运日渐因循。前经富勒浑奏令接办之知府张三礼、洪蕙及道员吕元亮所司何事？以致迟延若此。著富勒浑、郝硕迅速确查参奏，一面将贻误之员革职，枷号示儆。其省城不能多解供运，钱鋆实难辞咎，富勒浑、文绶不能及早董办，咎亦均无可诿。著富勒浑、文绶速即实力督催，以期迅济，毋再迟延。鄂宝亲赴卓克采催运，须实力为之。宜喜军粮较楸砥一路稍为充裕，然亦须内地陆续接济，方可无误。并著文绶留心催办。"

办理粮饷浙江布政使郝硕奏："查口外沿途设立粮台原有专员管理，其运米人夫亦随同居住。此外，贸易客民即于粮台邻近处所贸易生理。但目今附近军营各站由撒拉至喇穆喇穆丫口等处，客民辐辏，在站搭盖棚厂贸易居住者以千百计。恐匪类藏匿其间，潜行滋事，不可不预为防范。臣通饬各站粮员派拨妥役挨棚稽查，或有面生可疑及游手之徒，概行驱逐。倘粮员不实力查办致有疏虞者，即行参处。"

得旨："甚好。实力为之。如啯噜之类，尤宜严法处置也。"

（高宗朝卷九六五·页一三下～一五上）

○乾隆三十九年（甲午）八月庚戌（1774.10.4）

办理粮饷浙江布政使郝硕奏："口外台站额设人夫原为赶运粮饷、军装及一切差务。现在军粮、军火急须赶运，往来杂差必须权其缓急，定为先后。无如各站员遇有上司差遣，不敢迟缓，随到随发，每日用夫数十名及数百名不等，势不能多运米石。臣商同督臣富勒浑饬知各站员，嗣后遇有差务到站，除催趱粮米、军火员弁及关系军机紧急随到随发外，其余杂差均酌量该站夫力。如应运粮石需夫，先将人夫拨运，其杂差俟夫力有余时再行应付。"

得旨："自应如此。知道了。"

（高宗朝卷九六五·页二二下～二三上）

○乾隆三十九年（甲午）九月丁巳（1774.10.11）

又谕（军机大臣等）："据富勒浑等奏：现在核计北路军粮自可足敷

应用，惟西路粮运，前因楸砥至大板昭一带已露迟误情形，节经传谕富勒浑、文绶等迅速设法赶运，昨文绶奏到，据催粮道府禀报，近来每日运出桃关米数总有一千余石等语。果能似此运供无间，军糈自不至复虞拮据，但不得稍有粉饰，以致空言无济。今日据阿桂奏，现在进攻逊克尔宗，计日即可攻克。当此乘胜深入之时，军食尤关紧要。著再传谕富勒浑、文绶等时刻运筹，实力催趱，并饬口内、口外各委员分段督催，上紧挽送，务期源源接济，以资集事。若稍有延缓，则贻误军需，恐富勒浑、文绶不能当此重遣。至军需银两，昨据文绶奏报折开，库存尚有一百四十六万余两，核计各省未经解到银数，尚有三百七十余万，可用至十一月底。彼时大勋谅已告成，即或大兵凯旋起程略需时日，尚有应用军需之处，文绶即速预为筹画，不妨先期奏请再拨二三百万两，以期宽裕妥善。"

（高宗朝卷九六六·页二六下～二七下）

○乾隆三十九年（甲午）九月庚申（1774.10.14）

又谕（军机大臣等）曰："刘秉恬奏楸砥日内所运米数到营不过二百余石，军粮关系紧要，现在正当乘胜深入之时，更须源源接济。且自上年以来，转运裕如，并无匮缺，乃近今忽尔竭蹶时形，殊不可解。况文绶前日奏到以为每日可得米千石，而刘秉恬所奏又属不符，是文绶前奏，仍系空言难信。该督等睹此情形，岂竟毫无着急，妥速督催。目今功届告成，若因军糈不足稍有稽阻，该督等能当贻误军需重罪乎？著传谕富勒浑、文绶等上紧妥筹，速为趱运，毋致稍有缺误。至沿途夫食固所必需，然较之军饷究属有间。该督等亦当设法撙节酌办，将现有之米尽供军营食用。一面加紧接运，以济储糈，方为妥善。又据鄂宝奏称，官商长运米石，逐月到站者仅止数十石及百余石。滚运一项，半月以来颗粒全无。至南路运到者，亦止三千余石。该督等所办何事？著富勒浑、文绶严查何站发运迟误，一面据实参奏，一面严催挽运，毋得稍有粉饰回护。"

（高宗朝卷九六六·页四一上～四二下）

○乾隆三十九年（甲午）九月辛酉（1774.10.15）

又谕："昨据刘秉恬奏，西、北两路官兵，站夫每日运出桃关之粮必须有千余石，方敷支食，于军务甚有关系。因谕令富勒浑、文绶等加紧趱运，务期源源接济。今文绶奏酌添站夫滚运，所费与商运相同。所办甚好，自应照此办理。但不知是否实在情形，著传谕刘秉恬查明八月二十七日运出桃关之米于何日运到楸砥，实在可得若干，与文绶所奏是否相合，即行奏闻。再昨据鄂宝奏请将楸砥之米分拨卓克采，运赴北路等语。彼时以楸砥所办粮运尚且不敷，焉能再为分拨，事属难行。今运至楸砥之米，如果每日可得一千二三百石，已属宽裕。即刘秉恬前此所奏，每日必须一千余石之数，原系合卓克采一路通计在内，自应仍令分运卓克采，以济宜喜军营之用。著刘秉恬核实查明，一面知会文绶、鄂宝酌量妥办，一面奏闻。"

（高宗朝卷九六六・页五四上～五五上）

○乾隆三十九年（甲午）九月乙丑（1774.10.19）

又谕（军机大臣等）曰："阿桂等奏：近日闻官兵有支领半折半本之事，富勒浑、文绶等前此并未提及，请敕令明白回奏。实是大奇。西路军粮夏间颇为充裕，何以骤至缺乏，竟系该处承办之员办理迟误。今日又据富勒浑奏，驰赴楸砥、桃关一带督办查催。刘秉恬亦奏，赴日尔拉等处专催料理，并称日内运粮情形，已可接济等语。似此加紧催趱，向后或不致复有匮乏。但军营业经数日本折各半兼支，则粮运已有迟误情形，罪难轻道。楸砥粮运，前经该督等奏派同知张三礼、知府洪蕙在彼督办，乃不设法筹办，竟致迟误，伊二人自应即行治罪，不宜复为姑容。张三礼、洪蕙俱著革职，即于楸砥枷号示众。俟大功告成，该督等再行请旨。富勒浑、文绶、钱錞贻误粮运，均难辞咎。但富勒浑身在大板昭一带董促，其过较文绶等为轻。文绶、钱錞驻扎省城，一应军粮皆应妥速供办，如云时届秋收人夫雇募较难，即当早为雇觅骡头设法趱运，何竟直至临时，致形竭蹶。是文绶、钱錞较富勒浑之罪实为倍之。目今大功将成，各有承办之事，姑从宽暂免治罪。所有此次加价雇夫费用，著通计实数，分作十分，文绶、钱錞著各赔四分，富勒浑著赔二分，以示惩儆。仍俟大功告成后，交部严加议处。至郝硕不过随同富勒浑往来查催，非本省大员可比，自可毋庸责备。朕于诸臣功过赏罚，权衡称量，悉视其自取，从无丝毫畸重畸轻，况办理军务乎？现当大兵深入之时，军食尤关紧要，富勒浑、文绶等经此一番惩创，务须加紧妥筹，以期源源接济，宽裕筹备。倘或再有迟误，必不能复为宽宥也。"

（高宗朝卷九六六·页七二上～七三下）

○ 乾隆三十九年（甲午）九月辛未（1774.10.25）

又谕（军机大臣等）："前据阿桂等奏军营支放兵粮本折兼支，不敷日食。业经传谕饬询该督等。今据富勒浑奏，前因军营粮石稍形竭蹙，经总理道员白瀛禀明，官员之跟役及各项夫役酌本折兼支，其兵丁口粮历无折支，是以批令妥协办理。乃该道于通行各站文内未将兵丁一项划出，统以官兵、夫役半折半支饬知遵照。而站员知县周澄、从九品王石渠亦并不确加禀询，冒昧折支。均非寻常错误可比，请旨交部严加议处，并自请议处等语。白瀛、周澄、王石渠均著交部严加议处。至富勒浑此奏，明系因将军阿桂先已奏闻，始行参劾，以图卸责。富勒浑亦著交部议处。"

又谕："据文绶参奏：署蓬溪县知县刘德钦承办卓克采军米任意宕延，屡催不应，以致承运之米尚未全行运到，又署营山县知县梁启明承办大板昭米石，迭经严催，亦多未到。请将刘德钦、梁启明革职，枷号粮台示众，并自请同钱錾一并交部治罪等语。粮员承办军米理应随派随运，况大兵正当乘胜深入之时，尤宜源源接济，以利军行。乃刘德钦等怠玩从事，致所运之米俱未全到，自当严加惩创，以儆其余。刘德钦、梁启明俱著革职，枷号粮台示众。钱錾、文绶俱著交部严加议处。"

又谕："前因陈辉祖奏楚兵应需皮衣等项，请借一季俸饷解川制给。朕以军营如云、贵、陕、甘各省兵甚多，若各顾其士卒，未为公当，必须画一办理方为妥协。兹接文绶奏，上年陕、甘两省亦均有办解皮衣之例，则不独楚省一处为然，自可照陈辉祖所奏办理。现在明亮处既复到无须解送，著传谕文绶速行咨询阿桂、富德，在营楚省兵丁如有需用皮衣之处，即一面迅速办理，一面咨会陈辉祖拨饷解川归款。"

又谕曰："富勒浑等会奏：在楸砥查近日粮运到站、过站者约有千余石，较前已渐有起色，但恐内地稍有懈缓，仍不免顾此失彼等语。著传谕文绶即严饬各粮员，速将应运各项米石上紧赶运。并责成督催各大员沿途往来严催，务须按日到站，不致稍有延缓，以裕军食。文绶、钱鋆亦当上紧严催，毋干重戾。"

（高宗朝卷九六七·页二三下～二八上）

○乾隆三十九年（甲午）十月丙戌（1774.11.9）

又谕（军机大臣等）："据明亮等奏，达尔图军营需用粮储、生铁，西路各站滚运甚见寥寥等语。近据文绶奏，达尔图军粮拨过南路协济米二万石源源运往，足供三月有余，北路军粮又加数运供，有增无减，达尔图军粮无虞缺乏等语。是西路所办达尔图粮运，自应日有起色。至生铁一项，亦据文绶等节次奏称，运供无缺。何以运到者尚属寥寥？著传谕鄂宝，将应行趱运之粮石、铁斤源源接济，毋稍羁误。米粮为军食所资，生铁为炮子所用，均关紧要，现在正当乘胜深入之时，尤宜令其宽裕。鄂宝务须加意催趱，富勒浑、文绶亦应上紧供备，勿使略有迟违，致干重戾。将此随报发往，谕令知之。仍各将如何催办情形，迅速复奏。并谕明亮知之。"

（高宗朝卷九六八·页三二上～三三上）

○乾隆三十九年（甲午）十月庚子（1774.11.23）

又谕（军机大臣等）曰："宜喜一路军粮甚关紧要，南路协济既停，北路自应及早筹协。著传谕富勒浑、文绶，尽力设法催趱长短各运之米，每日务足四百余石之数，以裕军储。又，颜希深奏就近酌买绰斯甲布土兵之米，是亦调剂之一法。果系专买土兵余粮，于事固属有益，但不可买自官兵，致滋流弊。至沿途夫食固不可缺，然较军饷究属有间。今以每日运粮二百五十石，而夫粮转耗去一百五十石，未免太多。或可照文绶大捷站夫不支正项口粮之例妥办，或酌量本折搭配，听站夫等沿途自行买食，则现运可以稍为撙节，于军食、运务均属有裨。著富勒浑、文绶一面严饬催运，一面与鄂宝、颜希深迅速妥酌办理。"

（高宗朝卷九六九·页二〇上～二一上）

○乾隆三十九年（甲午）十月壬寅（1774.11.25）

谕军机大臣等："刘秉恬奏：日尔拉气候过寒，风雪甚大，粮运不免阻隔。查卓克采、别斯满两处道路俱可达谷噶军营，或由彼协运，或改由彼处转运等语。刘秉恬所虑甚是。日尔拉为楸砥粮站所必经，西路军需皆由此转运，不可不预为筹及万全。自当趁晴霁之日上紧赶运，务在多多益善，以资储备。富勒浑等应即饬属竭力妥办，毋稍懈缓取戾。至番地气候冬令雨雪每少，或可免阻滞之虞。但冬雪究系常事，万一接连雨雪数日，积冻难行，背夫跋涉即恐不无艰阻。今刘秉恬既称卓克采、别斯满两处道路均可运通谷噶，若能妥酌预筹，自属有备无患。著富勒浑即速查此两路，或由彼协运，或竟改从彼处转运之处，即与刘秉恬札商妥议，一面办理，一面奏闻。总期于事有济，勿稍惮烦惜费。"

（高宗朝卷九六九·页二二上～二三上）

○乾隆三十九年（甲午）十月己酉（1774.12.2）

办理粮饷河南布政使颜希深奏："官兵新克日包，该地前接日旁，后通周叟，所有贼碉数十座及各卡隘尽被我兵迅扫。现在军营号火相望，互为声援。惟周叟所存粮石等项不敷供支，前途运来亦缓不济急，因饬觉木交站速运米石，并解火药、铅丸等项，以应急需。又饬该处员弁制造火弹皮船，为乘胜渡河深入之备。"

得旨："好。一切勉为之。"

（高宗朝卷九六九·页四〇下～四一上）

○乾隆三十九年（甲午）十一月壬申（1774.12.25）

谕："现在川省军营连奏克捷，直逼贼巢，大功指日告成。约计节次所拨军需银两原足敷应用，但大军正当乘胜深入，移营添站需费较多，且奏凯后办理一切善后事宜，及设镇驻兵，不无尚需经费。著该部拨银五百万两，解交川省藩库存贮备用。"

（高宗朝卷九七一·页二〇上～下）

○乾隆三十九年（甲午）十一月己卯（1775.1.1）

四川总督富勒浑等奏："大营驻扎密拉噶拉木，乘胜攻取贼巢，炮位最关紧要。南山梁已设立炮局，北山梁炮局应挪近大营旁铸造。一切物料除交南山梁备用外，余尽数移赴密拉噶拉木新局贮用。前南山梁开窑百余座，今酌留二十座，余一并改移大营附近之处。现铸成大炮二位，物料皆亦敷用。复饬局员，于新得地方将打出炮子尽行捡回备用。"

得旨："一切俱好。知道了。"

办理粮饷河南布政使颜希深奏："大兵移驻带石军营，虽系新克贼疆，山径崎岖，现已划削平坦。自周叟至黄草坪险要之处俱安设卡兵防护，由黄草坪至带石亦添卡隘，驻有守兵，粮运、文报往来并无意外戒严。觉木交地方虽非从前后路之比，第宜喜旧营大兵半已移驻带石，达尔图头碉贼尚负隅，现咨镇臣李时扩在彼弹压，与木池一路，遥为声援。"

得旨："嘉奖。"

（高宗朝卷九七一·页三二上～三三上）

○乾隆三十九年（甲午）十二月己亥（1775.1.21）

谕军机大臣等："前已降旨再拨部库银五百万两，合之九月内所拨之银共九百万。现在各路官军乘胜深入，大功指日告成，谅可毋庸复需多费。但恐贼众自知灭亡在即，卫死坚守，或尚稍延时日，又不得不为预备。著传谕文绶通核现在两次所拨九百万两约敷几月支用。如尚有应宽余预备之处，著文绶即行查明，据实具奏。若果需续拨，候朕另降谕旨拨解。"

（高宗朝卷九七三·页八下～九上）

○乾隆三十九年（甲午）十二月戊申（1775.1.30）

署四川总督文绶奏："军营铅子最关紧要，上年拨解黔省黑铅将次用完，本省所出铅斤止敷鼓铸，请于黔省再拨黑铅四十万斤解川。查黔省办运各省铅斤俱由川省永宁县雇船转送，因系水陆通衢，向来设局存贮。现咨明黔省，并饬查永宁局存贮黑铅若干，令其就近动拨。"

得旨："如所议行。"

（高宗朝卷九七三·页三〇下）

○乾隆四十年（乙未）正月庚午（1775.2.21）

谕："川省军营大功指日告成，计节次所拨军需银两已足敷用。至平定促浸以后，一切善后事宜不无尚需经费，著于部库内再拨银五百万两，即照上年户部奏准之例，令经由各省督、抚派员承管，递行转解，交川省藩库存贮备用。该部即遵谕行。"

办理粮饷浙江布政使郝硕奏："目下时届春初，天气和暖，运送军粮更为便捷。查军营及头敌现存米八千余石，自凯歌坪、达尔扎克至雪山根、萨尔赤各站现存米三千八百余石，梭洛柏古、大板昭、萨拉等站共存米三万三千余石。似此源源运供，军储益加宽裕。至粮运经由道路，有因积雪渐消，途间不无积水泥泞，现在酌拨人夫，或改建高桥，或垫铺土石，俾得遄行无阻。"

得旨："嘉奖。"

（高宗朝卷九七五·页八上～一一下）

○乾隆四十年（乙未）二月己卯（1775.3.2）

四川总督富勒浑奏："现在大兵乘胜深入，军粮、军火等项储备充裕。其前敌所需炮子，亦飞饬各站将生铁尽数运供。再，官兵既克康萨尔一带，即日下抵河干会合北路官兵，必须用船济渡，一切船料久已备齐，并制造皮船，听候调用。至后路梭洛柏古等处，督率将兵严加防范，以壮声援。"

得旨："嘉奖。"

（高宗朝卷九七六·页六下）

○乾隆四十年（乙未）二月丙戌（1775.3.9）

又谕（军机大臣等）曰："郝硕奏：军营米价现在稍长，恐至三四月间又复加增，所有三路各站人夫每日需米约计七百余石，请于麦收时采办灰面数十万斤，将站夫口粮五日内搭放一日，可节省米数千石，其采买灰面，除站夫沿途支用外，亦可运营以资裹带等语。著传谕文绶，即饬附近各路军营、州、县，于春麦收割时采买灰面数十万斤，分给各站，搭放人夫口粮。如有余剩，仍送军营备用。"

（高宗朝卷九七六·页一五上～下）

○乾隆四十年（乙未）二月丁亥（1775.3.10）

又谕："现在征剿金川大功已属垂成，自可克期藏事。惟贼番护巢卫死，守拒益严，即得勒乌围后，尚恐其坚守噶喇依，不免稍需时日。昨据文绶奏，去冬所拨京饷，于正月二十日起已解到一百五十万两，其余亦可源源续至。前据伊等筹算，此项饷银可用至本年四月。今又拨京饷五百万，约计可用至九月，似不须复筹接济。但军需用度宁可宽余储备，著传谕富勒浑、文绶悉心核计。前后所拨京饷约可用至何时，即行据实奏闻。当再拨饷五百万解往，以期宽裕。"

又谕："节次所拨军需银两已至四千余万，将来奏销颇属不易。富勒浑、文绶身为总督，此事乃其专责，但军需款项繁多，非伊二人耳目所能周察。若由京简派大员前往经理，未必深悉该处情形。因思鄂宝督办粮运数年，一切皆所熟悉，而桂林、刘秉恬曾任四川总督，诸务尤所素谙。著派鄂宝、桂林、刘秉恬会同富勒浑、文绶办理军需奏销。实心稽核，勿使承办之员朦混浮开。若查办未能妥协，致有冒销舞弊之处，惟伊五人是问。目今军务将竣，有应陆续稽核者，鄂宝等当以次清厘，勿致临时匆遽。将此一并传谕知之。"

（高宗朝卷九七六·页一六上～一七下）

○乾隆四十年（乙未）三月乙卯（1775.4.7）

又谕（军机大臣等）："据富勒浑奏：据建昌道白瀛禀称，闻得日旁军营明将军处讯得贼番供称，促浸因硝磺缺乏，差出奸民五人潜赴内地采办，明将军差遣外委带兵查拿等语。此事何以未据明亮等奏及？是否如白瀛所访情节，著明亮等即速复奏。至促浸贼众硝磺缺乏，恐其探听军营存贮火药处潜出偷窃，不可不实力严防。至内地出产硝磺之地，不许民间私售，例禁綦严，况现当进剿贼番之时，尤宜严密查禁，自不应更有偷窃情弊。但贼番诡诈百出，其所遣奸民五人，或如张坤忠一类由内地逃往及被羁兵民，皆不可知。倘或潜赴硝磺处所，勾通经管兵役私行偷售，大有关系。今既有所闻，宁信其有，富勒浑等自应加意防范。至该督等行文以后，曾否查看奸民踪迹，现在该处硝磺作何办理，著富勒浑、文绶即行复奏。至各军营后路所贮火药甚关紧要，务各实力防守，勿稍疏懈。并谕富勒浑、文绥及管理粮站之鄂宝、郝硕、颜希深、李世杰、桂林、刘秉恬、李本一并知之。"

（高宗朝卷九七八·页一三上～一四上）

○乾隆四十年（乙未）三月甲子（1775.4.16）

谕："据颜希深奏，宁远府知府一缺总理绰斯甲布粮运，责任颇重，骤易生手，恐难胜任，请旨简补等语。工部员外郎祥肃现随鄂宝办事，于该处情形熟谙，所有宁远府知府员缺，著祥肃补授，仍总理此路粮运，并令驾驭土司。该部知道。"

办理粮饷河南布政使颜希深奏："前因大军进攻带石、宜喜一路，将北路卓克采之米尽供带石，南路木池之米协济宜喜，并撤呀喈站改设石包，以利转输。今官兵乘胜深入，北路军粮应仍由周叟运供。计周叟至呀喈只二站，比石包为近，将石包站改设呀喈，较为省便。"报闻。

（高宗朝卷九七九·页二上～下）

○乾隆四十年（乙未）三月辛未（1775.4.23）

署四川总督文绥奏："此次新调川兵及各省兵统计几及一万，现在西路军营存米五万余石，甚为充足。惟北路添兵较多，需粮较广。查卓克采存米一万余石，从噶克存米五千余石，周叟存米四千余石，南路协济之米又经拨吉地米二千石，打箭炉仓每月拨米五千石运交木池，并令楸枰多为滚运北路，以资接济。"报闻。

（高宗朝卷九七九·页一六下～一七上）

○乾隆四十年（乙未）四月辛丑（1775.5.23）

谕军机大臣曰："富勒浑所奏沙坝地方贼番施放夹坝，多不过二十余人，两次潜来，俱经官兵击退，且有歼毙之人。穷番自必略知儆畏，不敢屡出尝试。所奏'向内地拨兵添设'之语，殊可不必。后路粮台安设已久，各处防兵本自敷用，其间或有今昔异宜之事，原可因时调剂，酌量抽派。况前经传谕该督等，令各营夫役自行练习技艺，以资防护。此次即有壮夫马成龙等击毙贼番之事，可见台站夫丁业已各知自卫。再于附近处所量为抽拨，惟当严饬各路员弁督率兵夫实利防御，又何必于大功将成之际复向内地州、县纷纷添拨乎？并著传谕知之。"

（高宗朝卷九八一·页一一下～一二下）

○乾隆四十年（乙未）四月甲辰（1775.5.26）

四川总督富勒浑奏："沙坝为粮运正路，将来合兵进攻，运道亟宜肃清。臣于梭洛柏古、喀尔西、大板昭拨兵一百名，暂赴该处。但大板昭一带亦系粮运要地，前拨之兵不能久留沙坝，现在咨商提臣长青，将马尔当一带官兵酌调安设沙坝之松坪等处。"

谕军机大臣等："大板昭一带为粮运正站，防守尤宜严密，现在富勒浑等酌将后路官兵抽拨安设，自应如此办理。仍著富勒浑、旺保禄、王进泰、长青等督饬各卡隘一体严密防御，勿使稍懈。"

（高宗朝卷九八一·页一八下～一九上）

○乾隆四十年（乙未）四月乙巳（1775.5.27）

督理粮饷前任四川总督刘秉恬奏："臣于十七日见将军明亮等十四所发之折，传牌内填写自基木斯丹当噶拜发，是必我兵下压业已得手。查从前西、北两路军营，虽乘船过渡亦时可往来相通，因日旁、宜喜沿河贼人尚未廓清，是以粮石须两路分运。今我兵得胜，知此一带已无贼人拒守，一切粮饷、军火自应由西路之格鲁克古等处渡河，递运北路，不必仍绕北路从噶克等处，转致纡折多费。"报闻。

（高宗朝卷九八一·页二〇下～二一上）

○乾隆四十年（乙未）五月己酉（1775.5.31）

四川总督富勒浑奏："查沙坝现在安设粮台，小沙坝系在沙坝、萨拉适中之地，均关紧要。至三松坪，为沙坝上站粮台，并应添兵防范。现抽兵二百四十名，于小沙坝安设一百名，沙坝一百名，三松坪四十名。臬司李世杰复拨民壮六十名，协守三松坪。臣等仍督率巡防严堵。"

得旨："嘉奖。"

（高宗朝卷九八二·页三下～四上）

○乾隆四十年（乙未）五月甲寅（1775.6.5）

四川总督富勒浑奏："查我兵攻获木思工噶克等处均须建竖木城，挖掘深濠，急需兵力，自无暇复令炊爨，随饬知粮员买办烧饼一万余，复拨运灰面一万余斤分发各铺户，令赶做面饼运交军营。如遇官兵打仗时，即将此分给，可省兵丁另自炊爨，兵行益速。再，查日旁、宜喜一带山梁全行攻得，所有作固顶山梁官兵业经撤赴前敌，而随营粮站道远难于运米。今将格鲁克古一站移设前敌适中之地，以便分运。现在我兵乘胜长驱，一经攻获勒乌围即须添站，现于附近军营各站，先备夫三千名，并采办台马数十匹，以备添设新站。至宜喜一路官兵既进至河岸，不日两军会合，其粮运台站自应就近并路运供。"

得旨："嘉奖。"

（高宗朝卷九八二·页九上～下）

○乾隆四十年（乙未）五月丙辰（1775.6.7）

督理粮饷山西巡抚鄂宝、河南布政使颜希深奏："从前大兵分路进剿，军粮分路运供，北路自楸砥分运至宜喜远至三十九站，加以新安之得楞、基木斯丹当噶二站共四十一站。今北路兵已攻克得楞一带，获地甚广。若将北路军粮改由西路之博楞古，止须设六站，即可直抵基木斯丹当噶新营。每站用夫六百名，共三千六百名。其博楞古内，即可就西路现有之台站并运，其自达思满起至得楞三十站均可裁撤。现已一面飞饬楸砥站员，将北路军粮概停，一面饬将达思满至马鸣桥一十二站内军粮等项尽数裁撤。其自孟固至博楞古，共一十八站，既两路合运，军粮、军火较多，原设夫数不敷，请每站加夫五百名，共加夫九千名，连前新设站夫一万二千六百名，除裁去之站，合计省夫五千四百名。至北路卓克采等站之月米，即改运梭洛柏古交收，程站既近，脚价亦省。"报闻。

（高宗朝卷九八二·页一四上～一五上）

○乾隆四十年（乙未）五月戊午（1775.6.9）

四川总督富勒浑奏："西路粮运向由凯歌坪直达密拉噶拉木作为半站。大兵现攻获木思工噶克、勒吉尔博、得式梯等处，其格鲁克古一站请裁，移设木思工噶克山梁丫口。其北路饷道由密拉噶拉木至得式梯为一站，由得式梯至色仰木扎拉为站半。其北路达思满各站均裁。原派卓克采月米，即改运梭洛柏古等处。西路米由梭洛柏古直运萨尔赤。"

得旨："嘉奖。"

（高宗朝卷九八二·页一九下～二〇上）

○乾隆四十年（乙未）五月丁卯（1775.6.18）

又谕（军机大臣等）："前据鄂宝等奏，西、北两路大兵会合，所有粮运台站应行归并一路，已经批准允行，今据富勒浑、刘秉恬奏称请将自卓克采至达斯满十三站仍照旧安设等语。富勒浑等就现在情形通盘合算，较之鄂宝所筹尤为周到。所有卓克采一带粮台，著照所奏，仍行酌留。并即谕令鄂宝、文绶等一体妥为办理。"

（高宗朝卷九八三·页一二下）

○乾隆四十年（乙未）五月壬申（1775.6.23）

又谕（军机大臣等）："现在阿桂、明亮两路军营屡次克捷，计可指日蒇功。节次所拨军需银两已足敷用，但平定促浸后，一切善后事宜亦不无尚需经费，尤当多为储备，使诸事倍加宽裕。著于部库内再拨银五百万两，仍照上年户部奏准之例，令经由各省督、抚派员承管，递行转解交川省藩库收贮备用。该部即遵谕行。"

（高宗朝卷九八三·页一七下～一八上）

○乾隆四十年（乙未）五月甲戌（1775.6.25）

谕军机大臣等："前据鄂宝、颜希深奏撤站加夫各事宜，业已允行。嗣据富勒浑、刘秉恬奏，将原有粮台酌留十三站，俾分路运供，所筹似更周密，是以即照所奏谕令妥办。今鄂宝等仍请照前奏办理，或果系各站实在情形，或不免拘泥前奏，意存回护。富勒浑、刘秉恬如确见前奏存留十三站及添设二站之处供应万妥，原不必因鄂宝之说轻事更张；若鄂宝等所奏实为省便当行，则又不可偏执己见，致误军储要务。总之此事功过皆富勒浑、刘秉恬任之，如稍有未妥，惟伊二人是问。此时俱属空言，难以折衷归一。著阿桂将富勒浑、刘秉恬及鄂宝、颜希深两路奏事之处孰得孰失，秉公据实查奏。"

（高宗朝卷九八三·页一九下~二〇上）

○乾隆四十年（乙未）五月乙亥（1775.6.26）

谕："据富勒浑奏：前经管理松冈站员通判冀国勋擅详雇募夫役，每名日发工价一两或五钱不等，口粮或二升或升半不等，明系有心侵欺。因委知府王立柱严查，兹据详报，冀国勋亏缺军需银八万九千余两，经管积贮米石又有霉烂，及骡夫领运亏短米二千余斛。请旨将冀国勋革职拿问，并请将王立柱一并革职审讯等语。侵亏军需，情罪最为重大，今冀国勋竟敢借加给为名，以致缺短银米，累万盈千，藐法侵斜，实出情理之外，冀国勋著革职拿问，交与署川督文绶，即速提集经手书役人等，严行审拟具奏。其北路总理龙安府知府王立柱平日岂毫无闻见，直至富勒浑批查后始行详揭，显系知情徇隐，亦属罪无可宽。王立柱并著革职，并案审讯。"

（高宗朝卷九八三·页二〇下~二一上）

○乾隆四十年（乙未）五月丙子（1775.6.27）

督理粮饷前任四川总督刘秉恬奏："四月二十八日，西路军营牌传各站催调裹带面斤，随令楸砥粮员在附近各店收买，即日买得面八千斤，并三松坪粮员禀报共采买二千余斤，合计一万余斤，于二十八九两日运往。又据维州运到五千斤，一并发往西路军营。嗣后再有运到之面，臣已饬知各粮员酌量分运，务期两路裹带均无缺乏。至军营需用铜斤，查日尔拉之山脚站原有存铜一千五百斤，当经发往。并查楸砥有存铜一万八千七百余斤，即于此内先拨出一万斤发运前进。再，军营既需铜制炮，自必需铁铸子，查朴头站存有生铁十余万斤，现已饬知各粮员每日搭运四五千斤，以资接济。"

得旨："嘉奖。"

又奏："查沿途各站米数，从前自大板昭起至军营止共存粮五万余石。嗣后因各站料理兵行发运较少，今计存粮止四万余石。现在北路军粮归并西路，需用浩繁，况当大兵乘胜深入之际，事关两路储糈，尤不得不预为筹备，臣随于十六日自营回至楸砥，加紧查催，务期军粮充裕。"

得旨："嘉奖。"

（高宗朝卷九八三·页二七上~二八上）

对将领弁兵、土司土兵议赏、议叙、议恤

○乾隆三十八年（癸巳）八月癸巳（1773.9.22）

谕（军机大臣等）曰："明亮著补授广州将军。明亮未赴任以前，广州将军印务仍著李侍尧署理。其明亮之正蓝旗汉军副都统员缺，著富兴补授。"

（高宗朝卷九四〇·页一四上）

○乾隆三十八年（癸巳）八月戊戌（1773.9.27）

谕（军机大臣等）曰："明亮著授为定边右副将军，即著富德为参赞大臣，在南路一同带兵进剿。"

（高宗朝卷九四〇·页二一下）

○乾隆三十八年（癸巳）八月甲辰（1773.10.3）

定边右副将军尚书公丰升额奏："讯据投出金川番人琳心摩供称，索诺木遣人赴绰斯甲布告言，尔等从前协助天朝攻剿，今尔等一路官兵不久即欲退出。退出之后，我即发兵报仇。绰斯甲布答以官兵退否，我等岂能预知。尔欲抗拒，亦自由汝。又，索诺木遣头人僧格赴党坝游说，党坝人不令僧格入界。索诺木每日派人在山上瞭望，见官兵从何路来，贼众即在何路预防。"

谕军机大臣等："绰斯甲布、党坝两土司甚属可嘉，均当加以赏赉。仍于赏给时密谕以该土司壤接金川，令将有可进攻袭剿之处密行告知酌办。并谕其遇有贼来即为拿送。又，三杂谷中如梭磨土妇尤为诚谨，今特赏以名号，赍以彩缎，亦当差员往彼，照此密为询问。如各能指出一两处地界，即一面具奏，一面密寄阿桂熟筹妥办。至贼番每日在山瞭望官兵，实为可恨。但思贼境山虽高峻，各土司与彼附近之地并非尽属平阳，其中

岂无峰峦掩隔，贼安能四面悉皆窥见。自当密访熟悉道路之人预为躧探，就贼所见之处，派出疑兵，作进攻之势，令其准备，而于贼所不见处，以正兵击之，攻其不备，自可得力。又或遣些少之兵为前队，虚张声势，故令贼见，诱其出而截我后路，而我以重兵为后队继进。贼番果出，则我前队之兵即转回剿杀，而我后队紧躧贼后，两面来攻，贼必无从支御。此等机宜皆出奇制胜之法，亦行军所必须筹及者。将来进剿金川，务当随时随地留心计画，以冀所向得利。将此密谕阿桂、丰升额知之。"

（高宗朝卷九四一·页一二上～一三下）

○乾隆三十八年（癸巳）八月丙辰（1773.10.15）

谕（军机大臣等）曰："福康安奏绰斯甲布土司工噶诺尔布、卓克采土司甲噶尔布木、从噶克土司纳木扎勒派兵随征，俱诚心恭顺，甚属可嘉。工噶诺尔布、甲噶尔布木、纳木扎勒俱著加恩赏戴孔雀翎，以示优奖。"

（高宗朝卷九四一·页四四上～下）

○乾隆三十八年（癸巳）九月庚午（1773.10.29）

谕："据鄂宝奏，户部主事裕善、工部主事祥鼐自赴军营以来，随同办理粮运台站，俱能奋勉出力。请遇有本部员外郎缺出，升补以示鼓励等语。著照所请，裕善、祥鼐俱准其遇有本部员外郎缺出即行升补。"

（高宗朝卷九四二·页三二下）

○乾隆三十八年（癸巳）十月壬辰（1773.11.20）

谕军机大臣等："丰升额等据头人松乃、温布密禀，欲令土兵夜间爬越间道，与官兵约定两面夹攻等语。觅间夹攻，原属攻碉良法，丰升额等用其计而不预露端倪。甚合机要，自应如此相机妥办。又据奏，松乃等因其土司病故，饬土兵防守较严，足见诚心恭顺，赏戴蓝翎等语。所办甚是。松乃、温布能如此实心出力，殊属可嘉。著丰升额等传朕旨，将二人各赏银五十两，俾益感恩奋勉，且使众土兵见之亦知共相效法。又据称，松乃等恳请将雍中旺尔结赏戴孔雀翎之处，前已传旨赏给，丰升额等即可遵照办理。其所称调雍中旺尔结来营妥为驾驭，以收其心而得其力等语，亦与前旨适合。雍中旺尔结既为番众依向之人，如果遵调到营诚心报效，则营中多一得力土司更属有益，自可推诚相待。并令阿桂知之。"

（高宗朝卷九四四·页二二下～二三下）

○乾隆三十八年（癸巳）十月己亥（1773.11.27）

定边右副将军尚书公丰升额奏："据宁远府盛英禀称，绰斯甲布故土司之子绰尔甲木灿、雍中旺尔结同伊叔土舍江依面见该知府，据称俱愿照土司在日出力办事，与金川虽系亲戚，断不肯受其欺哄，现已传知各卡头人更加严紧防范。我叔、侄、弟兄同头人、百姓合为一心等语。臣查所禀各情节尚属输诚，俟来营时详细教导，酌量奖赏。"

谕军机大臣等："据雍中旺尔结等所禀情节，俱属诚心恭顺。且其叔、侄、弟兄既称合为一心，则雍中旺尔结之应袭土司于情理更无可疑，前已有旨令雍中旺尔结承袭，并赏戴孔雀翎。丰升额可即遵旨办理，愈足使之感奋，且可安众番之心。又据奏，金川知土司病故，差人叫喊送礼。如其再有人来，设法擒献。是伊等感恩奉法，实心出力，甚属可嘉。著丰升额等即传朕旨，将绰尔甲木灿、雍中旺尔结及土舍江依各赏缎四匹，以示奖励。并谕以伊等叔、侄、弟兄若果将金川差人擒献，必奏闻再予奖赏。如能设法攻克金川地界，并能诱缚逆酋，即将尔等功绩奏知大皇帝，必更承受厚恩，尔等惟当同心努力。丰升额等即遵照办理。"

（高宗朝卷九四四·页三七下～三八下）

○乾隆三十八年（癸巳）十月壬寅（1773.11.30）

谕军机大臣等："明亮等奏宁夏镇总兵张玉琦员缺，请以汪腾龙代管等语。汪腾龙人本平常，且不能实在得力。昨派往军营之候补总兵敖成，人甚可用，即应补授此缺。至汪腾龙原系赏给参将衔，今所出有甘肃提标中营参将员缺，可即令其补授。"

（高宗朝卷九四五·页四下～五上）

○乾隆三十八年（癸巳）十月乙巳（1773.12.3）

又谕（军机大臣等）："据阿桂奏称，海兰察之跟役充补空蓝翎护军厄鲁特巴图，带领沃克什兵十余名，前往曾头沟搜杀贼人被害等语。巴图前往杀贼被害，殊属可悯。著加恩交部议恤。"

（高宗朝卷九四五·页九上）

○乾隆三十八年（癸巳）十月戊申（1773.12.6）

予故四川提督马全谥壮节，贵州提督牛天畀谥毅节，并祭葬如例，入祀昭忠祠。

（高宗朝卷九四五·页一五上）

○乾隆三十八年（癸巳）十月辛亥（1773.12.9）

谕（军机大臣等）曰："德尔格忒土司鲁珠布甲木错，今春派出乌拉数千驮运军粮，具见急公。著赏戴花翎，并赏给'信敬'名号，以示鼓励。"

（高宗朝卷九四五·页二一上）

○乾隆三十八年（癸巳）十月甲寅（1773.12.12）

定边右副将军尚书公丰升额、参赞大臣副都统舒常奏："据工噶诺尔布之妻策旺拉木遣头人温布禀称，金川虽系两世姻亲，实为图害仇隙，现教导儿子及众头人比土司在日更加出力，并令雍中旺尔结、绰尔甲木灿至营输诚立誓。臣等察看情形，实为恭顺。请加优赏。"

谕军机大臣等："丰升额等奏绰斯甲布情形一折，如此甚好。著仍差盛英等到彼，告以将军已将尔土妇之事奏闻，蒙颁谕旨，以尔土妇诚心恭顺，大皇帝深为嘉慰。如梭磨土妇卓尔玛始终恭顺，并驾驭其侄卓克采土司嘉噶尔布木、从噶克土司纳木扎尔等实心出力，曾赏给名号、缎匹。三杂谷因此更加奋勉。今尔土妇策旺拉木教管尔子竭诚效用，较之卓尔玛之驾驭伊侄尤为切要。特赏尔'贞义'名号，并彩缎四匹，用示奖励。尔更当尽心督率尔子等竭诚报效，以继尔夫工噶诺尔布之志。如能设法剿平金川，擒获逆酋，尔母子必邀大皇帝格外鸿恩。又据奏称，雍中旺尔结、绰尔甲木灿来营进见，看此情形，则雍中旺尔结之应行袭职更无可疑。雍中旺尔结既系该土妇之子，且为番众所归向，尤当急令承袭土职以坚其心。如此施恩，伊母子自必更加感激，至其袭职之处，屡次所降谕旨甚明，丰升额等即可遵照办理。并谕阿桂知之。"

（高宗朝卷九四五·页三〇上～三一下）

○乾隆三十八年（癸巳）十一月己巳（1773.12.27）

又谕（军机大臣等）："据丰升额等奏称，领队大臣书麟、侍卫彰霭等，攻夺沙坝山碉卡，超众先登等语。攻克沙坝山碉卡，书麟等超众先登，甚属可嘉。著加恩书麟赏戴花翎；乾清门侍卫彰霭、乌尔图纳逊、侍卫佛兰泰奖赏花翎；护军校定柱、巴绷阿、空蓝翎厄鲁特达尔海俱著交部议叙。"

又谕："据丰升额等奏称，攻取沙坝山贼人碉卡之时，伍岱亲身直抵贼碉，督兵指麾，向贼鏖战等语。伍岱此次打仗劳绩可嘉。著加恩赏给副都统职衔。"

又谕："此次进兵攻取美诺等处，副都统额森特领队奋勉，劳绩出众，甚属可嘉。著加恩补授护军统领。"

又谕："此次攻剿蒙固桥，署总兵海禄甚属奋勉出力，著加恩即实授固原镇总兵。"

又谕："据刘秉恬奏，上年奉命赴川办理粮饷，所有派出随往办事之礼部主事逢年，自抵军营，勤慎办公，遇事奋勉；又奏请带往办事之候补誊录官胡时显，办理一切案牍文移勤慎小心，从无错误，请旨加恩等语。著照所请，逢年著以各部员外郎升用，遇缺即补；胡时显著赏给中书科中书职衔。"

（高宗朝卷九四六·页二一下～二三上）

○乾隆三十八年（癸巳）十一月庚午（1773.12.28）

谕："昨据明亮奏，南路官兵分头进剿，将河南之得布甲、河北之喇嘛寺、得里两面山梁、日寨、策尔丹色木攻克，杀贼等因。已降旨将将军、参赞交部议叙。其在事出力之将领、弁兵，并令查明咨部一并议叙矣。兹据明亮等奏由阿喀木雅、泥垄两路会攻，及攻得布甲后乘胜收复地方各情形二折。所有查明出力之将弁、兵丁等，即著交部查照议叙。至所奏守备张芝元于攻夺喇嘛寺、日寨碉座时，首先率众扑进，并指挥各土兵分头打仗，杀贼多人，复经攻占得里、策尔丹色木等处，并以南山梁拉约、卡丫当乘胜夺取，伊即带兵率先往攻，击杀贼众，占取碉卡，实属奋勉出力等语。张芝元著加恩赏戴孔雀翎，并赏给扎敦巴图鲁名号，仍照例赏银一百两。又，千总张纯抢取日寨四碉，突前杀贼，得有重伤，亦属出力可嘉。著加恩以守备即行遇缺补用，并著戴赏孔雀翎，以示奖励。"

又谕（军机大臣等）曰："阿桂之子阿弥达著补授二等侍卫。"

（高宗朝卷九四六·页二七上～二八上）

○乾隆三十八年（癸巳）十一月辛未（1773.12.29）

又谕（军机大臣等）曰："伍岱在军营历练已久，于攻战机宜尚能熟悉，著授为领队大臣。遇有攻剿之处，丰升额务虚衷商酌而行，以期妥善。"

（高宗朝卷九四七·页七上）

○乾隆三十八年（癸巳）十二月丙戌（1774.1.13）

谕曰："海兰察等前因不能驻守美诺，经阿桂查奏，将伊等革职留任，其咎固属应得。此次收复小金川均能奋勉出力，各著劳绩。著加恩将海兰察、富兴、乌什哈达、成德、富绅、海禄所有革职留任之案，准其开复。其各本任应得养廉分例，并著照例支给。"

（高宗朝卷九四八·页一下）

○乾隆三十八年（癸巳）十二月丁亥（1774.1.14）

谕："据阿桂等奏现在明亮一路带兵之贵州威宁镇总兵王万邦病故等语。王万邦在川省军营，两载以来带兵打仗，尚为出力之员，今因病身故，亦属可悯。其如何酌量加恩议恤之处，著该部查例具奏。"

（高宗朝卷九四八·页三上）

○乾隆三十八年（癸巳）十二月丙申（1774.1.23）

又谕（军机大臣等）："据阿桂奏，建昌道白瀛，自赴军营办事两载有余，一切筹办军粮并料理接济事宜，均属黾勉，不辞劳瘁，实系军需得力之人等语。白瀛著加恩赏给按察使衔，仍令督办随营粮饷诸务，以示鼓励。"

又谕："据明亮等奏：巴旺、布拉克底土司、土妇派令土兵随征以来，屡著劳绩。其布拉克底土司从前所给安抚司印信，现归巴旺土妇掌管，请另给印信号纸，以昭世守。又，巴旺土舍雍中扎布办事实心，请赏戴花翎等语。布拉克底土司阿多加恩赏给宣慰司之职，著该部给与印信号纸。巴旺土舍雍中扎布并著赏戴花翎。又据奏：此次收复小金川，带领土兵打仗之头人格宗、丹巴七立、勒耳伍太、郎巴耳结、申占朋、勒耳乌结、杜耳金邦俱奋勇出力，内除格宗本系土都司职衔，余请酌给土守备、土千总职衔，并请加赏蓝翎等语。格宗著赏戴蓝翎，丹巴七立等著明亮等各分别给与职衔，仍各赏戴蓝翎，俾得一体邀荣，以示优异。"

（高宗朝卷九四八·页二〇下～二一下）

○乾隆三十八年（癸巳）十二月甲寅（1774.2.10）

是年，追予金川出师阵亡之知府吴一嵩一员、候补四品王如玉一员、候补同知钟邦任一员、候补直隶州吴璜一员、知州常纪一员、候补知州彭元玮一员、主事特音布等三员、降一级调用知州徐谂一员、通判汪时一员、知县程荫桂一员、候补知县孙维龙等二员、笔帖式五十三一员、县丞沈霖一员、主簿吴钺一员、吏目郭良相一员、典史许滽一员、副将松德等三员、参将西凌阿等三员、参领额尔济图等七员、游击李显祖等二员、二等侍卫额林普尔等三员、副参领西兰保等七员、协领额塞一员、佐领佛喜一员、都司郑士才等七员、土都司桑共一员、三等侍卫和善等二员、防御德禄一员、守备何国柱等七员、土守备徐元琨等二员、蓝翎侍卫六十等四员、护军校拴柱等八员、骁骑校迈斯哈等二员、千总胡印等十八员、土千总郎扎什一员、把总谢景标等三十六员、土把总嘎山布等五员、外委夏朝柱等三十二员、护军拜唐阿马步兵三千五百九十八名祭葬、恤赏如例，俱入祀昭忠祠。

（高宗朝卷九四九·页三一上～三二上）

○乾隆三十九年（甲午）正月庚午（1774.2.26）

以头等侍卫副都统衔伍岱为参赞大臣。

（高宗朝卷九五一·页一下）

○乾隆三十九年（甲午）正月庚辰（1774.3.8）

谕（参赞大臣副都统舒常）曰："文绶奏，丹东一带后路关系紧要，李本在川年久，熟悉番地情形，自赏给同知职衔以来诸事倍加奋勉，请令其驻扎丹东，协同防范，似属妥协。李本著加恩赏给兵备道职衔，前往丹东办理诸务，并准其具折奏事。"

（高宗朝卷九五一·页一七上～下）

○乾隆三十九年（甲午）正月癸未（1774.3.11）

谕军机大臣等："舒常奏，绰斯甲布头人松乃、温布等领兵剿杀，歼戮甚多。所办甚好。松乃、温布前因其诚心出力，赏戴蓝翎，并各赏银五十两，此次更属奋力，著即赏戴花翎，升授五品顶戴，以示鼓励。……"

（高宗朝卷九五一·页二六上）

○乾隆三十九年（甲午）二月丁亥（1774.3.15）

谕（定边右副将军广州将军明亮、参赞大臣副都统富德）曰："兴善保、田蓝玉履险先登，甚属可嘉。著加恩兴善保赏给达克巴图鲁，田蓝玉赏给诺丹巴图鲁，仍照例各赏银一百两，以示优奖。"

（高宗朝卷九五二·页八下～九上）

○乾隆三十九年（甲午）二月癸巳（1774.3.21）

谕："据明亮等奏，派兵由卡卡角三路进攻。当阻险相持之际，有空蓝翎兴善保、守备田蓝玉攀越登山，贼人埋身峰下，排枪施放，而各枪俱不过火。其正面山嘴贼人所安之炮亦皆随火炸裂。官兵勇气百倍，乘胜剿杀，将卡卡角全行占据。此皆仰赖上苍嘉佑，俾贼众魄褫胆落。至官兵等无不努力奋勉，而兴善保、田蓝玉二人勇往出众，尤属可嘉。兴善保著加恩授为四等侍卫，田蓝玉著加恩授为都司，遇缺即补。其余出力之将弁兵丁，并著明亮等查明记档，俟攻得马尔邦后即奏闻交部，分别从优议叙。富德自到军营以来，实心调度，著加恩授为都统，遇缺补用。又，建昌镇总兵英泰出师南路，已历四载，颇能实心奋勉。著将英泰所有革职之案，准其开复。"

（高宗朝卷九五二·页一六下～一七下）

○乾隆三十九年（甲午）二月戊戌（1774.3.26）

谕（军机大臣等）曰："丰升额等奏称占得莫尔敏山，攻克迪噶拉穆扎等语。此次打仗，贼人舍命前来，竟将我兵截断。乃官兵奋勉出力，将贼击败，甚属可嘉。所有索伦云骑尉委署参领定吉尔图、健锐营前锋校官敏、西安委署骁骑校秦绍荣受伤身故，俱著交部照例议恤。其余阵亡受伤之满、汉屯土官兵，俱著丰升额等查明分别造册送部，一并议叙。"

又谕曰："丰升额等奏，乾清门侍卫玛尔占、三等侍卫普吉保、护军参领丕亨保奋勇杀贼，超众出力。著加恩将玛尔占授为头等侍卫，赏给拉巴巴尔巴图鲁名号，普吉保赏给充击叶特巴图鲁名号，丕亨保赏给诺恩济特巴图鲁名号。仍各赏银一百两，以示鼓励。"

（高宗朝卷九五二·页二三下～二四上）

○乾隆三十九年（甲午）二月辛丑（1774.3.29）

谕："前因阵亡员弁深堪轸念，曾经降旨于伊等袭职次数已完后，赏给恩骑尉，令其世袭罔替，著为令。其原官之嫡嗣，准照此例承袭。若已绝嗣，抚养兄弟之子者，于承袭世次已完时，毋庸给与恩骑尉。今览正黄旗满洲都统进呈承袭原任前锋校兆海所得之云骑尉家谱内开：兆海在四川军营受伤身故，由部遵旨议恤，照阵亡之例，准袭云骑尉二次。因无子嗣，将过继伊兄伍什哈达之次子承袭等语。此项受伤身故人员，朕因念其劳绩，与阵亡人等一例议恤，给与世袭，已属格外殊恩。若承袭世次已完，并给予恩骑尉，则与实在阵亡者毫无区别。此等人员如承袭世次已完，不但过继兄弟之子不应赏给恩骑尉，即有子嗣者，亦不应令其承袭。嗣后此项受伤身故人等，朕特加恩与阵亡人等一体袭职者，惟将应袭之官照例承袭，无论有无子嗣，于承袭世次已完时，概不准承袭恩骑尉，著为令。"

又谕："前以广东雷琼镇总兵缺出，令李侍尧拣选调补，所遗员缺，令海明补授。该员在巡捕三营年久，于督率巡防之事，素能实力办理。著赏银二百两，驰驿前往四川僧格宗军营办事。"

（高宗朝卷九五三·页二下～四上）

○乾隆三十九年（甲午）二月甲辰（1774.4.1）

吏部议奏："据署四川总督文绶报木果木被害之酆都县知县杨梦槎、县丞借补布政司照磨倪鹏、吏目罗载堂。除杨梦槎照例加赠荫恤外，其县丞、吏目、会典并无赠条，臣部另行酌拟。倪鹏应加赠銮仪卫经历、罗载堂加赠府知事，并荫一子入监读书，六月期满，照例候铨。其应得恤赏，均照武职七品以下例，各赏银一百两。"从之。

（高宗朝卷九五三·页一一上～下）

○乾隆三十九年（甲午）二月丙午（1774.4.3）

礼部议奏："贵州威宁镇总兵王万邦前在四川军营病故，奉旨议恤。请照阵亡总兵例减半给祭葬银，并入祀昭忠祠。"从之。

（高宗朝卷九五三·页一四下～一五上）

○乾隆三十九年（甲午）二月癸丑（1774.4.10）

户部议复："署湖广总督湖北巡抚陈辉祖条奏：

一、武职送部引见例应支食原营一半俸薪、马乾，除由限内回任照例支给外，其有逾限者，应即由限满日起至回任前一日止扣除造报。即告假省亲等事，与办公不同，亦应扣除告假日期，毋庸给与公项。

一、金川伤亡、阵亡弁兵子弟尚未成丁，奉旨给予半饷。除成丁后自愿入伍者，即令顶补名粮住支半饷，如身患残疾笃疾难应差操，应令督、抚查明结报，准留半饷，以资养赡。其有别能谋生不愿充伍者，即于成丁后住支。又，该故兵丁仅有寡妻，例给半饷；如有改嫁事故，亦应扣除。

一、出师兵丁在军营拔补别营，原营粮饷例应住支。而营分相距远近不一，若令该家属前赴支领，未免跋涉滋扰，除拔补别营外委把总等官毋庸更易，其有由此营守兵拔补别营马、步等兵，知照到省，仍应令各原营俟有兵缺出，照额收归，将所遗别营分兵缺另行拔补。

均应如所请。"从之。

（高宗朝卷九五三·页一九下～二〇下）

○乾隆三十九年（甲午）三月丙辰（1774.4.13）

谕军机大臣等："阿桂等奏分路绕攻罗博瓦山峰情形一折，深为嘉慰。阿桂自进兵以来，实心调度，悉合机宜，军声倍壮，所至奏绩宣威，伫盼成功，茂膺渥典。其海兰察所带之小金川降番，于攻碉时潜密先往，认真出力，自应查明奖赏，以励其余。至满洲、索伦中之奋勇杀贼及绿营、屯土各兵有踊跃争先者，并应确查具奏，候朕另行降旨。将士等闻之，自必更加感激鼓舞。其章京索柱、护军校七十五得有枪石各伤，亦应查明，与伤亡兵丁一并咨部核办。……"

（高宗朝卷九五四·页七上～下）

○乾隆三十九年（甲午）三月庚申（1774.4.17）

谕："罗博瓦为贼酋紧要近捷门户，屡经阿桂等相机进剿。今复将其山峰全行占住，歼贼甚多，皆由阿桂调度有方，将领等奋勇直前，海兰察、普尔普、额森特尤为出众，故能所向克捷，实属可嘉。阿桂著晋阶太子太保，海兰察著授为内大臣，额森特著授为散秩大臣，以示奖励。至其余出力将弁及满、汉屯土官兵，俱著查明登记册档，俟攻克勒乌围后一并优叙。"

又谕："此次攻取罗博瓦山梁，贼人向下来冲，达兰泰等痛歼贼众，占据山峰，实属可嘉。协领依兰保著赏给扎济克巴图鲁名号，委署营长八十三著赏给塔尔济特巴图鲁名号，仍照例各赏给银一百两。委署参领博纯著赏戴花翎。蓝翎侍卫绰尔齐勒、达兰泰均著授为三等侍卫。达兰泰既有巴图鲁名号，仍著赏银一百两，以示奖励。"

（高宗朝卷九五四·页一二下～一三上）

○乾隆三十九年（甲午）三月己巳（1774.4.26）

又谕曰："……郝硕著补授浙江布政使。其浙江按察使员缺，著徐恕补授。郝硕现在四川军营办理粮务，所有浙江布政使印务，即著徐恕署理。其按察使印务，著三宝于通省道员内拣派一人奏闻署理。"

兵部侍郎高朴奏："四川军营文武各员身在行间，未及照部限二年请领封典。请自凯旋日为始，定限一年，准其呈明补给。"

得旨："所奏是。依议。"

（高宗朝卷九五五·页二下～三上）

○乾隆三十九年（甲午）三月丙子（1774.5.3）

谕："此次贼众潜来偷劫营盘，经官兵奋勇合击，痛加剿戮，甚属可嘉。常禄保功绩尤为出众，著赏给锡诺尔恩巴图鲁名号，仍照例赏银一百两，并著以总兵升用，遇有缺出，即行补授。"

（高宗朝卷九五五·页一〇下）

○乾隆三十九年（甲午）三月庚辰（1774.5.7）

谕军机大臣等："明亮等奏称攻取喀咱普等处，奎林、和隆武奋战受伤，阿尔都、珠尔格德超众出力等语。阿尔都于至险地方冲冒树林，越沟登山奋战，夺取贼卡，杀败贼人，以通奎林带兵之路。珠尔格德见贼来砍奎林，随即射毙两贼，并将其余击败。此次若非阿尔都、珠尔格德，则奎林之兵及奎林甚属可危，其功非寻常奋勇打仗者可比。著从优加恩，俱授为头等侍卫。阿尔都赏给咱尔沁巴图鲁名号，珠尔格德赏给扎克布巴图鲁名号。照例各赏银一百两，仍赏给小荷包各二个，以示朕嘉爱之意。奎林、和隆武带领官兵鏖战，杀贼受伤，洵因感激朕恩黾勉出力，深堪嘉尚。奎林、和隆武各赏玉鞢一枚、小荷包三个。明亮、富德此次亦甚勤劳，明亮著赏玉鞢一枚、小荷包四个，富德著赏玉鞢一枚、小荷包三个。"

（高宗朝卷九五五·页一五下～一六下）

○乾隆三十九年（甲午）三月壬午（1774.5.9）

又谕（军机大臣等）曰："阿桂查奏，厄鲁特马甲哈尔察海行走勤奋，而攻取罗博瓦贼碉时直至碉根，抛掷火弹，焚烧贼众，右腿得有枪伤，更为奋勇等语。哈尔察海著加恩补授蓝翎侍卫，赏给弥尔古特巴图鲁名号，仍照例赏银一百两，以示鼓励。"

又谕："据阿桂等奏，僧格以小金川降番能知感恩报效，奋勇捐躯，甚属可悯。虽经阿桂即时赏恤，思之尚可怜惜。著传谕阿桂查明僧格共有几子，视其稍有出息者，即行奏明送京，候朕加恩赏给官职，以示优恤降番之意。并将此宣谕众番，俾知朕于感恩效死之降番，虽其身殁，尚且录用其子，使现在者踊跃图功，未来者闻风归附，亦可为招致降番之一助。"

（高宗朝卷九五五·页二三下～二五下）

○乾隆三十九年（甲午）五月戊辰（1774.6.24）

又谕："前以鄂宝参奏副将佛逊将卓克采护粮弁兵擅自撤回，致有失饷之事，因降旨将该员交部严加议处。经部议以革职，留营效力。今据阿桂等奏佛逊所撤之兵系奉文调赴谷噶军营，并非专擅。鄂宝未知前后原委，因而参奏。且该员平日在营尚为得力，可否免其议处等语。著照所请，所有佛逊此案部议革职之处，著加恩宽免。"

又谕："据富勒浑奏原任游击任景自上年发往军营效力，屡经差委，俱能认真。现在派令防驻撒纳，督率官兵搜山巡防，更为实心出力等语。任景著加恩照游击原衔赏给盐菜、口粮，以示鼓励。"

又谕："据阿桂等奏发川以副将委用之西德布，自到军营以来奋勉出力，请以补授甘肃河州协副将等语。著照所请，西德布准其补授甘肃河州协副将。"

（高宗朝卷九五九·页一下～二下）

○乾隆三十九年（甲午）五月乙亥（1774.7.1）

谕曰："音济图前在云南军营出力，曾施恩赏给副都统衔。伊此次在四川军营并未见有出力奋勉之处，著革去副都统衔，仍在乾清门二等侍卫上行走。"

（高宗朝卷九五九·页一二下）

○乾隆三十九年（甲午）六月庚寅（1774.7.16）

谕："据阿桂奏：五月二十二日，贼人三四百人乘夜围住游击福敏泰等营卡，随经放枪赶杀，追至把总杨遇春所守木卡，见贼人蚁集呐喊，遂高声传号，杨遇春在卡内应声答号，施放连环枪，直下攻扑，贼皆纷纷逃溃。杨遇春卡内只有官兵五十余人，而贼众二三百，自二更至五更，已将木卡砍开，杨遇春并不稍为动摇，竟合力击退等语。福敏泰、杨遇春奋勉出力，甚属可嘉。现据阿桂另折奏称，军营出有各缺，福敏泰著即升补甘肃兰州城守营参将，杨遇春即著升补湖南永绥协守备，以示奖励。其原请升之效力副将温有哲、游击多永峨、千总张维华三员，著阿桂等遇有军营缺出再行奏补。其余俱照阿桂所请，湖南长安营游击员缺，著拜灵阿补授，所遗湖北郧阳协中军都司员缺，著王国定补授。又，甘肃西宁镇标前营都司员缺，著陈登龙补授，所遗四川松潘镇左营守备员缺，著刘天德补授。该部知道。"

又谕曰："阿桂等奏：十八、二十、二十二等日俱有贼众潜来侵扰，将弁等守御严密，贼不能犯，并经阿桂预先设伏，因得堵截歼剿，杀贼甚多等语。贼人此时尚敢为困兽之斗，经各卡官兵实力抵击，均堪嘉奖。著阿桂等查明记其功绩，俟大功告成时一并咨部优叙。至游击福敏泰于本卡击退贼人后，复与都司纳奇善各带兵分为两翼下压，赶至把总杨遇春卡边高声传号，经杨遇春在卡内应声答号，因即施放连环枪，直下攻扑，贼人败遁。官兵乘势追杀，直至箐边而止。并称杨遇春卡内只有官兵五十余，贼众二三百人自二更攻至五更，已将木卡砍开缺口，不能稍有动摇等语。杨遇春竭力守卡，贼不能动，甚属可嘉。而福敏泰于追贼之际奋勇应援，亦足嘉奖。现在军营正需勇干将弁，此等出力人员自宜亟加拔擢，以示鼓励。适阿桂奏到题升各员内有参将、守备等缺，已降旨将福敏泰升补参将，杨遇春超升守备。各路将军、参赞可将此谕知将领、弁兵等，俾其益知奋勉。至福敏泰同往带兵追贼尚有都司纳奇善，而放枪应援杨遇春木卡时止称福敏泰等，纳奇善是否在内未经叙明，著阿桂确查，追贼援卡时若纳奇善一体出力，即将福敏泰所遗游击之缺令其升补，否则照其劳绩记档，俟功成一并议叙。又奏称瓦寺土都司楞真带领土兵临阵杀贼，实为出力奋勇，即行赏戴花翎等语。所办亦好。土都司如此出力，自当逾格奖励。楞真著赏给参将衔，遇有参将缺出，即将楞真奏补，亦无不可。并将此传谕在营各土司、土兵知悉，俾其益加奋勉。……"

（高宗朝卷九六〇·页一〇上～一三上）

○乾隆三十九年（甲午）六月己亥（1774.7.25）

谕军机大臣等："长清奏三等侍卫穆塔尔、赓噶、土都司察斯甲、泽旺等带领土兵，前往登春等处搜捕擒杀贼人等语。穆塔尔、赓噶及土兵等前因拿获贼目穆工阿库鲁曾经分别奖赏，今复奋勇歼擒贼匪，殊属可嘉。穆塔尔、赓噶著再加恩赏缎二匹，土都司察斯甲、泽旺各缎一匹。其在事出力土兵，并著长清查明，量加奖赏。……"

（卷高宗朝九六一·页二下～三上）

○乾隆三十九年（甲午）六月丁未（1774.8.2）

谕曰："阿桂等奏攻克色朋普木城、石碉并歼毙带兵大头人等一折。览奏深为欣悦。此次将军等督率有方，各将领、弁兵于山崖险仄之地均能勇锐直前，顷刻之间克获坚碉数十，歼戮贼众多人，甚属可嘉。所有将军、参赞及折内带兵各员，即著交部议叙。其在事出力之将弁兵丁，查明咨部议叙，用奖劳绩。"

又谕曰："阿桂等于色朋普山梁克获碉卡，歼戮贼众，已有旨交部议叙矣。此次官兵于攒集坚碉之处奋勇力攻，自不免间有损伤，虽为数无多，亦堪悯惜。所有阵亡之副章京索柱、委署章京福勒，及得受枪伤较重之委署章京德海、受枪石伤较轻之副将乌尔纳、游击罗江麟、守备果关、五达色，俱著交部分别议以恤赏。此外如有阵亡、受伤之汉、土弁兵，并著阿桂查明，分别报部办理。"

谕军机大臣等："阿桂等奏派兵攻取色朋普山梁，歼戮多贼，大小碉卡全行克获。将军等调度有方，领队大臣以及官兵人等不避艰险，奋勇前驱，洵属出力，朕嘉悦之极，更不禁恻然悯惜！除已降旨交部议叙外，阿桂、丰升额、色布腾巴勒珠尔著将朕所御用燧囊赏给，海兰察、普尔普、额森特、乌什哈达、福康安、成德等亦各赏上用燧囊一件，以示优异。官兵内有奋勉打仗应行赏给巴图鲁名号者，即行查明具奏。至此次所杀大头人达实策旺，从前未经奏及，著阿桂查明具奏。"

（高宗朝卷九六一·页二三下～二五上）

○乾隆三十九年（甲午）六月戊申（1774.8.3）

谕："据毕沅奏前准兵部议复梁国治条奏，今将派往四川军营员弁查有功绩者，遇缺与存营人员一体拣拔。今据川省军营将千总董秀、把总王

大章、外委刘大魁打仗出力之处咨送到陕，但抚标额缺无多，若俟本标缺出始行较拔，恐升用太迟，现将董秀等得功事迹移咨督臣，遇有陕甘各营缺出通融拔补等语。所奏甚是。此等调派随征员弁，既在军营奋勇出力，著有功绩，与存营当差者劳逸迥殊，自应不拘督、抚提标营分通融拔补，俾得早为升补，以示鼓励。所有陕省千总董秀等，即照所请行。其余派调征兵之湖广、云贵、四川各省，并著照此办理。"

（高宗朝卷九六一·页二五下～二六下）

○乾隆三十九年（甲午）七月甲寅（1774.8.9）

谕："据阿桂等奏：此次进攻色朋普贼碉时，有把总陶思连攻扑第一、二碉均首先腾上，手举红旗招兵接上，砍杀贼人，于次日枪伤殒命，又把总胡朝臣先经斥革留营，嗣因打仗奋勉拔补平越营把总，未准部复，今攻打第三碉时首先上碉，次日中枪阵亡，请将陶思连照千总例，胡朝臣照把总例各予议恤等语。陶思连、胡朝臣以微末员弁俱能奋勇先登，扑碉杀贼，以致捐躯，均堪悯惜。著各赏银一百两，仍照阿桂所请，交部照例议恤。"

又谕："据阿桂等奏称，攻取色朋普山碉卡出众奋勉之官兵分别升用，赏给巴图鲁名号，并赏戴花翎之处，缮片具奏等语。色朋普山甚峻，满、汉、土司官兵俱各奋勉打仗，顷刻取其大卡数座，将贼匪痛加剿击，极其奋勉，实属可嘉。著加恩赏给鸟枪护军参领多布丹巴图鲁瑚尼勒图副都统职衔，赏给三等侍卫绰布锡瑭纳克巴图鲁名号；蓝翎侍卫巴达玛著授为三等侍卫；其黑龙江之空衔蓝翎笔帖式明善、空衔蓝翎司鞍雅尔江阿内松额并戴蓝翎之领催厄鲁特多垒俱授蓝翎侍卫；吉林之协领乌雅勒达、赉里克、索伦之骁骑校委署参领伊勒德、戴蓝翎之骁骑校厄鲁特吹珠尔俱著赏戴花翎；其吉林之前锋委官采保住、吉林之披甲人色咔木保、索伦前锋色楞保、索伦披甲人章海沙什、都司梁朝桂、穆平、守备扎什俱著赏戴蓝翎。沃克什之土司森达喇率所属人等搜查潜来美诺贼众，实心奋勉，且伊弟雅满塔尔情甘辞谢恩锡，恳请赏给伊兄花翎，森达喇著即赏戴花翎。沃克什之都司雅满塔尔虽将伊应受之恩让给伊兄，伊究竟著有劳绩，著加恩赏给雅满塔尔参将职衔，并赏给图克怎巴图鲁名号。土练之都司穆塔尔著赏给尼克托布巴图鲁名号。其赏给巴图鲁名号人等，仍俱照例于军营所存银两内每人赏给银一百两。"

（高宗朝卷九六二·页三上～五上）

○乾隆三十九年（甲午）七月己未（1774.8.14）

谕："据阿桂等奏，二十二日晚令额森特、乌什哈达等带兵，分为两路进攻色朋普南面山腿贼碉，福康安带兵接应。又令普尔普、海禄等进攻喇穆喇穆山梁东边贼碉，保宁、彰霭等进攻其次贼碉。并令成德、特成额等仍于喇穆喇穆左边山腿进攻，海兰察等直取喇穆喇穆山梁后尾峰峦突起处两大碉，于满洲、吉林、索伦及绿营、屯土各兵内，挑选至勇至健之兵六百余名分队潜上。二十三日额森特等见海兰察之兵已抵贼碉之下，督兵直奔山腿，官兵争先跳跃，越过三道沟濠，射殪多贼。其普尔普等攻扑喇穆喇穆第一贼碉，官兵不避枪石，抛放火弹，刨挖碉根，贼人窘迫出碉，官兵枪箭齐发，毙贼甚众，并射中穿红衣头人之胸，背带数箭逃窜。成德等将贼人护碉木卡尽力攻开，连克石卡四座。维时海兰察等所带各兵，先于半夜月出之前鱼贯而上，不但并无人声，并将火绳藏起，从石壁陡滑处官兵手足攀附而进，埋伏碉旁。黎明一涌而登，直上东边峰峦突起碉顶，砍开碉门，跃入碉内，将贼众尽行杀死，即扑进西峰尾碉围攻，奋力剿杀无遗，并将木城两座放火围烧，焚毙殆尽。成德、普尔普、保宁等带兵冒雨攻围山梁之碉，彻夜无倦，贼遂弃碉而遁。二十五日早，大雾迷濛之际，海兰察等复率兵从喇穆喇穆山梁尾碉乘势抢杀西南两道山腿碉卡。官兵新胜之后勇气倍增，并攻克日则丫口各碉卡，歼戮多贼。此次共计攻得战碉三十六座、木城五座、石卡五十余处、平碉一百余间、马骡十一匹头，杀贼数百余名，活擒贼番二名，割取首级二十七颗，夺获劈山炮一位、火药铅弹、鸟枪、刀矛、口粮等物甚多等语。喇穆喇穆山梁原为此路贼人第一要隘，山形险绝，碉卡最坚，而日则丫口亦进攻勒乌围要路，在所必争。今官兵等皆攀援超越，奋不顾身，虽遇雨夜雾晨，弥加勇往，杀贼攻碉，靡坚不破。而海兰察不避艰险，每攻必克，尤为超轶出群，堪称勇将。皆由将军、参赞等相机抵隙，调度有方，故能所向克捷，朕心深为嘉悦。所有将军、参赞以下镇将、弁员，俱著交部从优议叙。其实在出力打仗得功兵丁，除交部照例议叙外，仍著阿桂等查明，赏给一月钱粮，以示优奖。"

又谕曰："阿桂等奏称，此次攻取喇穆喇穆山之碉座及日则要隘，请将出众效力之官兵等赏给巴图鲁名号，并升等赏戴翎子等语。二等侍卫扎勒丹巴图鲁佛伦泰于攻取色朋普山时奋勇出力，此次攻取喇穆喇穆山碉，杀败贼匪，夺获许多碉座。三等侍卫岱森保身负炮伤，于此次攻取喇穆喇穆山碉，带领巴图鲁兵丁首先直入，夺获贼碉，实为出众奋勉，深属可嘉。佛伦泰既有巴图鲁名号，著加恩升用一级，补授头等侍卫。岱森保著加恩升用一级，补授二等侍卫，仍赏给布陇巴图鲁名号。著照赏给巴图鲁名号之例，于彼处银两内赏给银一百两。索伦领催委署防御玛济，阿桂等既已令戴花翎，土练之委署都司阿咱喇、委署守备阿朋，阿桂等既已令戴蓝翎，即著照伊等所奏赏戴，以示鼓励。"

（高宗朝卷九六二·页——上～一四上）

○乾隆三十九年（甲午）七月戊辰（1774.8.23）

谕："据富德奏称，健锐营前锋参领舒亮前在西路云南军营奋勉出力，此次征剿僜拉、促浸贼匪殊觉出众得力；又汗牛番子盛锦杀死为首贼匪一名，割取首级呈报，请赏给千总顶带，以示鼓励等语。舒亮于攻战时既能出众奋勉，著加恩赏给副都统职衔。番子盛锦割为首贼匪首级一颗呈献，甚属可嘉，著赏千总顶带，再加赏银五十两，即于军营所存银两内赏给。"

（高宗朝卷九六三·页三上～下）

○乾隆三十九年（甲午）七月己巳（1774.8.24）

谕："据明亮奏：达尔图一带山梁横亘数里，碉卡联络，实为贼人吃紧关键，因会同舒常即酌量派兵分头奋力进剿。随派奎林等带兵攻取西南第一、二两碉，和隆武、三保、珠尔格德、科玛、噶塔布等各带兵分攻第三、四、五、六、七各碉。每起各派官兵在后策应，其俄坡、格勒古一带七碉，令都司崔文杰等带领绰斯甲布土兵三千协力助剿，于七月初四日将近黎明，官兵冒雨直扑碉根，勇气倍壮，将达尔图一带贼碉皆以次克获，而俄坡、格勒古贼碉七座亦同时全行抢占，通计毙贼二百余人，割献首级二十一颗、耳记三十七件，生擒大头人丹巴阿汰一名、散番八名，共攻得战碉十五座、平房二十六间，抢获劈山炮四位、牛腿炮二位，枪矛、糌粑、什物甚多等语。览奏甚喜。达尔图一带山梁为宜喜一路进攻勒乌围要隘，贼以死力拒守。上岁攻剿，经年未能寸进。昨据阿桂奏攻克该布达什诺夺碉杀贼折内称，初六日辰刻云开日出之时，遥见宜喜山梁贼人碉卡均已不见。但见有官兵营盘七座在上，必系明亮等合力奋攻竟已得手等语。朕彼时以果能如此，实出意外之喜，因盼明亮军报尤切。今明亮奏至，果以初四日鼓励将士，乘锐直攻达尔图并俄坡各碉，奋迅克获，实由将军明亮等抒诚殚力，董率有方，故能所向克捷。从此乘胜席卷，与阿桂隔河并下，自可迅捣勒乌围贼巢，朕心深为嘉悦。所有将军、参赞以下将领、弁员及土司、土舍、土目均著从优议叙。至此次官兵等冒雨进攻，尤为奋勉出力。除交部照例议叙外，仍著明亮查明满、汉官兵及各土兵、屯练均赏给一月钱粮，以示优奖。"

（高宗朝卷九六三·页五上～六下）

○乾隆三十九年（甲午）七月辛未（1774.8.26）

谕军机大臣等："前锋参领舒亮自至军营屡经奋勉，此次知有林内贼人声息，即先攻击，痛加歼剿，更为奋勇出力。昨朕已加恩赏给副都统职衔，著再赏缎二匹，以示鼓励。"

（高宗朝卷九六三·页一二上～下）

○乾隆三十九年（甲午）七月甲戌（1774.8.29）

又谕："据明亮等奏：本月初四日官兵攻克达尔图山梁时，蓝翎侍卫七格、进财保、厄鲁特阿尔泰三员同时并进，极为勇往，请旨加恩，以示鼓励；又，健锐营委署前锋参领登色保、三官保、奎德三员均各不避艰险，或直砍碉门，或直冲贼阵，请以副前锋参领升用等语。侍卫进财保，前于舒常奏攻克热围歌洛折内称其奋勇出力，业经升授三等侍卫。七格、厄鲁特阿尔泰并著升授三等侍卫。登色保、三官保、奎德俱著以副前锋参领升用，遇缺即补。"

又谕："据明亮等奏：户部员外郎裕善自上年调赴南路随营办事，实心奋勉，本月攻打达尔图山梁，该员恳请带兵，亲冒矢石，将贼牵缀，殊属出力可嘉，请赏给花翎等语。裕善著赏戴花翎，以示鼓励。"

（高宗朝卷九六三·页二〇下～二一上）

○乾隆三十九年（甲午）七月辛巳（1774.9.5）

又谕："据阿桂等奏称攻获格鲁瓦觉一带地方贼人碉卡、木城，痛剿贼匪，围攻逊克尔宗等语。此次攻取格鲁瓦觉等处地方，将军、大臣等鼓励官弁兵丁俱各奋勉，攻获险阻，杀败贼匪，夺获碉卡、木城甚多，并将贼匪家属杀至数百，甚属可嘉。谅不日即可成功，朕甚欣悦。将军、大臣、侍卫、官兵等俱著交部议叙另降谕旨外，头等侍卫拉巴巴尔巴图鲁玛尔占自到军营以来甚为出力，此次奋勇攻战，身复受伤，著加恩赏给副都统职衔。此次进兵以来，海兰察感戴朕恩，诸处亲督官兵，攻取险阻、碉卡、木城，痛剿贼匪，实属奋勉超众。额森特素善长枪，自赴军营以来勇往向前，每遇攻战相机调度，杀贼众多。前已赏给海兰察额尔克巴图鲁，额森特丹巴巴图鲁名号；今改海兰察绰勒霍罗科巴图鲁名号，额森特墨尔根巴图鲁名号。海兰察并著加赏银三百两，额森特著加赏银二百两。又，阿桂奏称：跟随官兵家人厄鲁特沙喇扣肯等六人，随从官兵一同奋勇杀贼。请将沙喇扣肯、巴桑僧肯、德尔格尔、巴哈入于京城旗分佐领下披甲，巴苏泰入于伊犁旗分佐领下披甲等语。所奏甚当。伊等俱系朕奴仆，不但可以披甲，如果能奋勇出力，即升用官职亦可。"

（高宗朝卷九六三·页四三下～四四下）

○乾隆三十九年（甲午）八月丁亥（1774.9.11）

又谕（军机大臣等）："现在阿桂已围逊克尔宗，明亮已攻克达尔图，即日可抵勒乌围，贼势窘迫，仍敢冲我卡座，盖欲自露并未窘迫之意，深为可恨。富德于各处要隘派兵剿杀，甚属妥善。至千总张正邦奋勇打仗，毙贼甚多，仍能守住碉卡五座，实属黾勉出力。著加恩授为额外守备，遇缺即补，仍赏戴孔雀翎。把总马继武四面接战，扎死二贼，受伤后仍能击败贼匪，亦属超众出力。著加恩授为额外千总，遇缺即补。巴旺小头人则吉从前跟随将军阿桂、明亮等奋力打仗，此次杀败贼众，自属黾勉。著赏给千总顶带，并戴蓝翎。其阵亡、得伤官兵，著富德查明，造册送部，照例赏恤。"

（高宗朝卷九六四·页一二上～一三上）

○ 乾隆三十九年（甲午）八月壬辰（1774.9.16）

谕："据富德奏，庚额特一带历次打仗，及此次攻打穆当噶尔、羊圈等处，所有随营之革职效力原任总兵张玉琦、原任副将王承勋均属感悔，奋勉出力等语。张玉琦著加恩赏给参将衔，王承勋著赏游击衔，以示鼓励。"

又谕："据富德奏：攻打穆当噶尔、羊圈等处，现克石碉九座、大木城一座、石卡三十余处，杀贼八十余人，官兵均属奋勇出力，而荆州满兵百名，因曾降旨训饬，咸思奋励争先，力图报效等语。前自攻克绒布寨以来，距今已经数月，今富德督率官兵奋力攻得碉卡、木城，歼戮贼众，甚属可嘉。所有此次富德所带打仗各兵丁及屯土兵练等，俱照阿桂、明亮军营之例，各赏给一月钱粮。至荆州满兵能知感愧，奋不顾身，并著加恩一体赏给，以示鼓励。"

（高宗朝卷九六四·页二一下～二二下）

○ 乾隆三十九年（甲午）八月甲午（1774.9.18）

谕军机大臣等："……至外委王世贵、钟新以四十余兵御贼百余，守卡无失，甚属可嘉。著阿桂将此二人即从优拔补千总。守卡兵丁亦酌予赏赉。其赴援歼贼之乌什哈达、普尔普并著纪录功绩。"

（高宗朝卷九六四·页二五上～二六上）

○ 乾隆三十九年（甲午）九月壬子（1774.10.6）

又谕："据富德奏称革职荆州将军绰和诺在军营病故等语。绰和诺在军营病故，殊属可悯。著加恩赏银二百两办理丧事，仍给与将军职衔。其应得恤典，交该部查例具奏。"

（高宗朝卷九六六·页七上～下）

○ 乾隆三十九年（甲午）九月乙丑（1774.10.19）

又谕（军机大臣等）曰："阿桂等奏……至所称二十九日贼扰瑚尼尔

图卡座，外委徐沛出营追杀，中枪阵亡。徐沛奋勇捐躯，情属可悯，著照千总例议恤，可即咨部知之。……"

（高宗朝卷九六六·页七一上～下）

○乾隆三十九年（甲午）九月己卯（1774.11.2）

谕："据伍岱奏称外委千总阎伦、都司袁敏、健锐营前锋校德恒擒拿夤夜来冲贼众，身各受伤，将贼人杀败等语。外委千总阎伦见贼人乘夜前来冲突，身先杀贼，受伤十一处，毫无畏怯，犹舍命攻击，甚属奋勉。阎伦著加恩即以守备补授。都司袁敏一闻枪声即带兵救护，杀败贼众，抢夺贼首，腰腿受有石伤。前锋校德恒见贼人冲入，即放箭杀败贼人，抢夺贼首时头受枪伤。俱属奋勉，著加恩将袁敏、德恒遇有伊等应升缺出，即行升补。阎伦、德恒之守寨兵丁，及袁敏带往救护之兵丁，将冲突贼众全行杀败，亦俱奋勉。著每名赏给一月钱粮，以示鼓励。此二次打仗阵亡、受伤官兵，著伍岱造册送部，照例议叙。"

（高宗朝卷九六七·页六六下～六七下）

○乾隆三十九年（甲午）十月戊申（1774.12.1）

谕曰："海兰察自革退参赞大臣后，剿杀贼匪，夺取碉卡，甚属奋勉可嘉。额森特杀贼夺碉，亦属勉力。海兰察、额森特俱著授为参赞大臣。俟凯立叶路通之后合兵前进时，额森特著即在丰升额队内行走，海兰察即在阿桂队内行走。彼时参赞大臣既多，伍岱著仍为领队大臣。"

（高宗朝卷九六九·页三六下）

○乾隆三十九年（甲午）十一月癸丑（1774.12.6）

谕曰："和隆武自抵四川军营，凡遇攻取勇往向前，竭力奋勉。此次与贼接战不避险阻，带兵直出日旁之后，夺取碉卡，痛剿贼众，实属奋勉可嘉。和隆武著加恩授为都统。"

（高宗朝卷九七〇·页二下～三上）

○乾隆三十九年（甲午）十一月乙卯（1774.12.8）

又谕："将军阿桂自统兵进剿以来，实心调度，诸事皆合机宜。此次又将日尔巴当噶全行攻克，接通凯立叶，指日即捣勒乌围贼巢，甚属可嘉。著授为御前大臣，并赏双眼翎，用昭恩眷。参赞海兰察、额森特屡战奋勉超群，此次夺碉歼贼亦属出力。海兰察著在御前侍卫上行走，额森特著在乾清门行走。头等侍卫额尔特、蓝翎侍卫泰斐英阿于攻克默克尔山梁时俱能奋勇。额尔特著赏副都统职衔，在乾清门行走。泰斐英阿著授为三等侍卫。"

（高宗朝卷九七〇·页七上～下）

○乾隆三十九年（甲午）十一月己未（1774.12.12）

又谕（军机大臣等）曰："绰尔甲木灿带兵督战，诚心出力，甚属可嘉。著加恩赏戴花翎，并查明伊弟雍中旺尔结现在所袭系何品级，如土司系一品，即将该土舍授为二品，土司系二品，即将该土舍授为三品，总较土司次一等，赏给顶戴，以示鼓励。并著明亮等晓谕绰尔甲木灿以尔抒诚宣力，奏明大皇帝特加恩宠。俾其益加感激，立功图报。"

（高宗朝卷九七〇·页二二下～二三上）

○乾隆三十九年（甲午）十二月己丑（1775.1.11）

又谕（军机大臣等）曰："……又据（阿桂等）奏，绰窝斯甲到军营，即令至卡前晓谕众番，似觉心动。是绰窝斯甲尚知顺逆，诚心内向。至其密告亲戚谋将土司擒献之言，虽有赓噶等在旁监视，未识曾否闻其密语。如所言果系如此，尚属意图报效。阿桂或再察其在营举动安妥，不妨赏给蓝翎金顶，以并示奖励。不必复交成都安插。"

（高宗朝卷九七二·页一六下～一七上）

○乾隆三十九年（甲午）十二月庚寅（1775.1.12）

谕军机大臣等："……至明亮等奏，投番霍尔甲等四人尚属诚心效力，明亮等当酌量赏赉，以示奖励。所称各土司、土舍等多僭用顶戴，指日大功告竣，应再酌定之处尚未妥协。土司等顶戴久经相沿僭用，若于功成之后，再将已用之顶戴改降，恐不足令其感悦。莫若俟大功告成后，传朕旨晓谕随征各土司以尔等所袭职衔，若照定例，宣慰司系三品，止应用亮蓝顶，安抚司系四品，止应用暗蓝顶。而历来土司等多有越品僭用光红、亮蓝者，本应照所有品级遵改各项顶戴。今大皇帝念尔等诚心出力，甚属可嘉。现在大功告成，即著照尔等现用顶戴赏给，作为加衔荣耀，以示优奖。土司等自当益知踊跃感戴。"

（高宗朝卷九七二·页一八上～一九上）

○乾隆三十九年（甲午）十二月辛卯（1775.1.13）

谕军机大臣曰："富德奏将贼番紧要碉卡夺获占据，痛歼贼众，官兵俱各奋勇，甚属可嘉。俟攻得穆当噶尔山梁进取马尔邦，将出力兵弁一并议叙。"

（高宗朝卷九七二·页一九下～二○上）

○乾隆三十九年（甲午）十二月丁酉（1775.1.19）

又谕（军机大臣等）："……至（阿桂）另折所奏穆塔尔密禀金川投出之布薄，看来穆塔尔系诚心投顺之人，见诡诈情节即向将军实告，甚属可嘉。著加恩赏授二等侍卫，以示奖励。"

（高宗朝卷九七三·页六下）

○乾隆三十九年（甲午）十二月癸卯（1775.1.25）

谕："据阿桂等奏总兵富绅、游击瑚克慎派令接应进攻空萨尔碉卡官兵，乃擅自撤动，不能督兵杀贼，有玷镇将之任，请旨降等差委等语。富绅著革去总兵，以参游差委。瑚克慎著革去游击，以守备差委，均令自备资斧，效力赎罪。"

又谕："据阿桂等奏：贵州朗洞营参将蔡鹏出师川省，将贵州战兵席开基作为家人差回黔省，令人顶食盐菜、口粮。经伊子蔡会将席开基带赴军营，途中迷失。蔡鹏于事隔一年，恐其败露，始行呈报脱逃，任性妄为。请旨革职，解赴成都，交与文绶转解黔省审办等语。此案情节业已讯明，毋庸解往黔省质讯。蔡鹏即著革职作为兵丁，留于军营，自备资斧，效力赎罪。"

又谕："据阿桂等奏：湖北宜昌镇总兵乔冲杓自至川省军营从未著有

劳绩，于兵丁衣履等项并不预为料理，查点军械复有残缺，率多赶造充数，希图掩饰，又于兵丁蔡惠儒等是否迷失、脱逃始终含混，不能清晰，实属懈怠废弛，请旨革职等语。乔冲杓著革职，仍留军营，自备资斧，效力赎罪。所有缺少军械，并著令赔补。其宜昌镇总兵员缺，著仁和补授。"

（高宗朝卷九七三·页一五上～一六上）

○乾隆三十九年（甲午）十二月戊申（1775.1.30）

是年，追予金川、临清出师阵亡副都统衔头等侍卫音济图一员、参领额尔特等二员、参将富金保等三员、游击杨有凤等四员、副护军参领铁住等二员、都司释迦保等五员、三等侍卫绰尔齐喀一员、副章京索住等二员、云骑尉罗尔占等二员、防御法林保一员、守备武丕爵等三员、蓝翎侍卫哈尔察海等七员、通判吴景纳一员、千总王洪等二十四员、知县杨梦樨等二员、翎长固宁阿等三员、县丞倪鹏一员、吏目罗载堂一员、把总李国清等二十员、委署笔帖式里图拉凯一员、外委李永庆等十八员、领催吉哈图等四名、前锋济尔哈等三十一名、马兵陈彦等二百五十五名、步兵王元罗等九百六十名祭葬恤赏如例，俱入祀昭忠祠。

（高宗朝卷九七三·页三〇下～三一下）

○乾隆四十年（乙未）正月甲戌（1775.2.25）

定西将军尚书阿桂、定边右副将军尚书公丰升额、参赞大臣领侍卫内大臣色布腾巴勒珠尔、都统海兰察、副都统额森特奏："此次攻克康萨尔山梁，官兵各加奋勉，而头等侍卫扎勒丹巴图鲁佛伦泰、吉林佐领委署参领奇兰保、黑龙江副总管委署参领僧保、防御委署参领森保、吉林领催博布善等尤为出力，可否酌量加恩。"

谕曰："佛伦泰著加恩赏给副都统职衔；奇兰保著赏给札爵木巴图鲁名号；僧保著赏给札舒木巴图鲁名号；森保著赏给衮爵木巴图鲁名号。并照例每人各赏银一百两。博布善等著加恩俱升一等用。"

又谕曰："桂林奏：按察使经历张鉴自进剿金川以来，委管西、南两路随营粮务，一切支放事宜经理妥协，上年冬间，达尔图军粮因长运乌拉迟缓，该员亦能实力催趱无误；又新捐从九品徐鼎在军营缮办奏折，兼管文案，实心经理，颇属勤劳，请旨加恩等语。张鉴著以府属知州升用；徐鼎著以县丞盐大使升用。交富勒浑、文绶遇有相当缺出题补，并令先换顶戴，以示奖励。"

谕军机大臣等："迩日盼望军报甚切，而各路将军连次所奏俱未得手，烦闷实甚，览此深为欣慰。康萨尔为贼番第一要隘，今既将该处山梁尽行攻克，是官兵已得胜势，更可乘锐深入。此实仰赖上苍嘉佑，阿桂等尤当努力奋勉，速成大功。将军等此次调度有方，幸获大胜，甚为可嘉。俟攻得勒乌围时再行优叙。所有阵亡之巴西萨甚为可惜，著与受伤之侍卫库尔德等及阵亡弁兵一并查明咨部，照例恤赏。其库尔德等所受各伤，俱曾全愈否，亦著阿桂遇便复奏。"

（高宗朝卷九七五·页一六下～一九下）

○乾隆四十年（乙未）二月己卯（1775.3.2）

谕军机大臣等："阿桂等奏攻克甲尔纳、堪布卓沿河各碉寨情形，甚属奋勉可嘉。……至所称攻碉时索伦佐领伊尔赛因攻扑伤亡，其为可惜。其都司梁朝桂等先登受伤，亦属可悯。并交阿桂等将阵亡、受伤弁兵一并查明，咨部议恤。……"

（高宗朝卷九七六·页五上～下）

○乾隆四十年（乙未）三月壬子（1775.4.4）

谕曰："阎正祥昨已有旨补授云南永顺镇总兵，今来行在谢恩，询知伊母年逾八旬，难以迎养。阎正祥著以升衔留伊原任，仍戴花翎。其云南永顺镇总兵员缺，著阿桂于军营出力副将内拣选奏闻升补。现在该镇印务，并著图思德拣选副将一员奏明委署。"

（高宗朝卷九七八·页七下～八上）

○乾隆四十年（乙未）四月乙酉（1775.5.7）

谕（军机大臣等）曰："额驸色布腾巴勒珠尔自往四川军营以来，带兵打仗甚属奋勉。所有色布腾巴勒珠尔亲王之爵，著加恩赏还。"

又谕曰："额驸色布腾巴勒珠尔在四川军营患病，著派御前行走科尔沁贝子鄂勒哲特穆尔额尔克巴拜、乾清门三等侍卫阿弥达带领御医，驰驿前往诊视。"

（高宗朝卷九八〇·页八上～下）

○乾隆四十年（乙未）四月丙申（1775.5.18）

谕："据刘秉恬奏，此次续调赴川黔兵二千名，每日赶行三四站或四五站，情形甚属踊跃等语。黔兵行走迅速，兼程遄赴军营，实属可嘉，且向来黔兵在营亦甚得力。所有此项黔兵，著加恩赏给一月钱粮，以示鼓励。"

（高宗朝卷九八一·页四下）

○乾隆四十年（乙未）四月壬寅（1775.5.24）

谕曰："阿桂等奏分攻荣噶尔博下面木城，又攻克木思工噶克丫口碉座，官兵即从康萨尔直至丫口一带山峰连拿木栅占据。至北路明亮之兵，先于十二日进攻甲索，抢获碉座，一日而收三年未竟之功。将军等调度有方，将领、弁兵亦俱实心奋勇，甚属可嘉。所有阿桂、丰升额等及在事出力之将弁、兵丁，俱著交部查明议叙。其尤为出力之三等侍卫穆哈纳、参将国兴、游击梁朝桂俱著加一等即行升用。"

（高宗朝卷九八一·页一五上～下）

○乾隆四十年（乙未）四月癸卯（1775.5.25）

谕曰："明亮等奏攻克甲索、宜喜并统众下压各情形。将军、参赞等调度有方，将领、弁兵俱能奋勇出力，甚属可嘉，著交部查明议叙。总兵敖成统兵攻克甲索，尤属勇往超群，著赏给僧格巴图鲁号，以示奖励。"

（高宗朝卷九八一·页一七上～下）

○乾隆四十年（乙未）四月丙午（1775.5.28）

以故达尔汉亲王固伦额驸色布腾巴勒珠尔子鄂勒哲特穆尔额尔克巴拜袭爵。

（高宗朝卷九八一·页二四下～二五上）

○乾隆四十年（乙未）五月癸丑（1775.6.4）

谕："黔省兵丁节次调赴川省征剿金川，在营打仗攻碉最为得力，屡经酌加奖赏。今大功计日可成，伊等家属在黔，虽有月粮足资养赡，朕今轸其劳绩，宜昭逾格优施。著加恩将贵州各营前后调赴川省兵丁家属，各赏给半月钱粮，以嘉勤事而示体恤。该部遵谕速行。"

谕军机大臣等："贵州调赴川省之兵，在军营最为得力，是以明降恩旨，格外优赏。但迩年调拨黔兵为数稍多，该省地系苗疆，恐营中存兵较少，不足以资弹压，甚有关系。今图思德现在云南署理督篆，于黔省诸事难以兼顾，韦谦恒又系书生，虽于地方事务尚能认真办理，而军务素所未娴，窦璸现署提督，苗疆重任乃其专责，不可不加意经理。……仍以此次加赏赴川兵丁眷属钱粮之事晓谕在营各兵，俾知效力行间勉著劳绩者，不但本身受赏，兼且优恤其家，使各兵倍知观感鼓舞。该提督办理此事，尤宜不动声色，勿稍露整饬防闲之迹。将此由六百里传谕窦璸并韦谦恒知之。仍各将作何办理缘由即行复奏。"

（高宗朝卷九八二·页六下～七下）

○乾隆四十年（乙未）五月丁巳（1775.6.8）

谕曰："明亮等奏茹寨以前一带平坝寨落全行攻克，官兵现已截出临河等语。明亮等董率劲旅所向克捷，甚属可嘉。总兵敖成、副将图钦保尤为奋勇出力。敖成前已赏给巴图鲁名号，著俟攻得勒乌围时，同将军、参赞、领队大臣等一并交部优叙。图钦保著交将军等记名，遇有军营总兵缺出，即行奏补。其在事出力之将领、弁兵等，著明亮查明，分别等第，交部议叙。"

（高宗朝卷九八二·页一六下～一七上）

○乾隆四十年（乙未）五月乙亥（1775.6.26）

谕："逊克尔宗一带，我兵攻取年余尚未得手。若不将此处攻克，后路究未扫净。今丰升额全行夺取，实为奋勉出众。丰升额乃巴图鲁额宜都之孙，其果毅公爵即系额宜都传袭。前将军兆惠因平定准噶尔回部，曾于公爵上加封四字，今丰升额能继其祖，著于'果毅'字下再加'继勇'二字，以示优奖。"

又谕曰："阿桂等奏攻得逊克尔宗碉寨甚多，现筹从荣噶尔博进兵直捣勒乌围贼巢，所办甚好。逊克尔宗为阿桂紧要后路，今将所有碉卡尽行攻克，则西路官兵后路更觉清肃，深为欣悦。此次攻碉得胜，系丰升额带兵奋勇所致，甚属可嘉，已另降谕旨优奖。总兵成德、游击普吉保亦俱勇往超群，各立功绩，统俟攻得勒乌围时，交部一并优叙。游击普吉保，著加恩以副将用，遇缺即补。其余在事出力之将佐、弁兵，并著阿桂查明，交部议叙。"

谕军机大臣曰："……又，曹顺屡次出力，自应格外加恩，除交军机处以总兵记名外，著传谕阿桂如军营遇有总兵缺，奏请升补。"

（高宗朝卷九八三·页二三上～二四上）

对木果木溃败的罪谴、溃兵的处置

○ 乾隆三十八年（癸巳）八月辛卯（1773.9.20）

又谕（军机大臣等）："前因温福在军营漫无调度，仓猝遇变，轻以身殉，致阵亡文武大小多至数十员，而将弁、兵丁之未出者至三千余人，同时陷没，实为从来用兵所未见。揆其失事之由，皆因温福之仓皇失算，以致折将损兵。其死乃由自取，岂可复邀五等之封！已将赏给伯爵销去，并明降谕旨宣示中外矣。昨巴雅尔至热河，询及木果木军营致溃情形，据称：温福性褊而愎，参赞以下之言概置不听。又不察地势之险易，不知士卒之甘苦，常令攻碉，多伤兵众，其实并未能得贼人紧要碉卡。安营之后，复距水甚远。平时既不得人心，临事又全无措置，以致于溃。然巴雅尔系厄鲁特人，其言尚未足尽信。今富兴至行在，复面加详询，据所称温福之急躁乖方，不听人言，于参赞、将领等不能虚衷商榷，大率与巴雅尔所言相合。而其不爱恤兵力，常令伐木运石、筑栅拿卡，不得休息。且派拨万余兵分守千余卡，以极盛兵力散处零星，均归无用，实为失策。此皆其从未奏及者。至于隔数日派兵攻碉，明知碉坚路险难以施功，犹不肯撤退，致兵丁轻冒枪石，无故损伤。而每次攻碉打仗，如官兵伤亡过多，即不按数奏闻，辄以'查明咨部'之语含糊具奏。又分派各路将领时，温福营中除德尔森保外，不留御前及乾清门侍卫一人，恐于朕前泄其情状。是温福竟敢意存欺妄，实出情理之外。前因温福在乌鲁木齐办事认真，亲率兵剿捕倡乱犯贼，且曾随兆惠等在军营阅历，因命其由滇入蜀，代阿尔泰统兵。伊甫至军营，即攻克巴朗拉，收复达围等处，军势大有起色，因即擢任大学士，并授为将军，伊亦颇知感奋。初不料其躁妄乖张，不恤士卒，失策偾辕，一至于此。即其身尚在，即当立正典刑，以申军纪。今已殁于王事，朕断不肯追治其罪。惟谕阿桂、丰升额等当引以为戒，不可蹈其覆辙。并自悔前此之误任温福，又误信其言，不发满洲劲旅，悔已无及。惟有引咎自责，仍不欲以事后诿过臣下。所有应得世职，仍著该部照例给予。并将此再行通谕知之。"

又谕："据富兴面奏称：巴雅尔自木果木军营出来时，并不告知海兰察等，径回成都，经海兰察闻知唤回，给与路引，始令前往成都等语。巴雅尔乃乾清门侍卫，且系赏给副都统职衔，自木果木出来时，理应与参赞大臣、领队大臣等带兵行走。即使稍有受伤之处，告知海兰察等先回，有何迟滞，乃仓皇失措，径回成都，甚属狡猾不堪。巴雅尔著革去副都统职衔，逐出乾清门，给与三等侍卫，在大门上行走。"

（高宗朝卷九四〇·页一〇上～一三上）

○乾隆三十八年（癸巳）八月壬辰（1773.9.21）

谕："据阿桂参奏：宁夏镇总兵张玉琦，前令其带兵留防僧格宗后路，因贼番欲犯僧格宗，经副都统书景阿督率满兵冲击，该镇并未出营打仗，是僧格宗之得以保护无失，实由续派之书景阿及侍卫官员等奋勉战守所致，该镇张玉琦实属庸驽无能，请革职留营效力等语。张玉琦著革职，仍留军营，自备资斧，效力赎罪。"

（高宗朝卷九四〇·页一三下～一四上）

○乾隆三十八年（癸巳）八月己亥（1773.9.28）

前任四川总督刘秉恬奏："臣奉旨摘去翎顶实深感畏，缘臣识见不到，智虑未周，不能先事预筹，致滋贻误。臣惟有矢此血诚，勉图报称。"

得旨："览。看汝如何效力赎罪耳！"

又批："董天弼之事安得谓之智虑不到！此一节百喙莫辞，尚得巧辩乎？"

（高宗朝卷九四〇·页二五下）

○乾隆三十八年（癸巳）八月庚子（1773.9.29）

定西将军尚书阿桂奏："据官达色禀报大板昭一带陆续脱出官兵五百余，大半均无器械。已令其将各兵送至桃关，俟办给军装器械，再赴西路，仍令各归本队。并查明此项兵有无伤病不宜留营，或系在大板昭一带防守被遮，或即在木果木等处溃散致拘贼境，是否在海兰察所查未出三千余名之内，均须核办。"

谕军机大臣等："此等兵丁从贼境脱出，大率胆怯心惊，不堪复用，且其中必从木果木等处军营溃散者多。著交阿桂逐一确查，如其中有在木果木倡逃者，查讯得实，即应正法。若系溃散之众，亦当照前旨分省发遣。即或实系伤病，并非打仗者可比，不得复援随征优恤之例，自当发回本籍，革退名粮，不必官为资送，并不当令其子弟等补缺。阿桂务须确实严查，分别妥办。"

（高宗朝卷九四〇·页二五下～二六下）

○乾隆三十八年（癸巳）八月甲辰（1773.10.3）

署四川总督湖广总督文绶奏："美诺、沃克什、日隆遣回之兵详悉查验，与海兰察原奏数尚相符。前奉谕令将沃克什、日隆伤病兵列为三等办理，查美诺汰除之兵率系木果木溃出，并未归营，径自逃散。其姓名、营伍无册可稽，惟有设法严拿，不使漏网。其给票遣回之兵，亦应一体详查。至从前未到省投验之伤病各兵径自回营，在本省则令地方官会同营员复验伤病之前后新旧，严讯确供具报。有应发遣各省者，即提到省核办。其在各省，则造册咨明各督、抚，核对照票，严加查讯。如册内无名，又无照票，自系逃兵，均即严拿正法。"

得旨："所奏皆有条理，如议妥办可也。"

（高宗朝卷九四一·页一三下～一四上）

○乾隆三十八年（癸巳）八月丙午（1773.10.5）

定西将军尚书阿桂奏："臣于八月初六日行抵日隆军营，即将在营各项官兵亲行查看。伊等闻知回营兵现在查办，不敢更萌希幸之念。但尚少振作，经臣严切晓谕以两金川罪大恶极，断难苟且姑容。皇上用兵进剿，实出于不得已。今两贼酋肆其狡谋，致将军、官员多有伤损，岂可不为报仇雪愤！汝等前在木果木等处亦曾打仗出力，何以一旦望风奔溃尽弃前功？今蒙皇上恩施格外，节次加赏钱粮，并将受伤残废之人，以及阵亡兵丁之妻子从优赐恤，汝等正宜感激图报，共切同仇。各官兵等无不爽然若失，其大臣、侍卫、章京及绿营镇将亦俱惭惧无地，不能更措一词。臣现在详查兵数，上紧清厘，以期整肃可用。"报闻。

（高宗朝卷九四一·页一八下～一九下）

○ 乾隆三十八年（癸巳）八月乙卯（1773.10.14）

又谕（军机大臣等）曰："阿桂奏汰伤病兵丁分别治罪一折，所称木果木失事兵丁，当分别溃散、溃逃二项，如查得未出册内有名而身无验票者，即系溃逃之兵，盘获立与正法等语。自应如此办理。至称溃散各兵无从查出首溃之人，当查首溃之队，系德尔森保山梁之兵溃散最早，现移知文绶等概行发遣。所办亦是。著文绶等即照阿桂所议严行分别查办，毋使倖逃法网。惟所称伤病遣回兵内，查非德尔森保溃散之队，该兵等回营后，如伤病已愈尚可差操者，仍令其入伍等语。未为允协。此等伤病兵丁，其在木果木失事以前者，自系旧时打仗受伤；至失事后沿途伤病之兵，即保无奔溃而出者，纵或因其伤病不为发遣，亦当汰回本籍，革退名粮，即有子弟，亦不准顶补。已属格外宽典，岂可仍令其入伍当差，虚糜粮饷。著文绶等分晰严查妥办，俾无枉纵。"

（高宗朝卷九四一·页四三上～四四上）

○ 乾隆三十八年（癸巳）九月壬戌（1773.10.21）

定西将军尚书阿桂奏："海兰察等驻守美诺，不能设法御贼，此其应得之咎，不能解免。但自木果木失事之后，人心散乱已极，断非伊等一二人所能整饬，其罪虽无可逭，其情或有可原。应将海兰察革去参赞，降为领队大臣，仍革职留任。其副都统公富兴，副都统乌什哈达，总兵成德、富绅，署总兵海禄，均革职留任，俟有奋勉出力之处，再予开复。"从之。

（高宗朝卷九四二·页一四上～下）

○乾隆三十八年（癸巳）九月乙亥（1773.11.3）

谕军机大臣等："今日永德、周煌由川省审事回至行在复命。召见时，据周煌奏称在川时闻得该处人言，木果木军营失事之前，小金川降番曾告知温福：僧格桑现又出来，他是我旧土司，如来传唤，我等只得就去了等语。又，凡有贼放夹坝掠去兵役之事，营中官员禀知，温福不但不即为严办，转将其人嗔斥，以为造言多事，此等语众口一词，即富勒浑亦曾向其言及等语。闻之实堪骇异。小金川降番等既将僧格桑要来传唤之言告知温福，是贼酋潜谋诱叛之诡计已形，温福自当一面实力严行防范，一面迅速奏闻，何致仓猝被扰失挫若此！即阿桂在当噶尔拉军营幸得全师而出，亦因一闻降番密告，即预为布置，贼众无由勾连滋事。温福何竟漫不经意，坐致败衄？惟以一死塞责，实为死有余辜。至贼放夹坝，自当随时剿杀，庶贼众稍知警畏。乃竟一味讳饰，转责告者之非，益为贼人所轻，以致养痈贻患。无怪贼营拘留兵众多至七八十人，其乖张偾事实出情理之外。海兰察同在军营，岂得诿为毫无闻见，何以从无一字奏及？国家任用将军，固不必令人伺察，但与此等关系重大事件，参赞大臣即应直陈无隐，朕亦得早为筹办，似此知而不言，则设立参赞何为？著传谕阿桂，询明海兰察据实具奏。至周煌之为人，平日尚偏于不肯多言一派。今称川省之人无不共知，自属公论，非由周煌捏饰。且周煌与温福素无嫌怨关涉，岂有因温福已死，无端陷害之理，尤可信其非妄。但富勒浑既以此事告之周煌，何以从前并未奏闻？实属非是。著富勒浑明白回奏。又，前据奎林奏，刘秉恬自温福军营至当噶尔拉时，曾向阿桂等言及看来此处军营调度有方，局面甚好，与昔岭军营大不相同。彼处兵丁疲困不堪，实在不成光景等语。刘秉恬既目击温福办事乖方，即应据实具奏，朕亦得早为留心。况刘秉恬系总督，与将军毫无干涉，并不似阿桂前此为副将军时之稍涉嫌疑，刘秉恬又何所顾虑而匿不上闻乎？前已传谕阿桂，令其就近询问。今周煌等所奏情节，刘秉恬与温福军营密迩，断无不知，何竟无一语奏及？其过尤大。现在令伊查办溃兵一事，或尚未起身，距日隆不远，并著阿桂会同富勒浑逐一详询据实具奏，将此一并传谕知之。"

寻富勒浑奏："臣前自猛固回至成都，适周煌在省审案，询问军营失事情由，臣告以此事皆由僧格桑勾结降番，以致突然中变。并言及未失事之先，贼人屡放夹坝，温福差人亦充作夹坝前往查拿，以致贼酋造言滋扰蛮地，摇惑众心，串通各寨番民，冀添羽翼。其降番告知温福欲应僧格桑传唤及夹坝掠去兵役一节，臣等并未闻知。就事机揣度，似亦必无此理。总缘大营溃散之时，夫役兵民不下数万，因见降番复叛，妄用猜疑漫为拟议者不一而足。周煌或别有见闻，或记忆舛错，均未可定。"报闻。

（高宗朝卷九四三·页一三下～一六下）

○乾隆三十八年（癸巳）九月乙酉（1773.11.13）

署四川总督湖广总督文绶奏："军营溃兵现严密查拿。据广元县知县甘隆滨拿获逃兵杨荣、余丁张永相二名，俟讯得确供，即当正法。至遣回各兵，有在木果木失事以前受伤者，有失事后沿途打仗受伤，并有赴新桥、科多应援受伤者，逐一查办。"

得旨："览。"

又批："此内亦有逃回而谎称打仗受伤者，不可不察查。"

（高宗朝卷九四三·页四六下～四七上）

○乾隆三十八年（癸巳）十月戊子（1773.11.16）

谕军机大臣等："……又，据解到自贼脱出之川兵二名，交军机大臣讯问，据张得胜供在簇拉角克守卡，卡内只有兵十名，陈学供在功噶尔拉新山梁守卡，卡内只有兵十五名等语。卡兵不过十余，无事则徒令旷闲，有事不足御贼，实为大错。温福在昔岭时，将万余兵分作千余卡，修筑既令士卒疲劳，分守更复化多为少，此乃温福第一失算处。各将军等皆当引为前车之鉴，进兵时切不可复蹈其覆辙。"

（高宗朝卷九四四·页一一上～一三下）

○乾隆三十八年（癸巳）十月甲辰（1773.12.2）

谕军机大臣等："前因周煌复命时奏称在川闻得温福军营先有降番告知僧格桑要出来滋扰，及贼放夹坝掠去兵丁之事，并称富勒浑亦曾向其言及等语。因即传谕阿桂、富勒浑查明具奏。昨据富勒浑复称，并无其事，亦未向周煌言及。随经传询周煌，亦称得自传闻误奏。今据阿桂奏到称，将此二事徇问海兰察、刘秉恬，俱云未曾听见。即合营将领等亦称全无其事等语。周煌所称二事，揆之情理，皆所必无。温福虽情性乖张，漫无调度，亦断不至荒唐若此。其为道路讹传，自无疑义。周煌前此误听入告，姑免深究。今周煌又奉差赴川审事，慎勿再轻信无稽之谈，妄为传布，致干咎戾也。将此谕令周煌知之。"

（高宗朝卷九四五·页七下～八上）

○乾隆三十八年（癸巳）十二月壬寅（1774.1.29）

又谕（军机大臣等）："据毕沅奏拿获川省军营逃兵肖成祥、溃兵曹玉二名，审讯明确，遵旨即行斩决一折。所办甚是。木果木溃散之兵最为可恶，业经降旨分别办理。其溃后复逃者，情节尤重，一经盘出，自应立正典刑。今毕沅所获二犯，俱系陕甘兵丁在军营溃逃者，兹于陕省缉获。足见此等逃兵窜回本籍者多，何以别省至今未据奏有就获之事？至分遣各省溃兵，此时陆续到配者谅已不少，该犯等在各遣所能否安分守法，及有无潜行逃脱之人，亦未据一省奏及。前曾传谕各督、抚，此等溃兵本属应死之人，因为数太多，不忍全行诛戮，已属法外之仁。如伊等到配后仍然犯法滋事，或乘间脱逃，拿获均应正法。若逃后无获，惟现在之督、抚是问。今其事已历半年，而各省并未奏及作何办理，殊属懈忽。著再传谕各该督、抚，将已经解到之溃兵作何饬属安插，并各犯有无滋事脱逃，及能否上紧缉获严办之处，即速据实复奏，毋稍粉饰干咎。"

（高宗朝卷九四九·页四下～五下）

○乾隆三十九年（甲午）正月辛未（1774.2.27）

谕军机大臣等："毕沅奏：据文绶札称，川省军营沙汰溃兵，止有发配甘肃，无应发陕西之兵，是以发遣溃兵，陕省并无一名到配等语。此项溃兵既俱发配甘肃，则该省于解到溃兵后，自应饬属安插，照节次所降谕旨办理，何以未见勒尔谨奏及？著传谕勒尔谨，将川省已经解到溃兵若干名，并现在作何管束，及有无滋事脱逃之处，即行据实复奏。"

寻奏："川省应发甘肃溃兵尚未到配。现咨催作速起解，并先将名数咨复。至将来解到日，即遵旨分发各属安插，不令聚集一处，并饬各州、县拨充苦差。"报闻。

（高宗朝卷九五一·页一下～二上）

○乾隆三十九年（甲午）三月壬戌（1774.4.19）

谕军机大臣等："据熊学鹏奏安插川省溃兵一折，内称现在解到溃兵二十七名，经讯供明确，于所属不近安南不隶土官之处，每州、县安插一名，自负枪铃铁牌，并饬属责令昼当挫磨苦差，夜则收禁空房，如遇有新疆改遣人犯地方，亦弗使与相聚等语。所办甚是。此等溃兵本系天良丧尽之人，免死发遣已属法外施仁。若复聚集一处，令其无事闲住，必致纠商潜脱，滋事干法。自应各为安插一地，并日予以折磨苦差，庶无从相济为恶。现在各该省未见有如此办及者，著传谕各该督、抚，于接收川省溃兵后，弗令同发一处，并饬所属严行拘束，悉照熊学鹏所奏办理。仍将曾否即行照办之处，遇便复奏。熊学鹏折并著抄寄阅看。"

（高宗朝卷九五四·页一九上～二〇上）

○乾隆三十九年（甲午）四月辛卯（1774.5.18）

又谕（军机大臣等）："熊学鹏奏据川省续解溃兵杨锡荣到粤，详加讯供，现在安插兴安县等因一折。自应如此办理。上年木果木溃逃兵丁情罪可恶，原属法无可逭。彼时因为数太多，若概予骈诛，未免不忍。因令分解各省安插，并谕各督、抚于解到时严究首先倡逃之人，奏闻正法，已属法外施仁。该督、抚等接据川省解到各犯时，即应详细推鞫，务得实情，分别办理。乃半年有余，惟李侍尧等奏究出倡逃兵丁王金等二名正法，李湖等奏究出先逃之外委王登联一名，请旨即行正法。其边九业等三犯供有倡逃之人，已录供行知川省质讯，而川省文绶总未奏及，是有何故？此外各省未见有以讯明解到溃兵奏闻者，岂各该省于川省解到溃兵，竟不遵旨查讯即行分属安插耶？抑意存姑息不肯深究耶？殊不可解。如此，则彼时奉旨复奏各督、抚之折具在也，岂谓一奏即为了事乎？著传谕未经奏及办理溃兵之各该督抚，即将如何查办缘由，据实具奏。"

（高宗朝卷九五六·页一四下～一五下）

○乾隆三十九年（甲午）五月戊午（1774.6.14）

又谕（军机大臣等）："前因李湖等奏溃兵内究出先逃之外委王登联一名，请旨即行正法，其边九叶等三犯供有倡逃之人，已录供行知川省质讯等语。因降旨询问文绶，令其将未经具奏缘由复奏。今据文绶奏，上年军营遣回溃兵册内并无刘子道等姓名，当即移咨将军阿桂转饬查讯。旋准阿桂咨复，上年驻扎达扎克角山梁均系延绥镇兵，并无刘子道，其守兵李耀，于木果木未经失事之前已经阵亡。复讯据刘建柱供，亦系奉参赞谕令撤回，并未指使各兵退回，此内本无倡逃之人等语。与滇省所讯情节迥异。军营溃逃兵丁情罪本属可恶，如能讯得倡逃实据，自不可稍为宽纵，然亦不可有意苛求。今滇省所取溃兵供词，质询军营全无影响，则一面之词亦难凭信。或系李湖于溃兵解到时必欲究诘倡逃情由，而边九叶等因无对质，遂妄为供指，亦未可定。著传谕李湖再行研取切实供词复奏，不得稍有迥护。"

寻奏："臣接到川省咨复，随将边九叶等复加严讯，据供当日并不知系传令撤回，实因无可质对，是以捏名妄指。"报闻。

（高宗朝卷九五八·页八上～九上）

○乾隆三十九年（甲午）五月辛未（1774.6.27）

谕："据舒常奏，四川叠溪营兵丁邓有得去年自促浸脱出，供系被贼掳去。嗣准兵部咨查阵亡兵丁事迹，送礼部立传入祀昭忠祠，文内开有兵丁邓有得之名。查据革职留任副将李天祐复称，系四川泸宁营把总游宗义从前具报错误，请将捏报之游宗义斥革，转报之李天祐严加议处等语。邓有得前在军营或因樵汲迷道被贼掠去，抑系该兵乘间脱逃为贼所掳，该管将弁自应立时查明，分别据实具报，何得捏称阵亡滥邀议恤。该把总之罪实非寻常误报可比，仅予斥革不足蔽辜。游宗义著革去把总，发往乌鲁木齐充当苦差。至李天祐系该管大员，乃于查报阵亡兵丁之案并不详察，辄据游宗义捏词转报，实属不合。李天祐著交部严加议处。"

又谕军机大臣等："邓有得此时若仍在宜喜军营，著舒常将从前因何被掳情由严讯确供复奏，分别办理。如邓有得已回叠溪本营，即著富勒浑、文绶严行查讯具奏。其游宗义已于上年七月内因伤重遣回本营，并著富勒浑、文绶查明即行发遣。兵丁被贼掳去，该管将弁已难辞失律之咎，乃并不查明，辄为捏报阵亡，绿营欺谎之习实堪痛恨，不可不严行惩创。著阿桂等将捏报阵亡及现在查明治罪之处，通谕各军营将弁，俾知儆戒。将此一并传谕知之。"

（高宗朝卷九五九·页五上～六下）

○乾隆四十年（乙未）正月癸酉（1775.2.24）

又谕（军机大臣等）："据敦福奏到兵犯在配并无脱逃一折，系岁底应奏之件。川省溃兵分发各省安插，节经降旨令各督、抚将有无脱逃之处，于年终汇奏一次。今已届正月二十五日，敦福而外惟德保、熊学鹏曾先后奏到，其余并无奏及者，办理殊属迟缓。著传谕各督、抚将因何不按期汇奏缘由据实复奏。仍将溃兵在配有无脱逃之处，具折奏闻。"

（高宗朝卷九七五·页一五下～一六上）

两淮、山西、长芦、浙江、两广等地商人捐银助饷

○乾隆三十八年（癸巳）八月丁未（1773.10.6）

谕："据李质颖奏两淮纲商江广达、程谦德等呈称，受恩深重，仰报无由，今值进剿金川，情愿公捐银四百万两，少佐军需等语。办理金川军务，节次解备军需银二千九百余万两，俱动给部库及外省官帑。方今府藏充盈，足敷拨用，原无借乎助捐。第念该商等以馈饷费繁，急公情切，具见爱戴悃忱，姑俯从所请。著李质颖查明各商捐数多寡，定等呈报，交该部照好善乐施之例，从优议叙。原折交户部核存。"

谕军机大臣等："据李质颖奏两淮纲商江广达、程谦德等呈称，情愿公捐银四百万两，少佐川省军需一折。已降旨准其所请，交该部照好善乐施之例，分别从优议叙矣。但此事虽系江广达、程谦德二人出名呈请，而其中所捐银数，自系众商等各就资本多寡量力奉公，自应视其捐助之等差，以定录叙之轻重，方为平允。著传谕李质颖，查明某商名下捐银若干，按其数目定为三等，造册报部，以便分别议叙。仍将所定等次，开单具奏。"

（高宗朝卷九四一·页二〇下～二二上）

○乾隆三十八年（癸巳）九月丁丑（1773.11.5）

谕军机大臣等："前因李质颖奏两淮纲商呈请公捐银四百万两少佐军需，已降旨交部照好善乐施之例，分别从优议叙。并谕李质颖查明众商捐资多寡，酌定等差，造册报部。今据李质颖复奏：请俟所借库项全完之日，再将各商实捐银数造报请叙等语。所奏尚未允协。该商等虽因资本转运在外，暂供官项，但既属伊等奉公之忱，应即予录叙，以昭嘉奖。若俟借项全完之日再为造报，则须至四年之后，为期未免过迟。或众商中稍有变更，沾泽未能均溥，非所以励急公之义。至伊等所捐银数，自不过各就引目均摊，其多少亦可约计而得。著李质颖即为查明，按数分等，造报请叙。仍将所定等差，开单具奏。将此传谕知之。"

（高宗朝卷九四三·页二二下～二三下）

○乾隆三十八年（癸巳）十月己丑（1773.11.17）

又谕（军机大臣等）："据西宁奏商人杨永裕等呈称，现在大兵进剿金川，各商志切同仇，末由自效，今长芦商众情愿捐银六十万两，山东商众情愿捐银三十万两，稍供军营赏赉等语。该商等踊跃急公，情词恳切，姑允所请。并著该盐政将各商捐银数目核定等次，即行咨部，照例分别议叙。原折并交户部存核。"

（高宗朝卷九四四·页一五上～下）

○乾隆三十八年（癸巳）十月庚寅（1773.11.18）

谕："据巴延三奏太原等府、州属绅士孟瀛等呈称：世享升平，共安乐利，兹闻金川梗化，谊切同仇，情愿各抒忱悃，共出运本银一百一十万两，公议郭继传等三十人，各带伙商三四人，赴川办运等语。办理金川军务以来，一切师行动用俱系动拨部库及外省帑项，原无借乎捐助。前因两淮、浙江、长芦等各商恳请捐银助饷，情词殷切，特允所请，降旨予以议叙。今山西省各属绅士又复急公呈请，具见爱戴之忱，自应一体给于议叙。但其中或有既出资本又赴川办运者，固属倍加出力，其录叙自宜从优。其出运本雇商代往及止出身赴川为众办运者，亦当量为区别，以示嘉奖。著该抚查明送部。"

（高宗朝卷九四四·页一八下～一九下）

○乾隆三十八年（癸巳）十二月戊戌（1774.1.25）

谕（军机大臣等）曰："李侍尧奏据两广盐埠商人吴青岳等呈称：近值大兵进剿金川，荡平在迩，商等远居岭表，志切同仇，敬请捐银二十万两，代解军营，以抒蚁悃等语。办理金川军务以来，一切军需动用俱拨解部库银两，原无借乎助捐。前以淮浙等商情切急公，曾允所请。今两广商人一例爱戴抒忱，亦姑俯从所请。著李侍尧查明各商捐数多寡，呈报该部，一体照乐善好施之例议叙。原折交户部核存。"

（高宗朝卷九四八·页二七下～二八上）

○乾隆三十八年（癸巳）十二月丁未（1774.2.3）

又谕（兵部等）："据李侍尧奏现在川省办理军务，广西商众李念德等吁请照东省之例捐银二十万两，洋商潘振承等亦请照两省埠商捐银二十万两，稍佐军需等语。该商等既属踊跃急公，情词恳切，姑允所请。著该督将各商捐银数目核定等次，即行咨部，照例分别议叙。原折交户部核存。"

（高宗朝卷九四九·页一八下）

○乾隆三十九年（甲午）四月戊子（1774.5.15）

谕："前以晋省绅士捐助川省军饷银一百十万两，曾降旨令巴延三查明等差，开单具奏，交部议叙。嗣经该部议奏，俟解银到川之日，再行奏请办理。昨据文绶奏此项银两，俱经解交川省藩库收贮等语。该省绅士踊跃抒诚，并能迅速自行解运，甚属急公。著该部查照所捐银数，即行分别议叙，以示嘉奖。"

（高宗朝卷九五六·页八下～九上）

蠲免、缓征官兵经过之地方及旁近州县的钱粮

○乾隆三十八年（癸巳）八月戊申（1773.10.7）

谕："据陈辉祖奏：此次沿站居民，闻官兵经过、运送军械等项，咸争先来站受雇，如宜昌巴东一路，人烟稀少，其旁近之恩施、宣恩、建始

等县民夫，亦多自行趋集，军行偶有遗失行装，随路赶送交收等语。此诚佳事。该省上年过兵地方，本年新正曾经加恩缓征。今沿站旁近各县民夫俱能踊跃急公，各效子来之谊，自宜并沛恩膏，用昭奖劝。著该署督查明恩施、宣恩、建始三县量予缓征十分之几，奏闻请旨。再，直隶、河南、陕、甘、云、贵等省兵行经过各州、县，节经降旨加恩分别缓征。其沿站旁近之州、县民夫，如有协助办差出力者，并著该督、抚一体查明具奏，候朕酌量加恩，以普一视同仁之意，该部即遵谕行。"

寻陈辉祖奏："此次沿站民夫，除恩施、宣恩、建始三县协助巴东一路外，又有鹤峰、长阳、长乐、兴山四州、县民夫，协助东湖归州一路。内宣恩、兴山二县本非过兵之地，本年钱粮业已全完，应将次年钱粮酌缓十分之五。其恩施、建始、鹤峰、长阳、长乐五州、县，因前次施南、卫昌二协营兵经由，本年钱粮业予缓征，但各民夫于本处出力，复能协助邻封，其次年钱粮应再缓十分之三。"

得旨："如所议行。"

（高宗朝卷九四一·页二二上～二三下）

○乾隆三十八年（癸巳）九月己未（1773.10.18）

谕："据毕沅奏，本年办理兵差，需用马骡车辆较多。所有永寿、洵阳、白河、平利、紫阳、三水、淳化、雒南、商南、镇安、山阳等十一县，不在缓征各属之内，可否一体酌缓等语。前因陈祖奏，此次官兵经过之旁近各县民夫俱能踊跃急公，曾降旨将恩施等三县量予缓征，并令直隶、河南、陕、甘、云、贵等省过兵旁近各州、县协助办差出力者，一并查明具奏，候朕酌量加恩。今毕沅所奏永寿等县既俱办差效劳，即系令查奏中者。著加恩将永寿等十一县本年应征地丁银粮，一体缓征六分，普照一视同仁旨意。该部即遵谕行。"

（高宗朝卷九四二·页五上～下）

○乾隆三十八年（癸巳）九月丁丑（1773.11.5）

谕："前因京兵等赴川经过直省各州、县地方，小民趋事赴公俱属踊跃，曾经降旨加恩，缓征钱粮十分之五，以示体恤。其吉林、索伦等兵进

口时，经由八沟等七厅、州、县，不在前旨缓征之列，虽兵数止有四千，先后共止八起，比良乡等站过兵较少，但同属兵行经过地方，民力亦不无劳勩，并宜加恩优恤。著加恩将八沟、塔子沟、迁安、遵化、蓟州、三河、通州等七厅、州、县本年应征钱粮缓征十分之三，俾得均沾渥泽。该部即遵谕行。"

（高宗朝卷九四三·页二二上～下）

○乾隆三十八年（癸巳）十月辛卯（1773.11.19）

谕："前经降旨，将赴川官兵经由省分加恩分别缓征，其沿站旁近之州、县民夫，如有协助办差出力者，并著各该督、抚一体查明具奏，酌量加恩。今据勒尔谨奏：肃州、高台、抚彝三厅、州、县，前因官兵止过一次，未经列入缓征。今续派肃州镇属征兵，皆由该地方经过，民间踊跃办差。又，金县、安定地处冲途，遇有运解皮衣、火药等项，亦能诸事奋往。此五厅、州、县居民实为出力等语。著加恩将肃州、高台、抚彝、金县、安定五厅、州、县本年应征钱粮缓征十分之四，俾得均沾渥泽。该部即遵谕行。"

（高宗朝卷九四四·页二一下～二二下）

○乾隆三十八年（癸巳）十一月己巳（1773.12.27）

谕："前据陈辉祖奏，此次办理兵差旁近之恩施、建始等县民夫，俱各急公协助。特降旨令该署督查明酌量加恩，并谕过兵各直省一体据实奏闻。兹据图思德奏，黔省节次派调征兵，并运送军装、火药、硝斤等项，如平远州民协助大定府，平越府民协助平越县，最为出力。其次贵阳府民协助贵筑县，镇远府民协助镇远县，亦属争先出力等语。该府、州、县民夫于军行之际各知急公大义，甚可嘉尚。著加恩将各该府、州、县地丁钱粮及改征米石，著该抚查照过兵地方缓征之数，分别量予缓征十分之几奏闻请旨，用昭奖劝。该部即遵谕行。"

（高宗朝卷九四六·页二〇上～二一上）

○乾隆三十八年（癸巳）十二月丁未（1774.2.3）

谕："前据陈辉祖奏，此次办理兵差旁近地方，民夫运送军装、火药等项，俱各急公协助，特降旨令过兵各直省督、抚一体据实查奏。嗣据图思德奏，黔省所属之平远州及平越、贵阳、镇远三府民人均为出力。因令该抚将各该府、州、县地丁钱粮及改征米石，量予缓征十分之几分别奏闻。兹据奏平越府民协助平越县，平远州民协助大定府，差务较多，最为出力，应请缓征十分之二；贵阳府民协助贵筑县，镇远府民协助镇远县，差务较次，请缓征十分之一等语。著照该抚所请，分别加恩缓征，以昭奖劝。如本年钱粮米石业已全完，即著于次年应征项内照数缓征。该抚其董率所属，悉心妥办，毋致吏胥滋弊，以副朕体恤民劳至意。该部即遵谕行。"

（高宗朝卷九四九·页一七下～一八下）

○乾隆三十九年（甲午）正月丙辰（1774.2.12）

又谕："川省自近年用兵以来，所有军行经过地方，一切停顿供亿节经动拨帑金，官为办理，丝毫不累民间。惟念粮储军饷赍送逦行不能不稍资民力，节年降旨加恩，将应征钱粮分别蠲缓。昨岁夏秋派调京兵及吉林、黑龙江等处各兵赴川应用，又经降旨将经过地方三十九年额征钱粮均再缓至次年带征。并切谕该督等留心董察，毋许办差官吏借端侵派滋扰，俾小民均沾实惠。该处黎民屡沐恩膏，益知踊跃奉公，深可嘉尚。兹当小金川境壤全行收复，克期乘胜迅剿金川，一切粮运军储不无尚资挽负，允宜特加优奖，更沛春膏。著该督等查明川省各属办差繁简，于乾隆四十年分应征钱粮内，酌量缓征多寡分数，具奏到日，候朕降旨加恩。至官兵经过地方，番民有认纳夷赋银米贡马者，俱著一体缓征，用昭格外轸恤，俾间阎趋事益得宽舒。该督等其实力妥协办理，以副嘉惠劳民有加无已至意。该部即遵谕行。"

（高宗朝卷九五〇·页三上～四上）

○乾隆三十九年（甲午）九月乙亥（1774.10.29）

又谕（军机大臣等）："川省自征剿金川用兵以来，一切供顿俱系动拨帑金。至运送军粮，需用夫役口粮，亦俱给以安家口粮等项，而跋涉负戴究不免稍资民力。该处群黎咸知踊跃奉公，深可嘉尚。是以迭次加恩，将乾隆四十年以前该省应征钱粮分别缓带。今大功指日告成，官军正当乘胜深入之际，粮运、军储加紧趱运，所需夫役倍多，朕心深为轸念。所有川省节年已经缓征钱粮，此时虽暂缓催科，将来仍须如数完纳，民力不无拮据，允宜更沛渥恩，用昭优恤。著该督等即将川省办差出夫各属，乾隆三十九年以前已缓钱粮内，仍分别差务繁简多寡，或应全行蠲免，或量予蠲免一半及减酌十分之几，速行妥议复奏。候朕降旨加恩，俾闾阎勤于趋事，生计益得宽舒。其番民有认纳夷赋银米、贡马者，均著一体查明办理，以副朕加惠劳民有加无已至意。其四十年分缓征钱粮，统俟大功奏捷时候朕另降恩旨。该部遵谕速行。"

（高宗朝卷九六七·页四一下～四二下）

○乾隆三十九年（甲午）十月辛丑（1774.11.24）

谕："据文绶奏川省军需前经奏准仿照楚省章程，一切采办挽运民间自相帮贴之费，先于司库酌借，仍即催解归款，现应按限完缴等语。川省百姓踊跃奉公，趋事恐后，甚属可嘉。目下大功将成，尤应多方体恤。所有川省民间借用官项，准俟军务告竣再行收纳归款，以纾民力。该部即遵谕行。"

（高宗朝卷九六九·页二一上～下）

○乾隆三十九年（甲午）十一月丙辰（1774.12.9）

谕："前因川省大功告成在即，官军正当乘胜深入，粮储尤宜加紧趱运，所需夫役倍多，虽叠次加恩，已将乾隆四十年以前应征钱粮分别缓带，究系暂缓催科，将来仍须如数完纳，民力不无拮据，朕心深为轸念。特谕该督等查明应行酌免分数，妥速复奏，候朕加恩。今据富勒浑、文绶等将过兵地方及未经办差之九十厅、州、县节年出夫运粮俱踊跃急公，分别酌免分数复奏。此等急公奉上之民甚属可嘉，著加恩将成都等二十三州、县已缓三十八年钱粮全行蠲免，其三十九年钱粮酌免十分之五；简州等二十三厅、州、县三十七年蠲剩缓征钱粮全行蠲免，其已缓三十八九两年钱粮各蠲免十分之五；天全、芦山、茂州、松潘四厅、州、县已缓三十八年钱粮酌免十分之五；温江等五十六厅、州、县三十七年蠲剩缓征钱粮全行蠲免，其三十九年钱粮酌免十分之五；大宁等三十四厅、州、县三十七年钱粮蠲剩十分之三者全行蠲免，蠲剩十分之五、十分之七者再免三分，并将三十九年钱粮再免十分之三，俾闾阎生计益得宽舒。仍俟大功奏捷时另普渥恩，以副朕嘉惠劳民有加无已至意。该部遵谕速行。"

（高宗朝卷九七〇·页八下～九下）

○乾隆三十九年（甲午）十二月乙未（1775.1.17）

谕："川省自办理军务以来，各土司、夷民急公踊跃，甚属可嘉，业经叠沛渥恩，分别蠲缓。今大功指日告成，该土司等益加奋勉出力，允宜再沛恩膏，用昭优恤。著加恩将明正、董卜二土司乾隆三十八年缓征夷赋，及三十七、八两年缓征贡马，全行蠲免，并将三十九年缓征夷赋、贡马蠲免十分之五。杂谷厅、保县、茂州缓征三十八年夷赋全行蠲免，并将三十九年缓征夷赋酌免十分之五。龙安、叙州、宁远所属之雷波、越巂二厅、石泉、西昌、盐源、冕宁四县及会理州缓征三十七年夷赋酌免十分之三，并将三十九年夷赋再免十分之三。松潘、漳腊、平番、南坪、叠溪三十九年夷赋酌免十分之五。龙安、建昌、会川、会盐、宁越、越巂、靖远、永静等标营及九姓土司三十九年夷赋贡马酌免十分之三。其绰斯甲布、革布什咱及巴塘土司四十年分应纳贡马，并著蠲免一次。该督其董率所属实力经理，务俾边夷均沾实惠，副朕优厚番民至意。该部遵谕速行。"

（高宗朝卷九七三·页一下～二下）

议筹金川平定驻兵、建寺诸事宜

○乾隆三十九年（甲午）七月己巳（1774.8.24）

又谕（军机大臣等）："两金川平定后，如噶拉依、勒乌围、僧格宗、美诺、大板昭等处必须安设官兵，其余亦须一例布置，营协相连方为一劳永逸之计。其兵额或由四川内地改拨。倘尚不敷，即奏明酌添兵额，亦无不可。其如何设立镇、协、参、游、都、守等官，及各营兵丁额制，总于办理善后事宜时详晰妥定。至各番众附隶恭顺土司者，亦当有所专属。意欲将成都副都统移设打箭炉，如青海副都统之管理番众，仍令理藩院总统

之。并欲俟两金川全定后，令各土司仿照回部伯克之例轮流入觐，使其扩充知识，得见天朝礼法。著将此详谕阿桂等留心酌办。"

（高宗朝卷九六三·页七下～八上）

○乾隆三十九年（甲午）十月甲午（1774.11.17）

又谕（军机大臣等）："前阿桂奏欲于噶拉依建庙，令达赖喇嘛选择有梵行大喇嘛往彼居住一款。恐日久金川与西藏联为一气，亦难保其不滋流弊。莫若于京城选派一人前往，声名似觉更尊，已谕知阿桂审度办理。嗣询之章嘉呼图克图，据称金川等处原非西藏所属，恐不相习。至由京派往之呼图克图与该处红教喇嘛支派各别，难遽强而相同。所言亦是。因思前此德尔格忒白玉寺请赴军营念经之斯第呼图克图大徒弟噶尔玛噶什等三人，曾在两路军营念经，阿桂等称其颇有梵行，或于此内择其最优者，在噶拉依新庙居住，管束众喇嘛。并可令留住之人来京觐谒，承受恩赉，潜移默化，徐消凶悍咒诅之邪术，似为妥便。以此咨之章嘉呼图克图，深以为然。著传谕阿桂，将来照此办理。"

（高宗朝卷九六八·页五三下～五四下）

○乾隆四十年（乙未）五月癸酉（1775.6.24）

谕军机大臣等："前曾谕令将军等于扫荡贼巢时，将该处所有喇嘛除在彼正法外，其为首及罪大者俱解京严行讯办。金川与绰斯甲布向来俱奉奔布尔喇嘛教，恐绰斯甲布土司念同教之故，见将军欲将众喇嘛正法，为之求免。著将所有喇嘛除临阵歼戮外，其就擒及投出者，俱派妥员管押来京办理。"

（高宗朝卷九八三·页一九上～下）

哲布尊丹巴益西丹白尼玛圆寂，清廷谕赴藏访寻转世灵童

○乾隆三十八年（癸巳）九月乙酉（1773.11.13）

又谕（军机大臣等）："据驻扎库伦办事喀尔喀王桑寨多尔济等奏称，哲布尊丹巴呼图克图已经涅槃等语。从前转世之哲布尊丹巴呼图克图涅槃后，曾向达赖喇嘛、班禅额尔德尼访得呼图克图之呼毕勒罕转生于里塘，迎至库伦。今呼图克图既经涅槃，谅伊呼毕勒罕亦不久仍转世土伯特地方。因谕哲布尊丹巴呼图克图所属之诺们汗、商卓特巴等，于徒众中选派妥实明白者，即行赴藏访寻呼图克图之呼毕勒罕外，著传谕莽古赉等转告达赖喇嘛、班禅额尔德尼，此际留心咨访呼图克图之呼毕勒罕。闻其转生，即一面奏闻，一面晓谕呼图克图所属之诺们汗扎木巴勒多尔济、商卓特巴达木垂喇布寨等所遣徒众喇嘛等知之。"

（高宗朝卷九四三·页四五下～四六上）

防范索诺木等窜逃果洛克地区；查办果洛克窃劫事件

○乾隆三十九年（甲午）五月壬午（1774.7.8）

谕军机大臣等："富勒浑奏：据驻扎西宁署侍郎福禄咨称，郭罗克番子及噶布舒番子托殷罗诺依引路杀死扎萨克公里塔尔属下蒙古阿萨，刺伤察罕，抢去马牛羊只等因。随派道员查礼同游击龚学圣前往查拿等语。郭罗克等番子肆行杀人抢劫，福禄既咨行富勒浑、文绶等即应奏闻，何以并未奏及？其指引郭罗克道路之托殷罗诺依，或是另一部落人，或即青海厄鲁特，福禄咨内亦未声明。著传谕福禄，一并明白复奏。再，郭罗克番子抢劫固属常事，亦由防守不严所致。此案既经富勒浑遣人往拿，福禄亦应派委干员协同查办，务期全行拿获，严惩示儆。嗣后著福禄不时训饬青海哈〔扎〕萨克，令其严加防范，遇抢劫郭匪即行剿办。"

（高宗朝卷九五九·页二三上～下）

○乾隆三十九年（甲午）八月壬午（1774.9.6）

谕军机大臣等："郭罗克贼番现虽不能滋生他衅，然其人穷狠无依，志在乘便窃劫，内外商旅颇受其累，而其地相通西藏，尤不可不急示严惩。况郭罗克较诸番更难化诲，其所以不致如两金川之跳梁者，因现无与索诺木、莎罗奔、丹巴沃咱尔相类之人，故不敢肆逞。万一有之，未尝不能为害，不可不思患预防。阿桂前署四川总督时曾办郭罗克之事，必深知之。此辈凶恶穷番向由地方官管辖，而庸劣文武既不能抚之以理，又不能慑之以威。当平常无事，则纵兵役作践，视之不啻如禽畜；及略为作梗，则图远避，畏之又不啻如虎狼，实为有损无益。朕深以此为念。并料索诺木等穷蹙时必逃郭罗克，以冀稍缓须臾之死。业已传谕各路邀截，或逆酋竟乘空逸出，不可不即速追擒。郭罗克境虽略广，然地势平坦，非若金川之有险可凭。如果逆酋窜往，阿桂即当提连胜之兵压境擒渠，并讨郭罗克贼番之罪，实为一举两得。若逆酋并不逃往，则无故移师，朕又必不肯为此穷兵黩武之事。只可于办理善后时使之有恩可感，有威可畏，庶可以潜消桀骜之心，而束之于法度之内，方可谓之一劳永逸。"

（高宗朝卷九六四·页一上～二下）

○乾隆三十九年（甲午）十月己酉（1774.12.2）

四川总督富勒浑等奏："郭罗克抢劫青海牛马，前经奏闻在案。兹游击龚学盛、松茂道查礼禀报，据中郭罗克副土目索浪勒尔务报称，拿获贼番二名，又前后交收牛马五百余。查番贼抢劫牲畜多至数百，伙党自众，今止擒获二名，现批该道等严究，并饬将余贼追拿。"

得旨："览。"

又批："何不解省严究余党？"

（高宗朝卷九六九·页四〇上～下）

○乾隆四十年（乙未）三月辛亥（1775.4.3）

谕军机大臣等："据文绶奏：郭罗克贼番抢劫青海、蒙古牲畜一案，饬委松茂道查礼等前往查办，据该土司擒献贼番扎舍蚌、六惹二名，并缴赃畜五百四匹，经查礼等隔别研讯，该二犯俱不承认，供系纳福旦为首纠众前往，后来不知逃往何处。查礼等复严饬该土司将纳福旦并伙犯概行缚献。讵该土司延捱累月，若不加以兵威，严行惩创，实不足以彰国宪而儆凶顽等语。文绶所奏亦是。但此时征剿促浸，成功在迩，自不值因此复分兵力。若派兵太少，又恐无益于事。而以此与促浸相权轻重，此事又不妨略缓。著传谕阿桂，俟大功告竣，即于胜兵内选派满、汉兵五六千名，令明亮、富德统领，仍带查礼前往郭罗克地方，勒拿纳福旦并其余伙犯，务必全数擒获。明亮等到彼时，如郭罗克土司先来迎谒，明亮等即应相机设法将该土司扣留，勒令差人擒送纳福旦并全案伙犯到营，即将该土司释放回巢。如仍延捱不即擒送，或仅拿余犯塞责，即将该土司解送内地，奏闻办理。若该土司竟敢潜匿不出，或稍露抗拒形迹，明亮、富德即领兵将郭罗克剿平，速行擒获要犯并该土司一并治罪，以除后患。郭罗克之事阿桂前署川督时曾经办及，其详细皆所深知，阿桂务须妥协经理。其事既交阿桂筹办，此时文绶且不必轻露端倪，致为贼番窥伺。查礼亦著仍回西路办理粮务，毋庸在彼久羁。将此并谕文绶知之。"

（高宗朝卷九七八·页六上～七下）

查办加木喀尔、里塘等地夹坝肆劫，硕板多等处分设守备，管理通藏驿务

○乾隆三十九年（甲午）十一月癸酉（1774.12.26）

谕军机大臣等："据伍弥泰等奏称：都司经文等拿获劫夺驿马之盗首格旺、多隆二犯，已审明正法外，未获余贼，饬令恒秀带领弁兵由藏起程，赴加木喀尔地方查拿等语。此等盗匪胆敢在驿路肆行劫夺，不法已极。今止拿获二名，不过意图苟且了事，此断不可。恒秀业经由藏起程赴加木喀尔地方查拿，务将群盗全行缉获，严加惩办，以警众番而清驿站，切不可存苟且了事之见。并谕伍弥泰知之。"

（高宗朝卷九七一·页二一上～下）

○乾隆三十九年（甲午）十二月癸卯（1775.1.25）

又谕："据恒秀等奏称：前至加木喀尔缉捕劫夺折匣等物贼匪，除枪箭杀死者外，现在贼匪并无他处人，桑噶巴夷人胆敢结党劫夺官物，甚属可恨，若全行歼杀，又不副国家抚驭群生之意等语。所奏殊不明晰。朕初览所奏以为欲将现获贼匪分别斩其为首者，而为从之贼不必尽行处斩，及详加披阅，并非如此办理，又将所获贼匪全行正法矣。其原行劫夺折匣等项贼匪十一名内，除当时捕杀外，虽有余匪此案即属完结，尚有何另行办理之人？岂有因此数贼辄将一部落所有人等全行剿办之理乎？恒秀所称不副朕抚驭群生之意，将指何而言耶？恒秀始学办事，奏内言辞理应简明，不宜如此含糊，著传旨申饬。其所称'全行歼杀'之语究何所指，并著明白陈奏。"

（高宗朝卷九七三·页一六上～一七上）

○乾隆四十年（乙未）正月壬子（1775.2.3）

谕："前据伍弥泰奏称，加木喀尔、里塘等处夹坝贼抢夺官物，杀伤行人。朕以此等贼匪胆敢一连抢夺二次，殊无法纪，务须上紧查拿，正法示众。今据恒秀奏到，加木喀尔之贼俱已全行拿获。至文绶所差副将韩廷良等往拿里塘之贼，只获二名，其余尚未就获。著传谕文绶，严饬所属，实心访拿，毋使漏网。将此传谕伍弥泰、恒秀知之。"

（高宗朝卷九七四·页九下～一〇上）

○乾隆四十年（乙未）正月庚申（1775.2.11）

军机大臣等议复："西藏办事大臣宗室恒秀奏称：加木喀尔所属石板沟、梨树山等十一隘口皆通桑干坝大路，原派唐古忒兵八十名设卡驻防，卡多人少，巡察未能周遍。请于狄巴布赖库特所辖作冈衮珠等处兵丁内拣选五十名，分驻紧要隘口，严行防范。又查管理桑干坝地方头目巴赛喇嘛于上年四月病故，该处因无人管束，不肖之徒往往借端生事。应于桑干坝地方人等素所心服之达尔汗绰尔济呼图克图、阿错二人内补放一人，以资弹压。但达尔汗绰尔济呼图克图年幼，阿错现在患病，请俟阿错病痊后令往加木喀尔，与狄巴布赖库特等公同商议，定拟办理。均应如所请。又自打箭炉至西藏一路，地方辽阔，驿站驻防官员未能周察，请于硕板多、石板沟、巴塘、里塘四处各添设委把总一员，协同办事。查委把总并非正官，即正千、把总亦俱系末弁，管辖兵丁诚恐未能得力。现在征剿金川，蜀省官多，应饬令四川总督富勒浑俟大功告成后，于绿营官员内或游击，或守备简派四员，分驻硕板多等处，管理驿务。"从之。

（高宗朝卷九七四·页二四上～二五上）

四川藏族土司、头人的袭封

○乾隆三十八年（癸巳）十月丁亥（1773.11.15）

定边右副将军尚书公丰升额、参赞大臣副都统舒常奏："绰斯甲布土司工噶诺尔布病故。查土司旧例，均系平日指定嫡出之子具报袭职。今嫡子雍中旺尔结众心归向，可否准其承袭。"

谕军机大臣等："番地旧例既应嫡子袭职，土司在日即行指定，则所有绰斯甲布土司之职，自应顺其习俗令雍中旺尔结承袭，俾众相安。莫若于袭职时丰升额传唤雍中旺尔结到营，谕以尔既系工噶诺尔布嫡子，且经尔父指定，于例应袭，虽尔系金川之甥，又系其婿，本将军等已据实奏闻。今奉大皇帝谕旨，以尔父工噶诺尔布素称恭顺，派兵攻剿，尔必能勉继父志，力图报效，已谕尔承袭土司之职。大皇帝抚驭番夷惟事开诚布公，尔当益知感奋。至恩赏尔父孔雀翎，尔父生前未及戴用，今本将军仍差员赍赏，以为尔父身后光荣。并亦奉旨将赏给尔父之翎即著尔戴，俾体尔父未竟之心，竭诚宣力，以承恩眷。至尔父前因有病未得在营出力，令尔兄绰尔甲木灿代其随征。今尔既袭土职，且又年富力强，理应亲自随营奋勉图报。将来平定金川时，本将军即据实奏闻，大皇帝自必重加恩赏。其绰斯甲布官寨诸事，尔派头人管理，亦可不致贻误。至于绰尔甲木灿，则谕以尔年来随营征剿金川，实为出力，经本将军具奏，蒙大皇帝加赏职衔花翎。今土司之职番俗例袭嫡子，而雍中旺尔结又系尔父生前指定，是以照例令其承袭。尔惟努力尽心，倍加勇往，若将金川扫荡，即当叙尔功绩，陈奏大皇帝，自有重恩，其善勉之。如此明白宣谕，使其兄弟之心各安。著询问阿桂番地情形如此办理是否妥协，如与朕意见相同，即一面复奏，一面密札丰升额照办。丰升额接奉此旨，俟阿桂复到后遵照办理。"

（高宗朝卷九四四·页八下～一〇上）

○乾隆三十九年（甲午）四月甲辰（1774.5.31）

以故四川麻书安抚司土司丹怎旺布子那木卡旺扎、右所土千户八靖邦子八士魁、郭拉土百户喇嘛罗布藏桑丹长徒扎克巴塔尔雅各袭职。

（高宗朝卷九五七·页一九上～下）

○乾隆四十年（乙未）二月丙午（1775.3.29）

谕："明亮等奏：据绰斯甲布土司雍中旺尔结禀称，前岁仰蒙恩典，赏令承袭土职，尚未换给印信号纸，恳求恩赏。查该土司承袭伊父土职，现在军营助剿促浸，甚为出力，请旨加恩赏给等语。著照所请，交该部即铸宣抚司印信，并颁赏号纸，一并由驿发给，以示鼓励。"

（高宗朝卷九七七·页二一下）

○乾隆四十年（乙未）三月辛未（1775.4.23）

以故四川松茂道属梭磨安抚司诺尔布侄丹津袭职。

（高宗朝卷九七九·页一七上）

○乾隆四十年（乙未）四月甲午（1775.5.16）

丰升额又奏："德尔格忒土司鲁珠布嘉木差病故，伊妹洋湛卓尔玛遣其头人来营，禀称该土司之子年甫八岁，不能管事，伊大小头人、百姓俱愿洋湛卓尔玛护理等语。查该土女自幼为尼，并无夫家，历来协办土司事，众番推服。现在宜喜一路运粮所需乌拉大半取给于彼，该土司之子年幼，自应令该土女暂管。"报闻。

（高宗朝卷九八一·页三上～下）

驻藏大臣任免、奖惩

○乾隆三十八年（癸巳）十一月壬申（1773.12.30）

命青海办事大臣伍弥泰前往西藏办事，换莽古赉回京。

（高宗朝卷九四七·页八下）

○乾隆三十九年（甲午）九月乙卯（1774.10.9）

以西藏办事大臣莽古赉为正白旗满洲副都统。

（高宗朝卷九六六·页一八下)

赈灾、免赋

○乾隆三十九年（甲午）正月戊午（1774.2.14）

又谕："上年据勒尔谨奏皋兰等十州、县等处地方所属村庄，夏秋二禾间被霜雹，已成偏灾，当即令该督将应行赈恤，蠲缓各事宜照例妥办。特念甘省地瘠民贫，皋兰等处既属歉收，恐新春青黄不接之时，民力未免拮据，复谕勒尔谨将被灾各处应否加赈之处迅速确查具奏。兹据该督复称：甘省夏秋二禾通属收成八分有余，均为丰稔。其间被霜雹等处仅属一隅，业已蠲赈兼施，小民不致失所。惟河东之皋兰、金县、河西之肃州、平番等四处偏灾情形稍重等语。著加恩将皋兰、金县、肃州、平番等属被灾贫民，于正赈之外各展赈一个月。再，河州、狄道、渭源、安定、西宁、大通、红水县丞等七处上年亦被有霜雹。虽据称因顷亩零星，例无赈恤，第念瘠薄之区民间鲜有盖藏，亦宜加以体恤。并著该督查明咨部，量予缓征，以普一视同仁之意。该部即遵谕行。"

（高宗朝卷九五〇·页九下～一〇下）

○乾隆四十年（乙未）正月辛亥（1775.2.2）

又谕（大学士等）："昨岁甘肃夏秋二禾据报通省收成统计八分有余，尚属丰稔。惟皋兰、武威等七州、县夏禾被有偏灾，而皋兰、金县等五处秋禾复被霜雹，均经先后分别照例赈恤，灾黎自可不至失所。第念该省土瘠民贫，其被灾之夏秋二禾，收成未免歉薄，间阎不无拮据，著加恩将皋兰、武威二县夏禾被灾较重之处，于青黄不接时再展赈一个月。其被灾较轻之灵州、宁朔、平罗、镇番、沙泥州判等五处，如有缺乏籽种口粮，并著该督随时体察，照例酌借，以资接济。又，皋兰、金县等五处秋禾亦被偏灾，除皋兰一县已于夏灾案内展赈外，所有金县、西宁、平番、肃州四州、县属，并著一体展赈一个月，以示朕轸恤边氓至意。该部遵谕速行。"

又谕："甘肃僻近西陲，民贫土瘠，一遇水旱偏灾，即降旨蠲赈缓带，殆无虚岁。比年各属收成尚称丰稔，所有该省自乾隆二十三年至三十五年民借籽种口粮、牛本等项，积欠甚多。前念边地民食维艰，特将积欠粮四百余万石全行豁免，其折色银一百三十二万余两分作六年带征，以纾民力。乃自三十五、六、七、八等年仅完银二十八万六千余两，仍未完银一百四万余两，地方官以定有年限之项，照例按数催征。第念该省每年均有应征地丁籽粮等项，若同时新旧并征，民力恐不无艰窘，自应再加区别展带，用昭体恤。所有河州等二十五处，历年虽间有灾伤，不过一隅，收成尚稔。其未完银十三万六千八百余两，仍依原限带征外，其宁远等十二处，虽有偏灾，尚不致荒歉，其未完银十八万四千六百余两，于原限之外再展限二年。至皋兰等十二处，历年被灾稍重，民力更觉拮据，其未完银七十一万九千余两，于原限之外再展限四年，俾得从容完纳。该督务将应征、应缓之处出示晓谕，令小民共知朕格外加恩之至意。该部即遵谕行。"

（高宗朝卷九七四·页七下～九下）

○乾隆四十年（乙未）四月丙午（1775.5.28）

蠲缓甘肃皋兰、金县、狄道、安定、会宁、山丹、东乐、古浪、平番、宁夏、西宁、大通、肃州、王子庄、高台等十五州、县旱灾额赋。被灾重者分别赈恤，并借给籽粮。

（高宗朝卷九八一·页二五上）